Judith Revel est professeure de philosophie contemporaine à l'Université Paris Ouest Nanterre La Défense et membre du laboratoire de recherche Sophiapol (EA 3932).

Longtemps consacrés à Michel Foucault, ses travaux portent aujourd'hui sur la manière dont une certaine pratique de la philosophie, au croisement de la pensée politique, de l'historiographie et de l'esthétique, a tenté de problématiser tout à la fois sa propre situation historique et la possibilité d'intervenir au cœur du présent.

Foucault avec Merleau-Ponty

**Ontologie politique,
présentisme et histoire**

Judith REVEL

Foucault avec Merleau-Ponty

Ontologie politique, présentisme et histoire

VRIN | *Philosophie du présent*

Directeurs de collection : Jean-François Braunstein,
Arnold I. Davidson et Daniele Lorenzini

© Librairie Philosophique J. VRIN, 2015
Imprimé en France
ISSN 2270-8669
ISBN 978-2-7116-2625-0
www.vrin.fr

INTRODUCTION

1. S'il est, à l'époque moderne, une question qui traverse de part en part la manière dont nous avons appris à penser, c'est bien celle des conditions de possibilité de ce qui se donne dans l'expérience. Mais à l'interrogation kantienne, la réflexion contemporaine en a ajouté une autre, formulée à la faveur du jeu d'échos, d'influences et d'emprunts qui s'est instauré entre la philosophie et les sciences humaines et, plus singulièrement encore, entre la philosophie et l'historiographie : qu'est-ce qui, à un moment donné, rend possible qu'une chose, un concept, un objet, une pratique, une expérience, une forme de rapport à soi ou aux autres, peu importe, soient pensés sous une certaine configuration ? Quelles sont les conditions historiques d'émergence de la manière dont, à un moment donné, nous pensons le monde et nous-mêmes au sein de ce monde ?

Cette question, c'est très précisément celle que Michel Foucault tente de construire dès ses premiers travaux. Le projet d'une « histoire des systèmes de pensée », c'est de fait la volonté de faire de la philosophie, dans un retour de la pensée sur sa propre histoire, un exercice d'archéologie qui donne à voir non seulement la grammaire de notre appréhension du monde, mais aussi, en amont de cette grille, les partages qui définissent pour chaque époque l'espace à la fois homogène et disparate de ce que Foucault appelait une *épistémè*. C'est à la reconstitution historique d'un isomorphisme sur fond de périodisation qu'il s'agit pour Foucault de lier la pratique de la réflexion philosophique : la philosophie, ce sera dorénavant pour lui le nom de ce geste nouveau qui consiste à interroger les conditions historiques de nos manières de dire, de voir et d'agir le monde.

On le voit, le débat souvent relancé sur l'identification disciplinaire de Foucault – historien ? philosophe ? – n'a ici aucun sens, à moins de manquer ce qui fait sans doute la singularité de son travail : c'est en philosophe, dans une reprise de la question kantienne – qu'il radicalise tout en la libérant du privilège accordé à la connaissance –, qu'il se fait archéologue ; et c'est en historien, par le méticuleux usage de l'archive, qu'il reconstruit des nappes de pensée, des points de basculement, des moments de rupture, afin de reformuler la question du « Que puis-je connaître ? » sous les auspices d'une interrogation en réalité radicalement différente : « Que m'est-il donné de penser, de dire et de faire *à tel moment de notre histoire* ? ».

Le détachement de Foucault de ce qui constituait le cœur de la perspective ouverte par les trois *Critiques* kantiennes est donc patent ; pourtant, il n'est pas sans faire écho à cet autre Kant – celui des opuscules sur l'histoire et, plus tard, du *Conflit des facultés*, que Foucault relira et commentera dans les dernières années de son travail. Il ne s'agit plus de fixer les limites de la connaissance – et de définir par rebond les contre-champs de la pratique éthique et du jugement esthétique –, mais de repenser ensemble la production de connaissance, les modes de comportement et la valorisation de l'expérience esthétique. Dès lors, l'analyse se doit de rendre compte *à la fois* de la production d'objets et de la codification des discours de savoir qu'ils appellent ; de la fixation des pratiques et de la manière dont celles-ci, ainsi codifiées, induisent des effets de régulation et de contrôle du rapport à soi et aux autres ; ou de la puissance d'invention dont nous sommes les porteurs et de la manière dont il est possible de faire jouer cet « écart » créatif dans une histoire dont nous sommes pourtant, aussi, les produits.

Arrivons-en alors au paradoxe dont nous aimerions partir. Au sein de ce qui, méthodologiquement, se propose comme une volonté d'historicisation radicale de la pensée, il existe chez Foucault une sorte de point aveugle. Cet angle mort, c'est précisément l'histoire elle-même[1].

La question est en réalité double.

Elle consiste dans un premier temps à se demander quelle étrange figure de l'histoire se dessine peu à peu chez Foucault dès lors qu'il a assumé celle-ci à la fois comme principe méthodologique (l'historicisation des systèmes de pensée) et comme espace d'enquête (le choix de telle ou telle périodisation comme lieu de l'analyse). Quelle représentation de l'histoire Foucault se fait-il lorsqu'il emprunte aux sciences humaines en général – et aux historiens en particulier – l'idée que tout est toujours le produit d'une certaine histoire, quand il maintient pourtant un questionnement serré sur son propre présent, ou qu'il rappelle en permanence le parti-pris de méthode « discontinuiste » qui est le sien ? Mais elle amène également à interroger, d'une autre manière, l'*épistémè* à laquelle Foucault lui-même appartient : quelle est l'histoire de la pensée dans laquelle prend place sa propre réflexion sur l'histoire ? À partir de quels partages, en vertu de quelles déterminations historiques, à l'intérieur de quel « paysage » et en écho à quels débats la recherche foucaldienne a-t-elle pu se construire comme elle l'a fait ?

La première question questionne donc la consistance d'une conception foucaldienne de l'histoire (on verra que le point est plus compliqué qu'il n'y paraît) ; la seconde exige en revanche que l'on restitue Foucault lui-même à une certaine histoire de la pensée contemporaine après 1945. De là l'idée, finalement très simple, qu'il était nécessaire de faire de Foucault l'objet d'une enquête dont la méthodologie chercherait elle-même à être foucaldienne. Ne jamais accorder à une pensée, quelle qu'elle soit – ici : la sienne – le privilège

---

1. C'est, dès l'*Histoire de la folie*, ce que voit bien Jacques Derrida. *Cf.* J. Derrida, « Cogito et *Histoire de la folie* », dans *L'écriture et la différence*, Paris, Seuil, 1967. À la lecture du texte de Derrida et des deux – tardives – réponses de Foucault, en 1972, le débat entre les deux hommes semble en effet bien davantage porter sur ce que l'on entend par histoire que sur la manière dont il faut lire la première des *Méditations* cartésiennes. On y reviendra dans la première partie de ce travail.

exorbitant de se donner hors de toute histoire, et affirmer au contraire qu'il n'y a de geste singulier (c'est-à-dire aussi : d'avancée, de retournement, de saut – bref, de discontinuité) qu'à l'intérieur d'une *certaine histoire*; et faire tout à la fois l'analyse et l'histoire de cette manière de penser l'histoire. Voilà donc pour nous en quoi pouvait consister la leçon de Foucault – nous avons essayé d'en tenir le pari.

2. Foucault a cherché, de manière très explicite, à réinvestir l'enquête philosophique par le biais de l'histoire, et il s'en explique à de très nombreuses reprises[1]. Il n'a pourtant jamais cessé de modifier son rapport à celle-ci – comme le montre à l'évidence le passage d'une analyse de type archéologique, dans les années 1960, à la revendication d'un travail généalogique, à partir du début des années 1970, puis, dix ans plus tard, à l'affirmation qu'il n'y a de questionnement philosophique véritable qu'à travers une problématisation de l'actualité; ou encore le passage permanent des références philosophiques aux références historiographiques (et réciproquement), comme si la circulation entre les deux types d'analyse était par avance acquise.

En filigrane de ces réorientations parfois brutales et de ces flottements entre l'espace de la philosophie et celui de l'histoire, quelque chose se dessine pourtant qui va sans doute bien au-delà de simples reformulations de méthode. Ce n'est ni la tentative de refonder autrement l'histoire de la philosophie, ni une certaine philosophie de l'histoire – la méthode d'analyse foucaldienne, en grande partie empruntée à ce «dehors» de la philosophie que sont pour lui les sciences humaines et sociales, représente de ce point de vue un garde-fou des plus efficaces contre toute tentation de retour à la philosophie comme «grand récit». C'est bien davantage une inter-

---

1. Voir par exemple les deux entretiens qu'il accorde à Raymond Bellour, en 1966 et en 1967 : «Michel Foucault, *Les mots et les choses*», *Les Lettres Françaises*, n° 1125, 31 mars-6 avril 1966, p. 3-4 (repris dans M. Foucault, *Dits et écrits*, éd. D. Defert et F. Ewald, avec la collaboration de J. Lagrange, Paris, Gallimard, 1994, vol. 1, texte n° 34, p. 498-504); «Sur les façons d'écrire l'histoire», *Les Lettres Françaises*, n° 1187, 15-21 juin 1967, p. 6-9 (repris dans M. Foucault, *Dits et écrits*, *op. cit.*, vol. 1, texte n° 48, p. 585-600).

rogation jouant dans l'entre-deux d'éléments disparates, construisant de l'un à l'autre des liens inédits, effectuant un va-et-vient incessant entre l'histoire des représentations et la problématisation de l'attitude éthique, entre la reprise d'une tradition critique étrangement déplacée hors de son propre lieu d'origine et le travail sur les sources archivistiques, entre le questionnement presque journalistique de l'actualité et le réinvestissement inédit de ce que peut signifier aujourd'hui penser le monde *en philosophe*. Et c'est cette étrange position « à mi-chemin », cet entrecroisement de niveaux d'analyses apparemment hétérogènes qu'il nous a semblé intéressant de chercher à affronter.

Dans cet entrelacs, la reformulation de la philosophie *à partir de l'histoire* – et la manière dont, à l'inverse, la pratique philosophique ainsi déplacée et redéfinie accouche à son tour d'une nouvelle manière de penser l'histoire – est centrale. Il ne s'agit bien évidemment pas ici de ramener nécessairement Foucault dans le giron de la philosophie ni de le plier aux identifications disciplinaires, mais de comprendre dans quelle mesure une nouvelle manière de penser l'histoire et une nouvelle manière de penser la pratique philosophique – ou, comme le dira Foucault lui-même dans les dernières années de son travail, une nouvelle *attitude* philosophique[1] – ont ici partie liée. Ce n'est qu'en pensant l'histoire de manière radicalement différente que Foucault réussit à formuler une autre idée du travail du philosophe ; et, à l'inverse, ce n'est qu'en déplaçant le lieu et la tâche de la philosophie qu'il crée l'espace pour une histoire *autre*, en rupture avec les représentations philosophiques dominantes qui en codifiaient jusqu'alors l'appréhension.

3. Le cœur de cette autre manière de penser l'histoire, c'est chez Foucault l'idée, d'abord formulée de manière hésitante puis revendiquée ouvertement, que nous n'avons pas à choisir entre les déterminations historiques dont nous sommes les produits et la liberté qui est la nôtre. Il n'y a pas pour Foucault d'opposition entre une concep-

1. M. Foucault, « What is Enlightenment ? », *in* P. Rabinow (dir.), *The Foucault Reader*, New York, Pantheon Books, 1984, p. 32-50 ; trad. fr. « Qu'est-ce que les Lumières ? », dans M. Foucault, *Dits et écrits, op. cit.*, vol. 4, texte n° 339, en particulier p. 574-575.

tion de l'histoire qui ferait de nous des *effets*, et une conception de la liberté humaine qui ferait de nous des *acteurs*; ou, si l'on veut – mais ce n'est finalement qu'une variation de codification lexicale – entre le statut d'*objets historiques* et le statut de *sujets de l'histoire*, entre la condition d'un assujettissement et celle d'une subjectivation. Foucault n'a cessé de déconstruire la fausse alternative entre la conception d'une histoire à la fois déterministe et déterminée, souvent associée à une représentation téléologique de son cours, d'une part, et celle d'une histoire au contraire tout entière soumise aux aléas du hasard, indéterminée, flottant entre différents niveaux de contingence, de l'autre. Il ne lui a pas fallu, contrairement à ce que l'on a pu croire, choisir entre Hegel et Nietzsche – l'*aut aut*, ainsi posé, est sans doute bien caricatural, mais c'est de fait celui d'une génération tout entière à laquelle Foucault lui-même, dans un premier temps, avait choisi explicitement de se rattacher[1]. Il s'est bien plutôt agi pour lui de penser *ensemble* l'histoire *et* la liberté intransitive des hommes, les déterminations historiques qui traversent nos existences *et* notre infinie latitude d'agir, la manière dont l'histoire nous fait être ce que nous sommes *et* la possibilité que nous avons, simultanément et sans aucune contradiction, *d'agir l'histoire*. Or, précisément, cette compossibilité simultanée n'était pas facile à penser. Elle se donnait comme un *chiasme* – et si nous empruntons ici à Maurice Merleau-Ponty le mot qui caractérise pour lui la structure perceptive de notre rapport au monde, c'est parce que les caractéristiques que Merleau-Ponty lui attribue semblent exactement décrire cet autre rapport au monde, historique cette fois, que Foucault a tenté de construire quelques années plus tard. Le chiasme est une structure non seulement double mais liant de manière indissociable les deux faces qu'elle présente, et leur assignant la caractéristique d'une simultanéité : l'un et l'autre côté du chiasme se présentent toujours

---

1. C'est par exemple ce que Foucault explique dans le très long entretien qu'il accorde, à la fin des années 1970, à Duccio Trombadori : « Conversazione con Michel Foucault » (Paris, fin 1978), *Il Contributo*, 4ᵉ année, nº 1, janvier-mars 1980; trad. fr. « Entretien avec Michel Foucault », dans M. Foucault, *Dits et écrits, op. cit.*, vol. 4, texte nº 281, en particulier p. 48.

ensemble et *à la fois*, leur réversibilité tient donc à cette comprésence nécessaire. Or – c'est là toute la difficulté –, nous n'en percevons jamais que l'un ou l'autre côté : nous nous saisissons comme voyants *ou* comme vus, comme touchants *ou* comme touchés, alors même que nous sommes simultanément *les deux côtés ensemble*.

Chiasme : nous aimerions précisément montrer que, chez Foucault, de la même manière, l'enregistrement des déterminations historiques *et* l'ouverture du présent à ce qu'il ne contient pas, le poids et les effets de l'« histoire déjà faite » *et* la paradoxale virtualité permanente d'une invention ou d'une *différence* dans l'histoire, se donnent *ensemble* ; mais que nous n'en percevons alternativement que l'un ou l'autre côté. Une nouvelle manière de penser l'histoire est nécessaire pour nous les rendre simultanément présents.

C'est donc l'histoire de l'émergence, dans la pensée foucaldienne, de ce chiasme *à propos de l'histoire* que nous aimerions en partie restituer ; c'est aussi, en filigrane, la construction d'une autre représentation de l'histoire à la hauteur de ce chiasme.

4. Il y a, dans la manière dont Foucault lui-même « travaille » la pensée des autres – qu'ils soient passés à la postérité ou anonymes, penseurs de renom ou « infâmes » –, l'idée qu'une singularité, même quand elle fraie des voies nouvelles pour la réflexion, ne se comprend pas hors de sa propre histoire ; qu'il s'agit donc tout à la fois de décrire cette histoire et d'en dessiner le point de basculement, le lieu où elle s'ouvre à ce qu'elle ne contenait pas encore, l'espace d'une reformulation ou d'une brisure, la possibilité de sa propre rupture. Peut-être ne s'agit-il dès lors que d'appliquer à Foucault ses propres procédures de recherche. On se souvient bien entendu des dernières lignes des *Mots et les choses* – cet effacement de la figure de l'homme, esquissé sur le mode hypothétique à la fin d'un livre qui en analysait au contraire l'émergence puis l'affirmation puissante ; ou encore de celles de *Surveiller et punir*, où le grondement de la bataille était, de la même manière, présagé pour finir, sous la surface apparemment lisse des disciplines dont le livre avait décrit la constitution nouvelle. Faire une histoire des systèmes de pensée, c'est à la fois reconstruire les isomorphismes qui s'y dessinent et les périodisations qui s'y esquissent, et donner à voir possibles ruptures qui s'y détacheront bientôt

– à moins qu'elles n'existent déjà, *sur le fond d'une histoire* qui les a au préalable produites. C'est affirmer que l'histoire n'a pas de dehors – parce que rien ne se donne hors d'un contexte d'historicité qui détermine à la fois les formes et les modes de ce qui est, et la manière dont nous en organisons la représentation. Mais c'est aussi reconnaître dans ce *dedans sans dehors* des tensions, des bifurcations possibles, des torsions, des possibilités de retournement émergeant peu à peu, et qui, loin de se limiter à influencer le cours déjà établi d'une histoire, en déplacent et modifient radicalement le tracé, en réinventent les équilibres, en reformulent les partages, et débouchent sur d'autres paysages historiques. Dès lors, comme un jeu de boîtes chinoises, le problème devenait le suivant. La manière dont, à travers le jeu d'enchâssements et de reformulations successives qui en marque l'évolution, Foucault pense l'histoire est-elle susceptible d'une généalogie à l'intérieur de son propre contexte historique ? Et si l'on reconstitue la généalogie de cette pensée singulière de l'histoire, ne peut-on pas faire l'hypothèse qu'elle reçoit des échos dans d'autres pensées ; ou qu'elle est préparée, pour ainsi dire en amont, par d'autres tentatives de construire un rapport à l'histoire reposant sur le parti-pris de penser ensemble (et non dans un rapport d'exclusion réciproque) les déterminations historiques et la liberté des hommes ? En somme : au lieu de penser la pensée française comme ce long règne continué du même et de l'autre, figures inversées et pourtant nécessairement liées dont Vincent Descombes a su si remarquablement décrire la tenaille[1], ne peut-on imaginer qu'il y a là la possibilité de retracer, à partir de la généalogie de la pensée foucaldienne de l'histoire, une autre histoire possible de la pensée française depuis 1945 ?

On l'aura compris, le dernier aspect du projet qui est le nôtre est le suivant : à partir de la singularité de la pensée de Foucault sur l'histoire, tenter de retracer, dans une sorte d'enquête à rebours, la configuration tout à la fois intellectuelle et contextuelle, épistémique et politique, qui en a permis l'émergence. Cette « configuration

---

1. V. Descombes, *Le même et l'autre. Quarante-cinq ans de philosophie française (1933-1978)*, Paris, Éditions de Minuit, 1980.

contextuelle » – on nous pardonnera la pauvreté de l'expression : il s'agit simplement de pointer, sur la moyenne durée, un certain état des débats et des clivages, des tensions et de la production de la pensée, ou, pour le dire avec Foucault, un certain isomorphisme sur le fond duquel lire la production intellectuelle d'une époque – ne correspond sans doute pas à la configuration générale qui est celle de la pensée française de l'après-guerre. Nous tenterons de montrer que non seulement elle ne lui appartient pas, mais qu'elle semble en déraciner les partages, en miner les présupposés, en démentir les évidences. Elle trace, pour nous, une sorte d'histoire seconde, ou de contre-histoire : un étrange lignage mineur qui se construit silencieusement, comme en filigrane, dans le travail de certains penseurs pourtant fort différents (par leur origine, leur formation, leurs choix politiques et intellectuels, et, plus tard, leur devenir), et dont Foucault est précisément l'une des figures, c'est-à-dire aussi l'un des produits. Or cette contre-histoire, cette « autre histoire » possible de la pensée française contemporaine du dernier demi-siècle, se construit de fait autour d'*une autre manière de penser* – à la fois philosophiquement et politiquement – cet étrange objet que représente l'histoire elle-même.

Quel statut accorder dès lors à cette autre histoire possible de la pensée française ? Comment la saisir tout à la fois dans son étrangeté – par rapport à ce dont elle diffère, c'est-à-dire à partir de cette histoire dominante de la philosophie contemporaine dont les travaux universitaires nous restituent désormais clairement la cartographie – et la situer pourtant à l'intérieur d'un système de pensée qui en a, malgré tout, rendu possible l'émergence ?

5. La question des conditions de possibilité de la pensée foucaldienne de l'histoire doit en réalité se situer sur cette ligne étroite qui lie et sépare en même temps l'*épistémè* générale d'une époque et l'originalité d'un geste philosophique. Car c'est bien d'une ligne qu'il s'agit – une ligne, et non pas un point isolé. La recherche des conditions de possibilité du questionnement foucaldien engage une généalogie qui, à l'intérieur de l'*épistémè* dans laquelle elle se situe, doit tenter de remonter immédiatement vers d'autres gestes, faire signe vers d'autres pensées. De ce point de vue, il était inévitable

de tenter un élargissement de l'enquête, et la mise en relation, à partir du problème spécifique du rapport à l'histoire, du parcours de Foucault avec d'autres. Il fallait, en amont de la pensée du philosophe, ou parallèlement à celle-ci, supposer d'autres expressions, d'autres formulations, d'autres « poussées » : d'autres visages pour une même tension, nouée et reproposée dans d'autres contextes – de manière sans doute non identique, mais qui n'excluait pas une homologie de posture, ou d'intention. Construire, donc, non pas un lignage explicite mais une mise en réseau de différences tendues comme un arc autour du même problème ; produire la lente sédimentation de leurs tentatives et de leurs hésitations, de leurs formulations et de leurs hypothèses.

Cette mise en réseau de pensées pourtant en apparence parfaitement hétérogènes (et même, souvent, opposées par l'histoire de la philosophie la plus linéaire) a dès lors pris la forme d'une construction de « parentés imaginaires », parce que le problème ne nous semblait pas tant d'établir l'effectivité des relations entre Foucault et tel ou tel penseur que d'esquisser des rapprochements et de permettre des problématisations inédites. Et la première de ces « parentés imaginaires », ou de ces « ressemblances de famille » produite à partir de la réflexion sur l'histoire, et que nous avons tenté de déployer dans ces pages, est celle qui nous a semblé renvoyer l'un à l'autre certains questionnements de Foucault et de Merleau-Ponty.

C'est donc la raison pour laquelle on trouvera, à la suite de la première partie de ce travail, spécifiquement centrée sur la pensée foucaldienne, une deuxième grande enquête, consacrée à l'auteur des *Aventures de la dialectique*. Il aurait sans doute été possible de choisir d'autres figures – nous élargirons à l'avenir l'analyse à d'autres parcours. Qu'il nous soit seulement permis de souligner dès à présent la proximité troublante que certaines problématisations formulées en France après-guerre semblent présenter, et à quel point elles semblent se mouvoir au nom d'une même exigence : celle d'une philosophie qui réussisse à conjuguer le souci de « l'histoire déjà faite », les nécessités de l'historicisation, et l'idée que le présent, comme au bord extrême de l'histoire, doit pourtant demeurer toujours ouvert.

Une *autre histoire* : une autre pensée de l'histoire, dont il s'agit de reconstituer la généalogie possible, dans une sorte de marche à rebours depuis la pensée foucaldienne ; mais aussi une petite contre-histoire de la pensée française, où il ne s'agirait pas tant de trouver la confirmation des grands clivages qui nous ont bien souvent permis de nous orienter dans l'histoire récente de la philosophie, que de découvrir d'autres cartographies, sur le mode mineur, de notre propre espace de pensée.

PREMIÈRE PARTIE

FOUCAULT, L'HISTOIRE ET L'ACTUALITÉ

CHAPITRE PREMIER

AUX BORDS DE L'HISTOIRE

PÉRIODISATION ET « TRANSHISTORIQUE »

Une fois n'est pas coutume, commençons par la fin.

Depuis le début des années 1980, dans le cadre de ses cours au Collège de France, Foucault travaille sur le monde hellénistique et romain, et se livre à ce qu'il appellera rétrospectivement lui-même, de manière un peu ironique, «ce "trip" gréco-latin qui a duré plusieurs années »[1]. Après avoir consacré plusieurs cours à une vaste analyse de la modification et du réagencement de l'économie des pouvoirs entre le début de l'époque moderne et le XIXe siècle[2], dans le

---

[1]. M. Foucault, *Le courage de la vérité. Le gouvernement de soi et des autres II. Cours au Collège de France. 1984*, éd. F. Gros, Paris, Seuil-Gallimard, 2009, p. 3. Foucault fait allusion aux cours qu'il tient au Collège de France depuis 1980 : *Subjectivité et vérité. Cours au Collège de France. 1980-1981*, éd. F. Gros, Paris, Seuil-Gallimard, 2014 ; *L'herméneutique du sujet. Cours au Collège de France. 1981-1982*, éd. F. Gros, Paris, Seuil-Gallimard, 2001 ; *Le gouvernement de soi et des autres. Cours au Collège de France. 1982-1983*, éd. F. Gros, Paris, Seuil-Gallimard, 2008.

[2]. M. Foucault, *« Il faut défendre la société ». Cours au Collège de France. 1975-1976*, éd. M. Bertani et A. Fontana, Paris, Seuil-Gallimard, 1997 ; *Sécurité, territoire, population. Cours au Collège de France. 1977-1978*, éd. M. Senellart, Paris, Seuil-Gallimard, 2004 ; *Naissance de la biopolitique. Cours au Collège de France. 1978-1979*, éd. M. Senellart, Paris, Seuil-Gallimard, 2004 ; *Du gouvernement des vivants. Cours au Collège de France. 1979-1980*, éd. M. Senellart, Paris, Seuil-Gallimard, 2012.

sillage de la publication de *Surveiller et punir*[1], en 1975, il paraît en effet réorienter ses travaux sur une tout autre périodisation, à partir de sources bien différentes, et en fonction d'un type de problématisation qui semble en apparence en avoir fini avec l'analytique des pouvoirs pour poursuivre une enquête sur les pratiques de subjectivation et la constitution d'une éthique de soi dans la pensée antique.

Les cours de 1984, qui seront les derniers de Foucault, commencent le 1er février ; ils s'achèvent le 28 mars. C'est à une heure d'enseignement en particulier que nous aimerions nous intéresser.

La leçon du 29 février – l'année est bissextile – se trouve à la moitié du parcours proposé, comme si elle représentait à sa façon, de manière invisible, une sorte de césure à l'hémistiche. L'image n'est ici pas fortuite : elle va, de fait, se comporter exactement comme une césure – fermant et ouvrant à la fois, interrompant le cours du raisonnement mais le relançant vers l'avant. Et cette relance va se faire par un procédé d'écriture étonnant et presque unique chez Foucault, c'est-à-dire à travers l'introduction d'un anachronisme explicitement revendiqué comme tel.

Revenons à la leçon elle-même.

Dans le cadre de la vaste étude qu'il a entreprise de la *parrêsia*, du dire-vrai, non plus dans sa dimension politique (comme cela était le cas dans le cours de l'année précédente[2]) mais dans sa dimension philosophique, Foucault s'attarde sur la figure de Socrate. On est ici aux antipodes des analyses qu'il livrait, dans le sillage de la manière dont Nietzsche considérait le philosophe grec, lors du premier cours au Collège de France, en 1970[3] : Socrate y était encore associé à l'idée d'un affaiblissement coupable de la puissance des hommes. Quatorze ans plus tard, Socrate devient au contraire pour Foucault la figure emblématique d'un type de *parrêsia* poussant l'exercice de la philosophie vers l'idée d'une pratique de la véridiction qui soit à la fois souci de soi et critique radicale des fausses vérités – une critique

1. M. Foucault, *Surveiller et punir. Naissance de la prison*, Paris, Gallimard, 1975.

2. M. Foucault, *Le gouvernement de soi et des autres*, *op. cit.*

3. M. Foucault, *Leçons sur la volonté de savoir. Cours au Collège de France. 1970-1971*, éd. D. Defert, Paris, Seuil-Gallimard, 2011.

des fausses vérités *parce que* c'est le souci de soi qui implique en lui-même que l'on se guérisse des mauvaises croyances et des préjugés. La démarche que suit le philosophe parrèsiaste n'est pas dénuée de danger – Socrate l'apprendra à ses dépens. Elle implique un risque, une exposition, parce qu'elle n'est pas une prophétie ni une sagesse acquise, mais qu'elle ressemble bien davantage à une opération de « décapage » des certitudes acquises et des ordres imposés.

C'est en particulier à Socrate que sont consacrées, totalement ou en partie, les leçons du 15 février (qui analyse minutieusement ses dernières paroles, rapportées par Platon dans le *Phédon* : « Criton, nous devons un coq à Asklépios »[1]) et du 22 février (où Foucault s'attarde sur le *bios* comme objet de la *parrêsia* socratique). Foucault insiste alors :

> Il ne s'agit pas en effet, en rendant compte de soi-même, de dire qui est son maître et de dire quelles œuvres on [a accomplies]. Il ne s'agit pas, dans cette *parrêsia* socratique, d'interroger quelqu'un en quelque sorte sur ses antériorités dans la chaîne de tradition qui permet la transmission du savoir, ni de l'interroger, en quelque sorte en aval, sur les œuvres qu'il a faites grâce à ses compétences. On lui demande de rendre compte de lui-même, c'est-à-dire de montrer quelle relation il y a entre lui-même et le *logos* (la raison). Qu'en est-il de toi et du *logos*, peux-tu donner raison, peux-tu donner le *logos* de toi-même ? Il ne s'agit pas de compétence, il ne s'agit pas de technique, il ne s'agit pas de maître, ni d'œuvre. De quoi est-il question ? Il est question […] de la manière dont on vit (*hontina tropon nun te zê*)[2].

Et encore :

> Nous avons donc là – c'était l'élément important que je voulais retenir surtout aujourd'hui – l'émergence de la vie, du mode de vie comme étant l'objet de la *parrêsia* et du discours socratiques, vie par rapport à laquelle il faut exercer une opération qui sera une opération d'épreuve, de mise à l'épreuve, de tri. Il faut soumettre la vie à une

1. M. Foucault, *Le courage de la vérité, op. cit.*, p. 88-101 et 104-105. Voir également la « Situation du cours » de F. Gros, p. 319-320.
2. *Ibid.*, p. 134.

pierre de touche pour partager exactement ce qui est bien et ce qui n'est pas bien dans ce qu'on fait, dans ce qu'on est, dans la manière de vivre[1].

Cette insistance sur la centralité de la vie, qui déplace le rapport entre soi et le *logos* («qu'en est-il de toi et du *logos*?») de l'ordre du discours et du raisonnement à celui de l'existence, et qui implique une exposition de soi – ce que Foucault appelle une «opération d'épreuve» –, qui transforme de fait la manière dont on vit en une prise de risque publique, prépare en réalité le passage, dans l'économie générale du cours de 1984, de la figure de Socrate à celle des cyniques. Elle pousse à l'extrême les derniers moments de la vie de Socrate du côté de l'incarnation immanente du scandale de la vérité – qui se solde finalement par la mort. Elle détache donc la vérité socratique de la lecture qui en était traditionnellement faite dans le platonisme, et de l'idée que seule la pureté transcendante du ciel des Idées recèle véritablement le Vrai, pour en mettre en scène la valeur de rupture dans l'existence concrète, là où les philosophes de chair et d'os sont condamnés à ne plus vivre précisément parce que leur vie est, à sa manière, leur dire-vrai, c'est-à-dire un scandale inacceptable pour l'ordre institué des choses et de la communauté des hommes.

Foucault est ainsi prêt pour le second grand volet de son analyse. Il conclut donc, presque ironiquement – nous sommes à la toute fin de la leçon du 22 février : «Voilà, alors cette fois promis, j'ai fini avec Socrate. Il faut bien, comme professeur de philosophie, avoir fait au moins une fois dans sa vie un cours sur Socrate et la mort de Socrate. C'est fait. *Salvate animam meam*. La prochaine fois, promis, on parle des cyniques»[2].

En réalité, le début de la première heure de la leçon de la semaine suivante – le 29 février – est une reprise ramassée des leçons précédentes. Tout se passe comme si, au moment de sauter, il fallait prendre l'élan nécessaire afin d'être sûr de ne pas retomber au milieu du gué ; parce qu'il s'agit d'un passage qui ne se réduit bien entendu pas à un simple changement de figure de référence (après Socrate,

---

1. M. Foucault, *Le courage de la vérité*, *op. cit.*, p. 135.
2. *Ibid.*, p. 143.

intéressons-nous aux cyniques), mais qui engage un décalage bien plus fondamental : l'émergence puissante du thème de la vie comme pierre de touche de la *parrêsia* philosophique – un thème que contient déjà, à sa manière, l'épisode de la mort de Socrate, mais qu'il faut à la fois généraliser et radicaliser, et dont les cyniques doivent devenir la figure emblématique.

Le basculement attendu n'intervient finalement qu'au deux tiers de la leçon, précisément à partir du thème de la vie, et sur un ton qui, s'il n'est pas celui de la franche hésitation, avoue malgré tout sa propre incertitude quant à l'issue du raisonnement :

> Dans ce cadre général, autour de ce thème de la vraie vie, de la stylistique de l'existence, de la recherche d'une existence belle dans la forme de la vérité et la pratique du dire-vrai, je voudrais – *sans encore du tout savoir jusqu'où je mènerai cela, si ça va durer jusqu'à la fin de l'année ou si je m'arrêterai* – prendre l'exemple du cynisme pour la raison essentielle que voici. Il me semble que dans le cynisme, dans la pratique cynique, l'exigence d'un forme de vie extrêmement typée – avec des règles, conditions ou modes très caractérisés, très bien définis – est très fortement articulée sur le principe du dire-vrai, du dire-vrai sans honte et sans crainte, du dire-vrai illimité et courageux, du dire-vrai qui pousse son courage et sa hardiesse jusqu'à se retourner [en] intolérable insolence. Cette articulation du dire-vrai sur le mode de vie, ce lien fondamental, essentiel dans le cynisme, entre vivre d'une certaine manière et se vouer à dire vrai, sont d'autant plus remarquables qu'ils se font en quelque sorte immédiatement, sans médiation doctrinale, ou en tout cas à l'intérieur d'un cadre théorique assez rudimentaire[1].

Les cyniques intéressent donc Foucault non seulement parce que leur mode de vie est désormais la matière même de leur dire-vrai, mais parce que leurs pratiques d'existence ne sauraient se comprendre de manière médiate, comme l'effet (c'est-à-dire l'application, l'illustration) d'un corpus doctrinal, d'un ensemble de vérités transcendantes qui seraient ontologiquement et chronologiquement antérieures à leur existence matérielle, et qui en représenteraient les

---

1. *Ibid.*, p. 152-153 (nous soulignons).

principes. La vie est, en elle-même, non seulement le lieu de manifestation du dire-vrai – comme c'était déjà le cas avec Socrate – mais sa condition de possibilité. Sans vie, point d'incarnation du vrai. Le *bios* n'a désormais plus besoin de se conformer au *logos* pour en manifester la présence et posséder par là-même une valeur de vérité. La vie, à la lettre, ne manifeste rien d'autre qu'elle-même dans sa capacité intrinsèque à être une pratique de vérité. Si nous voulions radicaliser le tournant important que la référence aux cyniques engage ici, il faudrait presque dire que la vie est la vérité elle-même en tant qu'elle en est la manifestation. Ce que, de fait, Foucault finit par établir : la vie cynique est à entendre comme le « geste même de la vérité » [1].

C'est alors que la première heure de la leçon du 29 février 1984 se conclut sur un épisode étonnant dans l'économie d'ensemble du cours – que nous annoncions au tout début de ces pages comme une sorte d'étrange pratique de l'« anachronisme » : une sortie de la périodisation jusqu'alors adoptée, une sorte de projection, de saut en avant, marquant un décrochage relatif par rapport au fil de l'enquête historique menée jusqu'alors, et effectuant une étrange opération à l'intérieur de l'analyse.

Foucault est effet en train de se poser le problème de la permanence du cynisme au-delà de lui-même, de sa postérité « jusqu'à la fin même de l'Antiquité » [2], et il cite en exemple une homélie de Grégoire de Nazianze, diocésain de Constantinople, c'est-à-dire un texte du IVe siècle. Le but de l'exemple est en réalité de montrer à quel point cette pensée cynique de la vie comme manifestation de la vérité est passée tout entière, au-delà du cynisme, dans une certaine idée chrétienne du témoignage de la vie, ou par la vie ; une idée, comme le dit Grégoire, du « martyr » de la vie – et par « martyr » ou témoignage, il faut entendre ici la manière dont l'expérience ascétique donne corps à la vérité ; dont la souffrance, l'endurance et la privation font que la vérité prend en quelque sorte « corps dans sa propre vie, dans sa propre existence, [prend] corps dans son

1. M. Foucault, *Le courage de la vérité*, *op. cit.*, p. 159.
2. *Ibid.*

corps »[1]. La référence cynique est donc poussée jusqu'aux bords extrêmes de sa propre périodisation, là où on attendrait au contraire de Foucault la construction d'une discontinuité forte entre pensée antique et christianisme – non seulement parce que la pratique de périodisation qui est la sienne s'appuie en général sur la construction de grandes différenciations (c'est en effet une différenciation entre systèmes de pensée *sur fond de périodisation* qui ouvre et fonde, à sa manière, la plupart des livres de Foucault, de l'*Histoire de la folie* à l'*Histoire de la sexualité*, en passant par *Les mots et les choses* et *Surveiller et punir*), mais parce que cette opposition entre pensée antique et pensée chrétienne a déjà été formulée ailleurs[2], et qu'elle est pour ainsi dire acquise dans l'économie du travail auquel Foucault se livre depuis quelques années. Ce qui est plus surprenant en revanche, c'est qu'au-delà de cet étirement – mieux : de ce débordement – du cynisme au-delà de ses propres limites historiques, Foucault décide de réaliser un véritable saut chronologique.

Ce saut, c'est sous la forme d'un « bien au-delà » qu'il le formule :

> Exercer dans sa vie et par sa vie le scandale de la vérité, c'est cela qui a été pratiqué par le cynisme, depuis son émergence qu'on peut situer au IVe siècle dans la période hellénistique, et qui va se poursuivre, au moins jusqu'à la fin de l'Empire romain et – je voudrais le montrer – *bien au-delà*. […] Je vais faire un détour et j'essaierai de vous montrer pourquoi et comment le cynisme n'est pas simplement, comme on l'imagine souvent, une figure un peu particulière, singulière et finalement oubliée, de la philosophie ancienne, mais *une catégorie historique traversant*, sous des formes diverses, avec des objectifs variés, *toute l'histoire occidentale*[3].

Méthodologiquement, ce décrochage n'est pas simple à justifier, parce que si l'on travaille à une histoire des systèmes de pensée – ce à quoi Foucault se livre, à partir d'une périodisation précise, en

---

1. *Ibid.*, p. 160.

2. On la trouve par exemple dans les deux conférences tenues par Foucault les 17 et 24 novembre 1980 à Dartmouth Collège. *Cf.* M. Foucault, *L'origine de l'herméneutique de soi. Conférences prononcées à Dartmouth College, 1980*, éd. H.-P. Fruchaud et D. Lorenzini, Paris, Vrin, 2013.

3. M. Foucault, *Le courage de la vérité*, *op. cit.*, p. 161 (nous soulignons).

s'appuyant sur toute une série de textes qu'il s'agit de relire (et
parfois de retraduire) de manière inédite –, les « sauts » historiques
sont difficilement conciliables avec la bonne tenue de l'enquête.
Certes, on peut s'arrêter de considérer les cyniques comme un
épisode de l'histoire de la pensée – tout à la fois produits par un
certain « moment », celui de la pensée antique, et, en tant que tels,
correspondant à l'ensemble des partages qui en soutiennent l'édifice.
Cela implique par exemple que l'on opère à l'intérieur de cette même
pensée des déplacements radicaux qui la contraindront au moins en
partie à se reformuler en fonction de l'étirement historique auquel on
la soumet ; ou que l'on justifie cet allongement de la référence par le
découpage, dans l'édifice complexe du cynisme « historique », d'un
aspect spécifique qu'on chargera de faire en quelque sorte « le pont »
avec un autre moment de l'histoire de la pensée.

Dans la référence à Grégoire de Nazianze, que l'on rappelait à
l'instant, cette fonction de « pont » est ainsi assurée par un double
découpage : d'une part, l'insistance sur le fait que, lorsque Grégoire
fait dans une homélie l'éloge public d'un certain Maxime, chrétien
d'origine égyptienne qui s'était retiré au désert et qui avait vécu une
vie d'ascèse pendant un certain temps, il le présente, de fait, comme
un cynique : « Je te compare à un chien » [1]. De l'autre, un appui, absolument central dans l'économie de l'argumentation foucaldienne, sur
l'idée de *marturôn tês alêtheias*, entendue non seulement comme
martyr chrétien mais comme témoignage de la vérité, c'est-à-dire
consistant non pas à *dire* la vérité mais à *vivre* la vérité.

Or historiquement, l'affaire n'est pas simple, et Foucault s'en
rend sans doute compte, puisqu'il désamorce par avance l'objection
qui pourrait lui être faite à partir de ce même texte de Grégoire qu'il
cite pourtant au fondement de sa propre analyse : dans l'éloge du
diocésain de Constantinople, nous dit Foucault, il est en effet dit aussi
que Maxime « déteste l'impiété des cyniques […] et leur mépris de la
divinité ». Et Foucault de commenter immédiatement, dans une
parenthèse entendue : « on y reviendra plus tard quand on étudiera
mieux le cynisme : il y avait en effet tout un courant, très dominant

---

1. M. Foucault, *Le courage de la vérité*, *op. cit.*, p. 160.

dans le cynisme, d'impiété, ou en tout cas d'incrédulité et de scepticisme à l'égard des dieux et d'un certain nombre de pratiques religieuses »[1]. Le texte de Grégoire est donc parfaitement réversible : il peut être utilisé pour souligner la différence fondamentale entre le cynisme et l'ascétisme chrétien, au nom de ce « détail » pourtant fondamental qu'est le rapport à la croyance, c'est-à-dire le problème de la foi ; il peut être également lu comme la permanence de la référence à cette « vie des chiens » considérée comme le mètre de l'expérience ascétique et pour ainsi dire comme le « prototype » du témoignage ou de l'incarnation de la vérité. Bien entendu, les deux éléments coexistent chez Grégoire, et ils sont en partie rendus possibles par la distinction, déjà présente à l'époque des cyniques eux-mêmes, entre faux cyniques (les impies, les scandaleux, les répugnants) et vrais cyniques (les courageux, les héros de la vérité, les frugaux, les exemples admirables de renoncement à soi). Mais Foucault ne les prend pas ensemble : il les détache l'un de l'autre pour pouvoir constituer le prolongement qui l'intéresse par-delà les discontinuités évidentes – encore une fois : discontinuités d'autant plus évidentes qu'il a ailleurs, lui-même, contribué à les mettre en lumière. Et il passe singulièrement sous silence le thème du renoncement à soi, bien entendu central dans l'ascétique chrétienne, mais difficilement compatible avec la liberté de ce vivre-vrai qu'il cherche à lire dans les gestes mêmes des cyniques, dans leurs modes de vie, dans leurs provocations, dans le « scandale » qu'ils ont sciemment choisi d'incarner au cœur de la *polis*.

Dès lors, il semble que la volonté d'établir la permanence du cynisme au-delà de sa propre périodisation consiste de fait à construire une sorte d'*idéal-type* indépendamment de toute historicisation réelle, et à le faire jouer dans d'autres contextes, en marge – ou en dépit – de la situation historique qu'ils impliquent. Si c'est ainsi qu'il faut lire Foucault, en particulier dans les derniers cours du Collège de France, alors il faut bien supposer une sorte de « tournant wébérien » dans son travail : de fait, certaines interprétations récentes, qui s'appuient par ailleurs sur la centralité des notions de

1. *Ibid.*, p. 159-160.

« modes de vie » et de « style » chez Foucault dans ces mêmes années et les rapprochent de l'idée wébérienne de « style de vie », ont tenté le rapprochement à partir d'une idée en réalité assez légitime : un idéal-type, au sens wébérien, n'est rien d'autre qu'une fiction épistémo-logique, une abstraction, permettant de penser par rebond l'extrême dispersion des phénomènes ou des incarnations concrètes qui ne s'y logent chacune que partiellement. Certes ; sauf que, dans le cas qui nous occupe, on voit mal comment, au moment où il s'agit de donner à comprendre la manière dont le dire-vrai (la *parrêsia*) se transforme en un vivre-vrai – ce vivre-vrai qui est en quelque sorte le mono-gramme du cynisme, sa nouveauté fondamentale –, Foucault pourrait faire de ce « tournant » matériel, concret, immanent, qui assigne à la vie elle-même le lieu de la vérité, quelque chose comme une abstraction dont la fonction serait seulement épistémologique. Le recours à l'idéal-typisation est, chez Weber, un parti-pris de méthode, il aide à penser rationnellement ce qui ne se donne pas nécessaire-ment de manière clairement déchiffrable dans la réalité. S'il était possible de construire la figure des cyniques de manière idéal-typique, il faudrait dire que la référence au cynisme ne vaut chez Foucault que comme stratégie (rationnelle) de méthode. On voit bien le paradoxe – et le démenti que l'insistance foucaldienne sur le mode de vie cynique, en tant que témoignage de vérité, apporterait immé-diatement à ce type de lecture. Le passage du dire-vrai au vivre-vrai, que Foucault a effectué dans les leçons précédentes, suffirait à en rendre l'inconsistance évidente : de Socrate aux cyniques, il s'agit d'une inflexion, d'une torsion, qui va dans le sens d'une incarnation toujours plus grande de la vérité, qui plus est sans la médiation du *logos* (chez les cyniques, ce n'est pas la parole qui *dit* le vrai mais la vie qui *est* le vrai). Dans ces conditions, il devient difficile de voir en quoi le cynisme pourrait méthodologiquement être évidé de la matérialité de cette incarnation, afin de permettre la construction d'une abstraction rationnelle des comportements qu'il implique – précisément parce que le cynisme n'est *rien d'autre que* cette incarnation, *rien d'autre que* cette matérialité.

On le constate, le problème reste donc entier : qu'est-ce qu'être cynique au-delà du cynisme lui-même ? C'est un peu comme si, une

fois définie la consistance propre du citoyen athénien au Vᵉ siècle, on
en promenait la figure le long des siècles, en lui faisant traverser de
manière indifférenciée les campagnes anglaises au XVIIᵉ siècle, la
France révolutionnaire de la fin du XVIIIᵉ siècle ou, presque deux
siècles plus tard, celle de la Vᵉ République.

Le terme que Foucault emploie alors pour caractériser les
différents visages historiques d'une figure hors de sa propre périodisation est d'autant plus étrange que l'on sait le soin que Foucault
apportait au choix des mots qu'il utilisait. Ce terme, qui n'apparaît
nulle part ailleurs, c'est celui de « profils » [1]. Un profil, c'est ici ce que
l'on obtient quand on passe d'une étude de la manière dont le cynisme
s'inscrit dans un contexte spécifique – dont il modifie en retour les
équilibres –, à l'idée qu'une même configuration peut en réalité être
suivie « tout au long de l'histoire de l'Occident » [2] : c'est le nom des
différents *remplissements* historiques de ce que Foucault, dès lors,
considère moins comme une réalité que comme une « catégorie » [3]
traversant l'histoire occidentale.

Tout cela, bien entendu, n'est pas sans poser problème. Foucault
lui-même s'en rend bien compte : « La logique, la pédagogie, les
règles de tout enseignement devraient m'amener à vous parler
maintenant du cynisme tel qu'on peut essayer de le dégager dans les
textes anciens, pour essayer ensuite de raconter, sinon son histoire, du
moins quelques uns de ses épisodes » [4] ; et pourtant, il semble qu'il ne
puisse pas faire l'économie de cette étrange sortie des contraintes
chronologiques qu'il s'était lui-même fixées. C'est donc sur la
nécessité de s'arrêter, malgré tout, un instant sur l'idée d'un « cynisme transhistorique » [5] que se clôt cette première heure. Un cynisme,
nous dit Foucault, qui « fait corps avec l'histoire de la pensée, de
l'existence et de la subjectivité occidentales » : comme si, d'un seul
coup, tout le travail de périodisation sur lequel s'était fondé son

1. M. Foucault, *Le courage de la vérité*, *op. cit.*, p. 160.
2. *Ibid.*
3. *Ibid.*, p. 161.
4. *Ibid.*
5. *Ibid.*

travail depuis les années 1960 – quel que soit le jugement que l'on porte sur la pertinence de tel ou tel « découpage » historique proposé par le philosophe – s'effaçait derrière la volonté de restituer un paysage plus général, non plus « un système de pensée » mais « la pensée occidentale », c'est-à-dire encore une fois la permanence à travers l'histoire d'un motif traversant. C'est le statut – méthodologique, philosophique – de cette « transhistoricité » qu'il nous faut à l'évidence essayer de comprendre.

Revenons un instant en arrière. S'il est un point sur lequel la pensée foucaldienne – et plus généralement ce que l'on a appelé le post-structuralisme français – se sont construits, c'est bien l'affirmation que rien n'échappe à l'histoire, et que tout en est au contraire le produit circonstancié. Supposer une quelconque extériorité à l'histoire, ou un élément qui en serait à ce point indépendant qu'il pourrait la traverser sans en être affecté, déconstruit et reconstruit, ce serait en effet réintroduire quelque chose comme une transcendance – ou, péril plus proche encore, un élément se donnant *a priori*, indépendamment de l'expérience (historique) du monde. On n'oublie certes pas à quel point Foucault fut, au début des années 1960, associé au projet structuraliste – au nom d'une communauté de méthode que lui-même ne reniait pas et qu'il lui est même arrivé de revendiquer[1]. Mais on garde aussi en mémoire la virulence avec laquelle le même Foucault, dès la seconde moitié des années 1960, a marqué sa distance d'avec le structuralisme. Sans doute parce que la « nouvelle mariée » de la philosophie[2] avait substitué à la vieille figure du sujet, dont il avait fallu produire la critique, une autre qui, pour Foucault, lui ressemblait paradoxalement beaucoup en ce qu'elle se voulait elle aussi transhistorique, invariante, non soumise à l'histoire : la notion de structure elle-même. La structure rendait en effet intelligible l'histoire : elle n'en était pas le produit mais la colonne vertébrale –

1. M. Foucault, « La philosophie structuraliste permet de diagnostiquer ce qu'est "aujourd'hui" » (entretien avec C. Fellous), *La Presse de Tunisie*, 12 avril 1967, p. 3 ; repris dans M. Foucault, *Dits et écrits, op. cit.*, vol. 1, texte n° 47, p. 580-584.

2. M. Foucault, « Structuralism and Poststructuralism » (entretien avec G. Raulet), *Telos*, vol. 16, n° 57, printemps 1983 ; trad. fr. « Structuralisme et poststructuralisme », dans M. Foucault, *Dits et écrits, op. cit.*, vol. 4, texte n° 330, p. 435.

ou, plus philosophiquement, la condition de possibilité. Chez Foucault, c'est la démarche inverse qui avait, au contraire, prévalu alors : revendiquer le projet d'une *histoire* des systèmes de pensée, cela équivalait à tout historiciser sans reste possible, à faire irrémédiablement de l'histoire un dedans sans dehors.

Dès lors, en 1984, c'est à la question suivante que l'on se retrouve confronté : qu'est-ce qui, contre toute attente, dans l'histoire ou malgré l'histoire, pourrait ici demeurer en traversant jusqu'à nous toutes les grandes configurations épistémiques dont Foucault a par ailleurs fait l'archéologie minutieuse ? Et quel (nouveau ?) type de relation à l'histoire Foucault semble-t-il vouloir construire alors, après avoir revendiqué successivement au cours de son travail une méthode archéologique et une enquête généalogique ? Bien entendu, l'archéologie et la généalogie, loin de s'exclure – la seconde remplaçant la première –, se sont superposées dans la recherche foucaldienne, et en quelque sorte agencées l'une à partir de l'autre. Quelle troisième figure émerge en 1984 pour compléter les deux précédentes ? Quelle en est la nécessité ? Quelle en est la fonction dans l'économie interne de la pensée foucaldienne ?

DEUX VARIATIONS SUR KANT : *QU'EST-CE QUE LES LUMIÈRES ?*

En réalité, cette étonnante troisième modalité de rapport à l'histoire, si tant est qu'elle en possède, encore une fois, la consistance, semble apparaître au même moment dans un autre texte de Foucault, presque contemporain de celui qui nous occupe. C'est à la vérité de deux textes qu'il s'agit, dotés d'un statut différent, et qui consistent l'un et l'autre en un commentaire du texte de Kant *Was ist Aufklärung ?*[1] : publiés l'un et l'autre en 1984, il s'agit en réalité d'un extrait du cours au Collège de France du 5 janvier 1983 – un an

---

1. M. Foucault, « What is Enlightenment ? », art. cit., p. 562-578 ; « Qu'est-ce que les Lumières ? », *Magazine Littéraire*, n° 207, mai 1984 ; repris dans M. Foucault, *Dits et écrits*, *op. cit.*, vol. 4, texte n° 351, p. 679-688.

auparavant –, pour le premier; et d'un texte publié aux États-Unis, pour le second.

Dès 1978, Foucault s'était intéressé au texte kantien, et en avait produit un assez long commentaire dans le cadre d'une conférence faite à la Société française de Philosophie[1]. Dans ce premier essai d'interprétation, la tentative pour distinguer la critique (comme entreprise de repérage des limites de notre capacité à connaître), d'une part, et l'*Aufklärung* (come attitude devant notre propre présent), de l'autre, prenait encore chez lui la forme d'une stricte analyse historique. Foucault annonçait explicitement son intention de faire « l'histoire de cette attitude critique », et, de fait, la conférence parcourait, en en marquant les différences, au moins quatre moments dont il s'agissait de caractériser la spécificité de pensée et de pratiques : la pastorale chrétienne, l'explosion des arts de gouverner « à partir des XVe-XVIe siècles », le moment des Lumières comme émergence de « l'art de ne pas être gouvernés », et plus avant, dans un présent presque contemporain de la propre parole de Foucault, un certain nombre de références – dont celle, centrale, de l'École de Francfort. De la même manière, à côté de ces repérages chronologiques qui scandaient l'analyse, Foucault faisait aussi jouer la différenciation des lieux (à travers l'opposition « en Allemagne »/ « en France »), comme s'il s'agissait de redoubler l'histoire des systèmes de pensée par une géographie[2]. Quelques années plus

1. Séance du 27 mai 1978 à la Sorbonne, sous la présidence d'Henri Gouhier. Le texte, non revu par Foucault, a été publié dans le *Bulletin de la Société française de Philosophie* (84e année, n° 2, avril-juin 1990, p. 35-63) sous le titre « Qu'est-ce que la critique ? (Critique et *Aufklärung*) », puis dans plusieurs langues étrangères (citons par exemple l'excellente édition de Paolo Napoli : M. Foucault, *Illuminismo e critica*, Roma, Donzelli, 1997). Le texte n'est pas compris dans *Dits et écrits*, mais a fait tout récemment l'objet d'une édition critique : M. Foucault, *Qu'est-ce que la critique ?*, suivi de *La culture de soi*, éd. H.-P. Fruchaud et D. Lorenzini, Paris, Vrin, 2015.

2. Le reproche fait à Foucault de négliger la dimension spatiale de son enquête (c'est-à-dire la problématisation de ses espaces de référence) au profit d'une démarche exclusivement historicisante, est formulé dès le milieu des années 1970 par certains chercheurs. Voir à cet égard M. Foucault, « Questions à Michel Foucault sur la géographie », *Hérodote*, n° 1, janvier-mars 1976, p. 71-85 (repris dans M. Foucault, *Dits et écrits, op. cit.*, vol. 3, texte n° 169, p. 28-40), et « Des questions de Michel Foucault à *Hérodote* », *Hérodote*, n° 3, juillet-septembre 1976, p. 9-10 (repris dans M. Foucault,

tard, c'est ce schéma somme toute classique du travail foucaldien – procéder par périodisations (et, inséparablement, par différenciation de ces périodes entre elles), sur la base de la manière dont elles construisent l'économie des représentations et des pratiques qui leur est propre – qui semblera dans une large mesure infléchi et reformulé.

En effet, dans les deux commentaires publiés en 1984, le type d'analyse change. Bien sûr, il s'agit en apparence de se livrer au même exercice qu'en 1978, et de faire l'histoire de la manière dont est apparu, à un moment donné, cet événement que l'on appelle l'*Aufklärung*, et qui a redéfini la pratique de la philosophie – et la modernité dans laquelle elle s'inscrivait – comme problématisation de l'actualité. Dans le texte publié aux États-Unis, les premières pages, de manière attendue, sont consacrées aussi bien à une contextualisation du texte de Kant (référence est alors faite à Mendelssohn et à Lessing) qu'à une typologisation de la manière dont la pensée philosophique avait, jusqu'alors, pensé le thème du présent. Foucault repère alors trois formes principales, associées à trois figures, qui sont à leur tour emblématiques de trois « moments » de l'histoire de la pensée : Platon, Augustin et Vico (on reconnaît ici la manière qui est fréquemment la sienne de lier ensemble une configuration de pensée, une périodisation, et très souvent un penseur ou un texte emblématiques de ce « découpage » à la fois épistémique et historique). De la même manière, dans le texte publié en France en mai 1984 (l'extrait du cours du 5 janvier 1983 au Collège de France), Foucault déclare apparemment sans aucune ambiguïté :

> L'*Aufklärung*, c'est une *période*, une *périod*e qui formule elle-même sa propre devise, son propre précepte, et qui dit ce qu'elle a à faire, tant *par rapport à l'histoire générale de la pensée* que par rapport à son présent et aux formes de connaissance, de savoir, d'ignorance,

Dits et écrits, op. cit., vol. 3, texte n° 178, p. 94-95). C'est également sur ce défaut de « géographisation » que s'appuient certaines critiques postcoloniales récentes : voir à ce sujet S. Mezzadra, « En voyage. Michel Foucault et la critique postcoloniale », dans *Cahier Foucault*, Paris, Éditions de l'Herne, 2011. Pourtant, Foucault semble avoir entendu le reproche et, à partir de la seconde moitié des années 1970, il n'est pas rare qu'il cherche à intégrer la localisation spatiale de la pensée à côté de sa localisation historique.

d'illusion dans lesquelles elle sait reconnaître sa *situation historique*. Il me semble que dans cette question de l'*Aufklärung*, on voit l'une des premières manifestations d'une certaine façon de philosopher qui a eu *une longue histoire* depuis deux siècles. C'est l'une des grandes fonctions de la philosophie dite « moderne » (celle dont on peut situer *le commencement* à l'extrême fin du XVIIIe siècle) que de s'interroger sur sa propre actualité[1].

La citation est claire, et la profusion de marqueurs signalant que l'on est dans une démarche qui ne se conçoit pas sans un travail d'historicisation précis (« période », « histoire générale », « situation historique », « longue histoire », « commencement ») est là pour nous rassurer : nous sommes en pleine méthodologie foucaldienne. C'est la situation historique – qui n'exclut pas une certaine épaisseur de temps : on parle ici de périodisation de moyenne durée, puisqu'il s'agit de décrire un phénomène « qui a eu une longue histoire depuis deux siècles » – qui est une fois de plus au centre de la lecture que propose Foucault.

Qui plus est, c'est toujours sur fond d'une différenciation entre formes épistémiques successives qu'il est possible de reconstituer l'émergence d'un système de pensée propre à une époque : de la même manière que l'analyse de la folie à l'âge classique s'appuyait sur un bref rappel des figures du fou à la Renaissance, auxquelles, bien entendu, tout l'opposait désormais ; de la même manière que *Les mots et les choses* s'ouvrait sur une description de la façon dont la pensée médiévale mélangeait encore mythologie et science, au contraire de ce qu'allait construire le grand règne de la *Ratio* scientifique et la taxinomie des savoirs qui lui serait associée ; de la même manière encore que *Surveiller et punir* avait besoin de repartir du supplice de Damiens pour mesurer la distance que les disciplines instaureraient avec l'idée même de la punition exemplaire, pour lui préférer celles de la surveillance, de l'orthopédie sociale et de l'obtention de prestations productives – ici, dans les commentaires qui nous occupent, c'est toujours *aussi* sur fond d'opposition entre des économies de pensée qu'il s'agit de travailler. Ce jeu des

---

1. M. Foucault, « Qu'est-ce que les Lumières ? », art. cit., p. 682 (nous soulignons).

oppositions est donc littéralement adossé à la périodisation historique. Si ce n'est que cette méthode de différenciation entre grands « blocs » épistémiques, cette analyse « par mesure d'écart » que l'enquête historique permet de reconstruire et qui donne lieu à une scansion des discontinuités dans l'histoire, à une succession des périodisations – distinctes l'une de l'autre et grâce à cela définies en elles-mêmes – ; en somme ce repérage d'isomorphismes qui avait, on s'en souvient sans doute, fait bondir Sartre au moment de la publication des *Mots et les choses* au prétexte qu'il n'y voyait que l'exposition savante de grands tableaux immobiles [1], c'est à Kant lui-même que Foucault l'attribue : « La réflexion sur "aujourd'hui" comme *différence dans l'histoire* et comme motif pour une tâche philosophique particulière me paraît être la nouveauté de ce texte » [2]. Ce que Kant repère avant toute chose, nous dit Foucault, comme le monogramme de l'*Aufklärung*, c'est à la fois le souci philosophique du présent et le procédé de différenciation qui porte à comprendre *ce que nous sommes* à partir de *ce que nous ne sommes plus*. Jusque là, donc, tout se passe normalement. Et pourtant, ce n'est pas si simple. Dans ces mêmes textes, quelque chose se joue qui est totalement inattendu et qui vient contredire, ou brouiller, cette démarche dont nous venons de rappeler à grands traits le fonctionnement. Ce quelque chose, c'est précisément un *décrochage* radical par rapport au travail de périodisation et de l'historicisation.

SORTIR DE L'HISTOIRE ?

Écoutons Foucault :

> Je sais qu'on parle souvent de la modernité comme d'une époque ou en tout cas comme d'un ensemble de traits caractéristiques d'une époque ; on la situe sur un calendrier où elle serait précédée d'une prémodernité, plus ou moins naïve ou archaïque et suivie d'une

1. J.-P. Sartre, « Jean-Paul Sartre répond », *L'Arc*, n° 30, 1966, p. 87-96 ; repris dans *Les mots et les choses. Regards croisés, 1966-1969*, Caen, P.U.C.-IMEC, 2009.
2. M. Foucault, « What is Enlightenment ? », art. cit., p. 568 (nous soulignons).

énigmatique et inquiétante « postmodernité ». Et on s'interroge alors pour savoir si la modernité constitue la suite de l'*Aufklärung* et son développement, ou s'il faut y voir une rupture ou une déviation par rapport aux principes fondamentaux du XVIIIe siècle. En me référant au texte de Kant, je me demande si on ne peut pas envisager la modernité *plutôt comme une attitude que comme une période de l'histoire*. Par attitude, je veux dire un mode de relation à l'égard de l'actualité ; un choix volontaire qui est fait par certains ; enfin, une manière de penser et de sentir, une manière aussi d'agir et de se conduire qui, tout à la fois, marque une appartenance et se présente comme une tâche. *Un peu, sans doute, comme ce que les Grecs appelaient un* êthos [1].

Deux points de commentaire à propos de cette longue citation.

Ce que Foucault décrit comme une posture de recherche possible (« on parle souvent de la modernité comme d'une époque ou en tout cas comme d'un ensemble de traits caractéristiques d'une époque ; on la situe sur un calendrier », etc.), nous pourrions tout aussi bien la lui attribuer : comment les analyses foucaldiennes ont-elles procédé, sinon précisément en définissant des périodisations (les « époques », les « âges ») construites à partir de « traits caractéristiques », et dont il s'agissait dès lors de formuler la spécificité ? Et pourtant, c'est bien de cela que Foucault semble ici vouloir se libérer. Ici, il ne s'agit plus seulement de limiter le travail de l'analyse à une archéologie (la reconstitution d'un isomorphisme dans l'histoire, c'est-à-dire d'une « nappe » de savoirs et de pratiques passés : en somme, d'un système de pensée *sur fond de périodisation* précise), ni même à une généalogie (à partir des résultats de l'archéologie, une enquête relancée, pour ainsi dire par différenciation, en direction de notre propre système de pensée : une interrogation sur la différence entre passé(s) et présent). Il s'agit d'introduire un troisième terme : une *attitude*.

Cette attitude paraît devoir se construire au-delà (ou, dans tous les cas, de manière indépendante par rapport à) un travail de périodisation qui fondait jusqu'alors la possibilité de la démarche foucaldienne. Elle semble ne plus dépendre d'une histoire, mais jouer à un

---

1. M. Foucault, « What is Enlightenment ? », art. cit., p. 568 (nous soulignons).

autre niveau : elle engage, nous dit Foucault, une *éthique* ; mais cette éthique, à son tour, n'est pas l'objet d'une enquête archéologique (la reconstitution minutieuse des partages qui permettent, à un moment donné, à une certaine manière de penser et de pratiquer l'éthique d'émerger) : elle se donne hors de toute référence précise à telle ou telle configuration de pensée. Dans l'autre version du commentaire de *Qu'est-ce que les Lumières ?* (extrait de la leçon du 5 janvier 1983), Foucault tourne autour de la même idée : « Après tout, il me semble bien que l'*Aufklärung*, à la fois comme événement singulier et comme processus permanent qui se manifeste dans l'histoire de la raison, dans le développement et dans l'instauration de formes de rationalité et de technique, l'autonomie et l'autorité du savoir, *n'est pas simplement pour nous un épisode dans l'histoire des idées* »[1].

Le texte de Kant, selon Foucault, invite donc à un type de questionnement qui traverse l'histoire plutôt qu'il n'en dépend. Nous sommes exactement ici dans la même situation qu'à la fin de la leçon du 29 février 1984 – cet étrange moment de bascule dont nous sommes partis. Tout se passe comme s'il avait fallu reconstituer diverses nappes de pensées et rendre visibles leurs caractères spécifiques – c'est-à-dire mettre en évidence les différences entre différents systèmes de pensée passés (l'archéologie) ; puis, sur la base de ce travail, se poser le problème de notre propre situation historique, ou de notre propre système de représentations, c'est-à-dire mettre en évidence la différence entre le système de pensée qui était le nôtre et ceux qui l'avaient précédé (la généalogie) ; pour pouvoir désormais tenter de penser une forme d'interrogation philo-sophique qui, prenant l'actualité pour matière, s'interroge moins sur la différence existant entre différents passés, ou par rapport à ces passés, que sur la constance d'un « processus permanent » – puisque tels sont les termes de Foucault. Et c'est précisément là que la lecture de Kant bifurque au moins en partie hors de son propre contexte : encore une fois, « l'*Aufklärung* […] n'est pas simplement pour nous un épisode dans l'histoire des idées ».

---

1. M. Foucault, « Qu'est-ce que les Lumières ? », art. cit., p. 686 (nous soulignons).

Deuxième point : sur quoi se fonde cette « sortie de l'histoire » ? Il semble qu'elle soit avant toute chose liée à un déplacement du processus de différenciation historique qui était, nous l'avons rappelé, central dans la méthodologie foucaldienne. Souvenons-nous : l'approche archéologique reconstituait la consistance historique d'un isomorphisme de pensée sur fond de ce dont il différait par son émergence même (appelons-le, pour des raisons de commodité, le « modèle des *Mots et les choses* », même s'il vaut bien évidemment dès l'*Histoire de la folie*) ; la démarche généalogique consistait en revanche à prolonger vers notre propre présent ce travail de différenciation par « blocs » épistémico-historiques afin de comprendre dans quel système de pensée nous nous trouvions nous-mêmes : c'est en particulier le modèle général des cours au Collège de France à partir de la fin des années 1970, puisque l'enquête sur la gouvernementalité à laquelle se livre alors Foucault est à la fois construite en amont de la périodisation initialement annoncée – l'époque moderne – afin de la fonder par une césure (celle de l'émergence des arts de gouverner, que Foucault lie, au XVIe siècle, à l'apparition de la littérature anti-machiavélienne). et en aval, par un questionnement serré des dispositifs de gouvernementalité biopolitique dans différentes variantes du néolibéralisme au XXe siècle (en particulier en Allemagne et aux États-Unis[1]).

Différences entre passé(s) et passé(s), dans le premier cas ; entre passé(s) et présent, dans le second : l'outil de différenciation, c'est-à-dire tout à la fois de circonscription des objets de pensée et de découpage des périodes, était encore l'histoire.

Dans le cas qui nous retient, c'est précisément ce lien du « travail de la différence » (ou de ce que nous avons appelé, ailleurs, de la pensée du discontinu[2]) à l'histoire qui est transformé. La suggestion en revient sans doute à Kant lui-même, ou plutôt à la manière dont Foucault choisit de lire Kant :

---

1. On se référera à *Sécurité, territoire population, op. cit.*, dans le premier cas, et à *Naissance de la biopolitique, op. cit.*, dans le second.
2. Je me permets de renvoyer à mon *Michel Foucault. Une pensée du discontinu*, Paris, Mille et une nuits-Fayard, 2010.

La critique, c'est bien l'analyse des limites et la réflexion sur elles. Mais si la question kantienne était de savoir quelles limites la connaissance doit renoncer à franchir, il me semble que la question critique, aujourd'hui, doit être retournée en question positive : dans ce qui nous est donné comme universel, nécessaire, obligatoire, quelle est la part de ce qui est contingent et dû à des contraintes arbitraires. Il s'agit en somme de transformer la critique exercée dans la forme de la limitation nécessaire *en une critique pratique dans la forme du franchissement possible* [1].

Le tournant est à ce point important que Foucault, dans le même texte, y revient trois pages plus bas, dans une formulation presque identique : « L'ontologie critique de nous-mêmes, il faut la considérer non certes comme une théorie, une doctrine, ni même un corps permanent de savoir qui s'accumule ; il faut la concevoir comme une attitude, un *êthos*, une vie philosophique où la critique de ce que nous sommes *est à la fois analyse historique des limites qui nous sont posées et épreuve de leur franchissement possible* » [2]. La « différence dans l'histoire », pour reprendre l'expression de Foucault que nous avons déjà citée [3], joue maintenant entre le présent et ce qui pourrait à tout moment le démentir, le faire basculer hors de lui-même, l'ouvrir à autre chose que ce qu'il est déjà. La différence est désormais ce qui peut être imaginé entre un présent dont nous faisons partie et un avenir qu'il nous appartient au moins en partie de construire.

Kant est de ce point de vue précieux, à condition qu'on ait soin de soumettre l'entreprise critique aux analyses « historiques » – dont *Was ist Aufklärung ?* fait partie au premier chef –, la philosophie transcendantale au « journalisme philosophique » [4]. Mais cela n'est sans doute pas suffisant : il manque encore, dans ce déplacement de la

1. M. Foucault, « What is Enlightenment ? », art. cit., p. 574 (nous soulignons).
2. *Ibid.*, p. 577 (nous soulignons).
3. *Ibid.*, p. 568.
4. Voir M. Foucault, « Pour une morale de l'inconfort », *Le Nouvel Observateur*, n° 754, 23-29 avril 1979, p. 82-83 ; repris dans M. Foucault, *Dits et écrits, op. cit.*, vol. 2, texte n° 266, p. 783-787. La référence à Kant y ouvre un texte sur le livre de Jean Daniel, *L'ère des ruptures* (Paris, Grasset, 1979), et Foucault commente immédiatement : « Qui sommes-nous à l'heure qu'il est ? [...] Mais je pense que cette question, c'est aussi le fond du métier de journaliste » (p. 783).

question critique du côté de l'aujourd'hui, l'idée d'une différence, c'est-à-dire d'une discontinuité possible, au cœur du présent.

L'introduction de ce thème de la « différence possible » va dès lors se faire à partir de deux éléments centraux dans le raisonnement foucaldien.

Le premier est d'ordre purement lexical : il consiste pour Foucault à dissocier le thème du présent de celui de l'actualité, à les distinguer l'un de l'autre. Ce découplage des deux mots obéit à une logique dont la nécessité prend ici tout son sens : si le « présent » est le nom donné à l'état présent de notre représentation du monde (c'est-à-dire, à la lettre, à l'isomorphisme épistémico-historique dans lequel nous pensons et agissons, au système de pensée qui est le nôtre en un lieu donné), l'« actualité » est au contraire ce qui, à tout moment, peut interrompre cet étrange « état d'équilibre » sur fond d'émergence historique, que nous pourrions décrire comme un « déjà là » des savoirs et des pratiques, comme un ordre du discours, des représentations et des modes d'action déjà installé, et à l'intérieur duquel nous nous trouvons. Le présent est bien entendu tout sauf une instantanéité, puisqu'il implique une temporalité historique moyenne : nous pourrions dire, par exemple – en laissant de côté les querelles chères à certains philosophes contemporains – que nous sommes les enfants de cette modernité dans laquelle se situent les Lumières : notre présent est, encore au moins en partie, celui du moderne. L'actualité vaut, elle, comme instance de basculement, comme processus de différenciation, comme instauration de discontinuité dans cette nappe historique de continuité : elle est un basculement, une rupture du présent.

En réalité, dans les deux commentaires de Foucault sur *Was ist Aufklärung ?*, l'hésitation entre le présent (c'est-à-dire la détermination épistémico-historique ayant cours) et l'actualité (le basculement de celle-ci), ou pour le moins le va-et-vient entre les deux différentes qualifications de ce que peut être notre rapport à l'état présent des choses, est patent : d'un côté, il y a bien entendu la nécessité d'une « ontologie historique de nous-mêmes »[1] ; mais de l'autre, il y a aussi

---

1. M. Foucault, « What is Enlightenment ? », art. cit., p. 575.

une « ontologie de nous-mêmes, une ontologie de l'actualité »[1]. Entre les deux termes, dans la tension qui s'établit entre leurs polarités, Foucault est alors amené à construire son raisonnement tout à la fois à partir d'un commentaire « interne » de Kant et, simultanément, sur la base d'un dépassement de la référence à l'*Aufklärung*. C'est sur cette torsion du rapport à Kant à partir de la nécessité d'introduire « de la différence possible » au cœur du présent que nous souhaitons maintenant nous arrêter plus en détail : c'est en effet sur elle que repose entièrement la possibilité de ce « troisième rapport à l'histoire » que nous essayons de cerner.

---

1. M. Foucault, « Qu'est-ce que les Lumières ? », art. cit., p. 687-688.

Chapitre II

AGIR AU PRÉSENT

Présent, actualité

Si, du côté de l'analyse du présent (et de la manière dont la philosophie, parvenue à sa maturité, en fait désormais l'objet de sa réflexion), le texte commenté par Foucault est encore celui de *Was ist Aufklärung ?*, dans les dernières pages de l'un des deux commentaires (l'extrait du cours du 5 janvier 1983), c'est, de façon inattendue, un autre texte de Kant qui est convoqué. Comme enchâssé à l'intérieur de son propre commentaire du texte de 1784, les dernières pages s'appuient en effet sur *Le conflit des facultés*[1], précisément au moment où il s'agit d'introduire le basculement du côté de l'interrogation de l'actualité, c'est-à-dire la problématisation de la manière dont nous pouvons – ou ne pouvons pas – instaurer une discontinuité par rapport à ce à quoi nous appartenons historiquement. Comme le souligne Foucault juste avant d'introduire cet autre « usage » de Kant à partir du texte de 1798, « par là même, on voit que, pour le philosophe, poser la question de son appartenance à ce présent, *ce ne sera plus du tout la question de son appartenance à une doctrine ou à une tradition* ; ce ne sera plus simplement la question de son appartenance à une communauté humaine en général, mais celle de son appartenance *à un certain "nous"*, à un nous qui se rapporte à un ensemble

---

1. *Cf.* M. Foucault, « Qu'est-ce que les Lumières ? », art. cit., p. 682-688.

culturel caractéristique de sa propre actualité »[1]. Ce basculement possible, ce questionnement de l'état présent des choses qui peut déboucher sur une interruption, ne concerne donc pas seulement nos savoirs et nos pratiques : il inclut d'emblée la question de la forme-sujet elle-même, sous sa variante collective («nous»), c'est-à-dire aussi politique. Dès lors, la référence au *Conflit des facultés*, que Foucault introduit explicitement comme «une suite au texte de 1784»[2], prend tout son sens : elle est chargée de prendre en charge tout à la fois l'idée de la possibilité de la discontinuité, et son enjeu politique. Et elle le fait essentiellement, dans la lecture qu'en donne Foucault, à partir d'un terme très rapidement introduit, qui est parfaitement nouveau dans la pensée foucaldienne : celui de *révolution*.

Foucault cite en effet Kant :

> Il y a là un texte extrêmement intéressant : «Peu importe si la révolution d'un peuple plein d'esprit, que nous avons vu s'effectuer de nos jours [c'est bien entendu de la Révolution française qu'il s'agit], peu importe si elle réussit ou échoue, peu importe si elle accumule misère et atrocité, si elle les accumule au point qu'un homme sensé qui la referait avec l'espoir de la mener à bien ne se résoudrait jamais, néanmoins, à tenter l'expérience à ce prix». [...] «Un tel phénomène dans l'histoire de l'humanité ne s'oublie plus parce qu'il a révélé dans la nature humaine une disposition, une faculté de progresser telle qu'aucune politique n'aurait pu, à force de subtilité, la dégager du cours antérieur des événements [...]»[3].

Et Foucault commente immédiatement : «La révolution, de toute façon, risquera toujours de retomber dans l'ornière, mais comme événement dont le contenu est inimportant, *son existence atteste une virtualité permanente et qui ne peut être oubliée*»[4]. La deuxième dissertation du *Conflit des facultés*, dont, rappelons-le, l'enjeu est de discuter le conflit entre la faculté de philosophie et la faculté de droit à

---

1. M. Foucault, « Qu'est-ce que les Lumières ? », art. cit., p. 680 (nous soulignons).
2. *Ibid.*, p. 682.
3. *Ibid.*, p. 684-686. La citation de Kant se trouve dans la deuxième dissertation du *Conflit des facultés*.
4. *Ibid.*, p. 686 (nous soulignons).

partir de la question « Y a-t-il un progrès constant pour le genre humain ? », est ici pliée à ce que Foucault cherche lui-même à dire : peu importe qu'une révolution soit réussie ou pas, qu'elle soit marquée d'errements et de dérapages, qu'elle finisse paradoxalement par appeler une restauration qui en effacera au moins pour un temps les traces. La révolution n'est pas un fait historique, ce n'est ni une date, ni un ensemble de circonstances – et encore moins, peut-être, ce que Foucault appelle un contenu. Peu importe qu'elle soit, dans la pratique, bonne ou mauvaise, heureuse ou cruelle, juste ou injuste, réussie ou ratée. La révolution est une virtualité toujours présente, une bifurcation pouvant s'attester à tout moment, la possibilité permanente d'une discontinuité : elle incarne précisément ce dédoublement du présent et de l'actualité que Foucault s'efforce de pointer[1]. Il peut alors conclure :

> L'autre visage de l'actualité que Kant a rencontré est la révolution : la révolution à la fois comme *événement, comme rupture et bouleversement dans l'histoire, comme échec*, mais en même temps comme valeur, comme signe de l'espèce humaine. [...] Les deux questions, « Qu'est-ce que l'*Aufklärung* ? » et « Que faire de la volonté de révolution ? », définissent à elles deux le champ d'interrogation philosophique qui porte sur ce que nous sommes dans notre actualité. [...] « Qu'est-ce que c'est que notre actualité ? *Quel est le champ actuel des possibles ?* »[2].

---

1. Il serait très intéressant de lire en parallèle ces de commentaire du *Conflit des facultés* avec certains textes que Foucault, quelques années auparavant, avait consacrés à la révolution iranienne – en particulier « Inutile de se soulever ? », *Le Monde*, n° 10661, 11-12 mai 1979, p. 1-2 ; repris dans M. Foucault, *Dits et écrits*, *op. cit.*, vol. 3, texte n° 269, p. 790-794. Ce bref et puissant article, écrit pour répondre aux critiques violentes qui lui reprochaient l'enthousiasme inconséquent qu'il avait éprouvé face à la révolution iranienne (c'est-à-dire devant ce qui allait, de fait, très rapidement accoucher de la dictature des imams), repose en réalité exactement sur la même argumentation que celle que l'on retrouvera en 1984, à partir de Kant, à propos de l'idée de révolution : une révolution est une virtualité de différence, l'ouverture d'une bifurcation dans l'histoire – c'est-à-dire un acte de liberté, indépendamment de la forme concrète dans laquelle elle s'incarne et des effets qu'elle peut induire.

2. M. Foucault, « Qu'est-ce que les Lumières ? », art. cit., p. 686 (nous soulignons).

Au terme de ce «parcours», c'est l'idée de cette rupture que représente l'actualité, de l'intérieur même des déterminations historiques présentes, qui amène Foucault à faire retour sur le rapport que nous entretenons avec les Lumières et à en proposer un dépassement, ou, en tout cas, une torsion évidente. Tout d'abord, la critique kantienne est pour ainsi dire tirée hors de son propre «lieu» philosophique : au lieu de prendre la forme de la reconnaissance d'une limitation nécessaire de la connaissance («Que puis-je connaître?») et, par rebond, de l'ouverture des champs de la raison pratique et du jugement esthétique, elle est entièrement réabsorbée, remodelée, à partir de la pensée kantienne de l'histoire – c'est-à-dire sous la double perspective d'un diagnostic porté sur le présent (la philosophie, parvenue à maturité, se pose le problème de son propre moment historique), d'une part, et d'une ouverture à la discontinuité de ce même présent (le thème de la révolution), de l'autre. L'entreprise critique entendue comme processus de restriction (de la connaissance possible) se transforme par conséquent en proposition d'ouverture – ce que Foucault appelle, dans la citation que nous venons de donner quelques lignes plus haut, «le champ *actuel* des possibles» : la révolution comme virtualité toujours présente dans l'histoire.

Cette torsion, qui est un geste philosophique puissant – et qui suscitera très rapidement des réactions assez âpres de la part d'un néo-kantisme plus classique[1] –, est sans doute, du point de vue du kantisme lui-même, un forçage; mais on sait quelles vertus Foucault attribuait à l'idée des usages, et au contraire quelle tristesse

---

1. Qu'on pense par exemple à la manière dont Habermas et les habermassiens ont, pour leur part, rendu compte de leur propre lien à l'entreprise kantienne, et formulé plus généralement leur lien aux Lumières sous la forme d'un héritage. La polémique entre Foucault et Habermas, on le sait, ne fut jamais directe (contrairement à la «dispute» philosophique et politique entre Habermas et Derrida), mais elle n'en a pas moins été tout à fait explicite. Voir à ce sujet H. Dreyfus et P. Rabinow, «Habermas et Foucault : qu'est-ce que l'âge d'homme?», *Critique*, n° 471-472, 1986, p. 857-872. Voir également R. Rochlitz, «Esthétique de l'existence. Morale postconventionnelle et théorie du pouvoir chez Foucault», dans *Michel Foucault philosophe. Rencontre internationale (Paris, 9, 10, 11 janvier 1988)*, Paris, Seuil, 1989, p. 288-301, et P. Bouretz, *D'un ton guerrier en philosophie. Habermas, Derrida & Co*, Paris, Gallimard, 2010 (en particulier le chapitre V).

intellectuelle lui inspiraient les diktats d'une histoire de la philosophie conçue en termes de fidélité absolue ou d'orthodoxie exégétique : « Laissons à leur piété ceux qui veulent qu'on garde vivant et intact l'héritage de l'*Aufklärung*. Cette piété est bien entendu la plus touchante des trahisons. Ce ne sont pas les restes de l'*Aufklärung* qu'il s'agit de préserver ; c'est la question même de cet événement et de son sens… »[1]. Cette torsion est entièrement finalisée à la construction, à partir du dédoublement entre continuité historique (le présent) et discontinuité événementielle (la « révolution » : l'actualité), d'une réouverture de l'histoire vers l'avant – sur le bord d'un « aujourd'hui » qui s'ouvre à ce qui n'est pas encore. Comme le résume clairement Foucault :

> La critique, c'est bien l'analyse des limites et la réflexion sur elles. Mais si la question kantienne était de savoir quelles limites la connaissance doit renoncer à franchir, il me semble que la question critique, aujourd'hui, doit être retournée en question positive : dans ce qui nous est donné comme universel, nécessaire, obligatoire, quelle est la part de ce qui est singulier, contingent, et dû à des contraintes arbitraires ? Il s'agit en somme de transformer la critique exercée dans la forme de la limitation nécessaire en une critique pratique dans la forme du franchissement possible[2].

1. M. Foucault, « Qu'est-ce que les Lumières ? », art. cit., p. 687. Dans le commentaire américain, Foucault revient aussi sur ce rapport difficile à l'histoire de la philosophie entendue comme « piété » : « […] je voulais souligner, d'autre part, que le fil qui peut nous rattacher de cette manière à l'*Aufklärung* n'est pas la fidélité à des éléments de doctrine, mais plutôt la réactivation permanente d'une attitude » (M. Foucault, « What is Enlightenment ? », art. cit., p. 571). Et un peu plus bas : « Mais cela ne veut pas dire qu'il faut être pour ou contre l'*Aufklärung*. Cela veut même dire précisément qu'il faut refuser tout ce qui se présenterait sous la forme d'une alternative simpliste et autoritaire : ou vous acceptez l'*Aufklärung*, et vous restez dans la tradition de son rationalisme (ce qui est considéré par certains comme positif et par d'autres au contraire comme un reproche) ; ou vous critiquez l'*Aufklärung* et vous tentez d'échapper à ces principes de rationalité (ce qui peut être encore une fois pris en bonne ou en mauvaise part). Et ce n'est pas sortir de ce chantage que d'y introduire des nuances "dialectiques" en cherchant à déterminer ce qu'il a pu y avoir de bon et de mauvais dans l'*Aufklärung* » (*ibid.*, p. 572).
2. M. Foucault, « What is Enlightenment ? », art. cit., p. 574.

Il précise quelques lignes plus loin : « Et cette critique sera généalogique en ce sens qu'elle ne déduira pas de la forme de ce que nous sommes ce qu'il nous est impossible de faire ou de connaître ; mais elle dégagera de la contingence qui nous a fait être ce que nous sommes, la possibilité de ne plus être, faire ou penser ce que nous sommes, faisons ou pensons »[1]. On le voit, la discontinuité se donne à la fois comme rupture et comme franchissement, comme interruption et comme processus de constitution. C'est, à la lettre, une *épreuve* – nous insistons sur le terme parce que nous le retrouverons bientôt lorsque nous reviendrons sur les leçons consacrées aux cyniques. Cette épreuve n'est pas seulement un refus de l'état présent des choses, et elle n'implique jamais que l'on sorte de l'histoire, que l'on en ignore le poids des déterminations, qu'on fasse comme si nous n'en étions pas les *produits* : en cela, elle présuppose toujours la cartographie précise – « archéologique »[2] – du système de pensée auquel nous appartenons en ce moment précis de l'histoire qui est le nôtre, et que nous appelons précisément le *présent*, l'état présent du monde. Mais elle est aussi, toujours, une constitution, une production. C'est cette dimension constituante qui représente l'ouverture de l'histoire à ce que Foucault nomme « le franchissement possible »[3].

Ce franchissement pourrait laisser penser qu'il s'agit là d'une sorte de retour en arrière à des thématiques qui avaient, au début des années 1960, circulé dans la recherche foucaldienne, en particulier sous l'influence de Bataille – on se souvient sans doute de l'étonnant texte d'hommage, *Préface à la transgression*, publié en 1963 dans la

---

1. M. Foucault, « What is Enlightenment ? », art. cit., p. 574.
2. Et Foucault de préciser : « Archéologique – et non pas transcendantale – en ce sens qu'elle ne cherchera pas à dégager les structures universelles de toute connaissance ou de toute action morale possible » (*ibid.*, nous soulignons). Le projet kantien est donc littéralement plongé dans l'histoire, le travail de la critique devient celui de l'historicisation – avant d'ouvrir à la perspective de la discontinuité comme interruption *et* constitution.
3. L'expression est suffisamment importante pour être répétée deux fois par Foucault, aux p. 574 et 577.

revue *Critique*[1], qui avait semblé pour un temps central dans la manière dont Foucault pensait alors le rapport à la limite. En réalité, en 1984, le « franchissement possible » se présente comme la figure inversée de la transgression : il ne se donne pas par rapport à une limite (dont il serait en quelque sorte le double dialectique – la transgression ne se comprenant que par rapport à la limite et, inversement, la limite étant confirmée par sa transgression), il représente une ouverture qui prend la forme double d'une analyse historique et d'une expérimentation *sur le bord* de cette histoire[2]. C'est en ce sens que cette « attitude historico-critique »[3], qui est aussi, toujours, une « attitude expérimentale »[4], doit prendre pour Foucault la forme d'une « épreuve historico-pratique »[5] : on ne sort jamais de l'histoire, mais on y expérimente – c'est-à-dire qu'on y invente de l'intérieur même d'un état présent des déterminations historiques, d'un déjà-là de l'histoire[6]. Et cette invention va en particulier toucher deux domaines précis, qui sont à la fois communicants (l'un implique l'autre et réciproquement) et distincts, ne serait-ce que parce que c'est en partant du premier que Foucault arrivera à la formulation du second : la subjectivité, d'une part, et la vie – ou les modes de vie – de l'autre.

1. M. Foucault, « Préface à la transgression », *Critique*, n° 195-196, août-septembre 1963, p. 751-769 ; repris dans M. Foucault, *Dits et écrits*, *op. cit.*, vol. 1, texte n° 13, p. 233-250.

2. Comme le dit explicitement Foucault : « On doit échapper à l'alternative du dehors et du dedans ; il faut être aux frontières » (M. Foucault, « What is Enlightenment ? », art. cit., p. 574).

3. *Ibid.*

4. *Ibid.*

5. *Ibid.*, p. 575.

6. L'idée revient en permanence dans les textes des dernières années. Voir par exemple l'article « Foucault », signé Maurice Florence (pseudonyme choisi par Michel Foucault lui-même), dans la notice qu'il rédigea pour le *Dictionnaire des philosophes* dirigé par D. Huisman (Paris, P.U.F., 1984) : « De là un troisième principe de méthode : s'adresser comme domaine d'analyse aux "pratiques", aborder l'étude *par le biais de ce qu'"on faisait"* » (nous soulignons). L'analyse du présent présuppose par différenciation celle du (ou des) passé(s) dont elle se distingue historiquement.

MODES DE SUBJECTIVATION

On ne reviendra pas ici sur la manière dont le thème de la subjectivité a, dès les années 1970[1], émergé avec force chez Foucault là où des lectures par trop hâtives avaient cru n'y distinguer qu'un projet d'éradication de la forme-sujet. Bien entendu, la critique du sujet « de Descartes à la phénoménologie » était évidente ; mais la différence entre les multiples visages du structuralisme et la pensée foucaldienne de l'époque consistait précisément en ce que, chez Foucault, il s'agissait simplement de replonger le sujet dans l'histoire (et non pas de l'éliminer), d'en historiciser les formes. Dès lors, il s'agissait aussi de faire porter l'enquête sur l'histoire des modes de subjectivation, sur la manière dont ceux-ci se définissent par rapport à des jeux de vérité, dont ils impliquent tout à la fois des pratiques (de soi) et des effets paradoxaux d'objectivation de soi, etc.

Il est évident que, dans le chantier de travail qui est le sien au début des années 1980, l'analyse de la manière dont un sujet est à la fois construit par les autres et produit par un rapport à soi selon des modes (d'objectivation et de subjectivation) spécifiques, dont il s'agit précisément de faire l'histoire, est devenue centrale[2].

---

1. Et sans doute dès les années 1960. Sur la manière dont les écrits « littéraires » de Foucault, en marge des grands livres des années 1960, posent le problème de la subjectivation, je me permets de renvoyer à mon essai « La naissance littéraire de la biopolitique », dans Ph. Artières (dir.), *Michel Foucault, la littérature et les arts*, Paris, Kimé, 2004.

2. Voir par exemple le texte « The Subject and the Power », *in* H. Dreyfus et P. Rabinow, *Michel Foucault. Beyond Structuralism and Hermeneutics*, Chicago, The University of Chicago Press, 1982, p. 208-226 ; trad. fr. « Le sujet et le pouvoir », dans M. Foucault, *Dits et écrits, op. cit.*, vol. 4, texte n° 306, p. 222-223 : « Je voudrais dire d'abord quel a été le but de mon travail ces vingt dernières années. Il n'a pas été d'analyser les phénomènes de pouvoir ni de jeter les bases d'une telle analyse. J'ai cherché plutôt à produire une histoire des différents modes de subjectivation de l'être humain dans notre culture ; j'ai traité, dans cette optique, de trois modes d'objectivation qui transforment les êtres humains en sujets. Il y a d'abord les différents modes d'investigation qui cherchent à accéder au statut de science [...]. Dans la deuxième partie de mon travail, j'ai étudié l'objectivation dans ce que j'appellerai les "pratiques divisantes". [...] Enfin, j'ai cherché à étudier – c'est là mon travail en cours – la manière dont un être humain se transforme en sujet ».

Dans un texte immédiatement postérieur aux deux commentaires de *Was ist Aufklärung ?*, Foucault, en réponse à certaines propositions néopragmatistes au sein du débat américain dans lequel il intervient, déclare ainsi explicitement :

> R. Rorty fait remarquer que, dans ces analyses, je ne fais appel à aucun « nous » – à aucun de ces « nous » dont le consensus, les valeurs, la traditionalité, forment le cadre d'une pensée et définissent les conditions dans lesquelles on peut la valider. Mais le problème justement est de savoir si effectivement c'est bien à l'intérieur d'un « nous » qu'il convient de se placer pour faire valoir les principes qu'on reconnaît et les valeurs qu'on accepte ; ou s'il ne faut pas, en élaborant la question, rendre possible la formation future d'un « nous ». C'est que le « nous » ne me semble pas devoir être préalable à la question ; il ne peut être que le résultat – et le résultat nécessairement provisoire – de la question telle qu'elle se pose dans les termes nouveaux où on la formule [1].

La question du « nous » n'est pas un présupposé de la réflexion historico-critique, elle en est bien le résultat : c'est en travaillant à la fois à l'archéologie des modes de subjectivation passés et à la généalogie des modes de subjectivation présents que l'on pourra adopter cette « attitude expérimentale » qui consiste – aussi – à introduire de la discontinuité et de l'invention dans le rapport à soi. C'est ce que Foucault choisit de lire d'emblée à partir du texte kantien de 1784 : « Je voulais, d'une part, souligner l'enracinement dans l'*Aufklärung* d'un type d'interrogation philosophique qui problématise à la fois *le rapport au présent, le mode d'être historique et la constitution de soi-même comme sujet autonome* ; [...] c'est-à-dire d'un *êthos* philosophique qu'on pourrait caractériser comme *critique permanente de notre être historique* » [2]. Mais cela implique au moins trois points

---

1. M. Foucault, « Polemics, Politics and Problematizations » (entretien avec P. Rabinow, mai 1984), *in* P. Rabinow (dir.), *The Foucault Reader, op. cit.*, p. 381-390 ; trad. fr. « Polémique, politique et problématisations », dans M. Foucault, *Dits et écrits, op. cit.*, vol. 4, texte n° 342. La citation est à la p. 594.

2. M. Foucault, « What is Enlightenment ? », art. cit., p. 571 (nous soulignons). À la page suivante, Foucault revient sur cette indissociabilité de l'enquête historique des formes constituées de la subjectivité et de la constitution de nouvelles formes (« autonomes ») de subjectivité : « Il faut essayer de faire l'analyse de nous-mêmes en tant

essentiels – que le philosophe va dès lors devoir affronter. Comment, d'une part, la critique (historique) et «la création permanente de nous-mêmes dans notre autonomie»[1] s'articulent-elles l'une à l'autre? Ou, pour le dire autrement, comment les deux thèmes du «déjà-la» des déterminations historiques et de l'invention sont-ils pensables *ensemble*? Comment, d'autre part, décliner à la fois la subjectivation comme rapport à soi (singulier) et comme constitution chorale d'un «nous» (ce qui, de fait, revient à poser le problème de l'articulation entre l'éthique et le politique – mieux : à interroger la dimension politique de l'éthique)? Comment, enfin, penser deux termes qui ne cessent, dans ce contexte, de revenir : celui de la volonté et celui de la liberté? Laissons pour l'instant de côté les deux premiers points – nous y reviendrons d'ici peu.

Le troisième point, en réalité, n'est pas simple, parce que la liberté et la volonté (à l'œuvre dans la critique historique mais surtout dans l'expérimentation inventive d'un «franchissement possible») n'ont pas exactement le même statut. La première est explicitement mentionnée à de nombreuses reprises, généralement accompagnée d'adjectifs ou à l'intérieur d'expressions complexes qui en disent la force : «travail indéfini de la liberté»[2], «travail de nous-mêmes sur nous-mêmes en tant qu'êtres libres»[3], «impatience de la liberté»[4]. Elle renvoie à l'idée que la liberté des hommes et des femmes ne disparaît jamais totalement – ni dans le maillage des rapports de pouvoir, ni sous le poids des déterminations historiques. La manière dont Foucault tente ici de penser la liberté *dans* une histoire par ailleurs largement déterminante (rien de ce qui est ne l'est en dehors de l'histoire, et tout en est le produit : c'est en ce sens que la méthode d'historicisation devient pour Foucault essentielle) est largement calquée sur la manière dont il avait redéfini, dans les années 1970, les

qu'êtres historiquement déterminés [...]. Cela implique une série d'enquêtes historiques aussi précises que possible; [...] elles seront orientées vers les "limites actuelles du nécessaire" : c'est-à-dire vers ce qui n'est pas ou plus indispensable pour la constitution de nous-mêmes comme sujets autonomes » (p. 572).

1. *Ibid.*, p. 573.
2. *Ibid.*, p. 574.
3. *Ibid.*, p. 575.
4. *Ibid.*, p. 578.

rapports de pouvoir et les pratiques de liberté – nous reviendrons sur ce point au chapitre suivant. Ce qui importe davantage ici, c'est que le démantèlement de l'alternative déterminisme historique/histoire aléatoire laisse paradoxalement la possibilité de procéder à une sorte de découplage fondamental : l'idée de détermination historique – c'est-à-dire simplement l'affirmation qu'il existe une infinité de causalités complexes, croisées, en faisceaux, paradoxales, qui elles-mêmes impliquent parfois de l'aléatoire, mais qui ne se traduisent pas moins par des effets de réalité dans *l'histoire* – n'implique pas nécessairement l'idée d'un déterminisme historique saturé. On peut penser une histoire non téléologique et non dialectique sans pour cela se vouer entièrement à la contingence absolue ; et, du point de vue de Foucault, c'est dans cette idée très historienne d'une histoire à la fois déterminante et « ouverte », non réductible à des séries causales simplistes, que peut prendre place quelque chose comme une pensée de la liberté. La liberté n'est pas ici seulement une qualité des subjectivités, c'est bien plutôt, en vertu d'un renversement de perspective fondamental, une qualité de l'histoire[1].

Quant au thème de la volonté, il n'apparaît que dans le commentaire américain de *Qu'est-ce que les Lumières ?* – l'extrait du cours du 5 janvier 1983 au Collège de France n'en fait pas mention. Si nous en soulignons l'importance, c'est pour deux raisons.

La première, purement factuelle, tient à l'apparente insistance avec laquelle Foucault y rattache l'attitude à la fois critique et expérimentale qui émerge selon lui avec les Lumières : le mode de relation à l'égard de l'actualité est « un choix volontaire qui est fait

---

1. La tension entre approche historique et pensée de la liberté – et, pour finir, leur compossibilité – est particulièrement visible dans le texte « Polémique, politique et problématisations », art. cit. Foucault y note par exemple : « Dire que l'étude de la pensée, c'est l'analyse d'une liberté, ne veut pas dire qu'on a affaire à un système formel qui n'aurait de référence qu'à lui-même. En fait, pour qu'un domaine d'action, pour qu'un comportement entre dans le champ de la pensée, il faut qu'un certain nombre de facteurs l'aient rendu incertain, ou aient suscité autour de lui un certain nombre de difficultés. Ces éléments relèvent de processus sociaux, économiques ou politiques. Mais ils ne jouent qu'un rôle d'incitation. Ils peuvent exister et exercer leur action pendant très longtemps, avant qu'il y ait problématisation effective par la pensée » (p. 597).

par certains »[1], un acte de responsabilité[2]; et plus encore, dans les pages consacrées à Baudelaire et au dandysme, au cœur du commentaire sur Kant, « une attitude volontaire »[3], « une volonté d'héroïser le présent »[4]; voire un acharnement – quand Foucault, revenant une fois encore sur l'importance de penser la possibilité d'une « différence dans l'histoire », écrit à propos de Constantin Guys et de la manière dont Baudelaire en fait le peintre moderne par excellence : « Pour l'attitude de modernité, la haute valeur du présent est indissociable *de l'acharnement à l'imaginer, à l'imaginer autrement qu'il n'est et à le transformer* »[5]. En somme, pas d'*êthos* moderne sans « attitude volontaire de modernité »[6]. Cela pose bien entendu un problème : qu'en est-il de cette *décision* de se placer au bord de l'histoire, et d'en ouvrir l'état présent à la transformation, à la discontinuité, au franchissement ?

La deuxième raison tient à un moment antérieur de la pensée du philosophe. Dans les années 1960, quand, en marge de ses livres les plus visibles, Foucault semble s'intéresser à ces étranges « cas » littéraires qu'il n'hésite pas à caractériser comme les exemples d'un véritable « ésotérisme structural »[7] – à Raymond Roussel, Jean-Pierre Brisset, Louis Wolfson, bref, à toutes ces figures qui tissent d'étranges résistances langagières au croisement entre l'écriture, la schizophrénie et la déconstruction des codes existants –, l'un des problèmes rencontrés par Foucault (et l'une des raisons dont nous faisons l'hypothèse qu'elle a été à l'origine de la disparition de cette « passion littéraire »[8]) est précisément de comprendre si le

1. M. Foucault, « What is Enlightenment ? », art. cit., p. 568.

2. Foucault écrit par exemple : « [...] dans le moment actuel, chacun se trouve responsable, d'une certaine façon, du processus d'ensemble » (*ibid.*).

3. *Ibid.*, p. 569.

4. *Ibid.*

5. *Ibid.*, p. 570.

6. *Ibid.*

7. Je me permets de renvoyer à mon « Foucault et la littérature : histoire d'une disparition », *Le Débat*, n° 79, 1994, p. 65-73.

8. Le terme « passion » est revendiqué explicitement par Foucault, dans un entretien tardif accompagnant une édition américaine du *Raymond Roussel*, où il fait retour sur cet intérêt pour la littérature en général, et pour Roussel en particulier : « Archeology of a Passion » (entretien avec C. Ruas, 15 septembre 1983), *in*

détournement, la torsion, l'implosion de l'ordre du discours qu'obtiennent ces « fous littéraires » peut être comprise comme un acte volontaire ou pas. Cette idée de volonté, qui recouvre en réalité celle d'un projet de subversion du grand règne du signifié par la matérialité du signe (chez Roussel comme chez Wolfson et chez Brisset, quelles que soient les différences existant entre les trois figures, c'est en effet par un jeu d'assonances et des homophonies, des variations phonétiques et d'associations libres que se construit quelque chose comme un *récit*, et non pas à partir d'une intention de signifier ou de dire *quelque chose* : les procédés de production du discours plient le sens produit à la contrainte matérielle, ils le font dépendre d'un jeu infini sur la matérialité des signes), se donne-t-elle comme un projet ? Dans les cas qui nous occupent, rien de moins sûr.

Pour Roussel, sans doute, un livre est en charge de rendre compte de tous les autres et d'en expliquer le secret apparent : *Comment j'ai écrit certains de mes livres*[1], mais, précisément parce qu'il se révèle être en réalité un verrouillage explicite des textes qu'il annonçait paradoxalement vouloir éclairer, il ressemble à un piège sciemment tendu au lecteur : il y aurait donc là, dans cette construction d'un labyrinthe roussellien, le signe évident d'une volonté, d'une décision, d'un choix – celui de construire une petite « machine de guerre »[2] contre l'ordre du discours établi. En même temps, ce « jeu » aux limites du langage (dont il s'agit de destructurer les codes) n'est peut-être pas aussi volontaire que cela : c'est là toute l'ambiguïté du statut de la schizophrénie, dont on peine à comprendre, dans le grand « romantisme de la psychose » qui affecte à l'époque beaucoup de critiques, et dont Foucault, pour un temps, n'a pas été exempt, si elle représente une instance de résistance et de libération, ou au contraire un état de souffrance tel qu'il affecte la possibilité même de se

---

M. Foucault, *Raymond Roussel. Death and Labyrinth*, New York, Doubleday, 1984 ; trad. fr. « Archéologie d'une passion », dans M. Foucault, *Dits et écrits*, *op. cit.*, vol. 4, texte n° 343.

1. R. Roussel, *Comment j'ai écrit certains de mes livres*, Paris, Alphonse Lemerre, 1935.

2. J'emprunte l'expression à Gilles Deleuze et Félix Guattari, *Mille Plateaux*, Paris, Éditions de Minuit, 1980.

construire soi-même à travers une pratique d'écriture, c'est-à-dire aussi de se subjectiver. On se souvient sans doute du sous-titre qui accompagna la publication de *L'Anti-Œdipe* de Gilles Deleuze et Félix Guattari, en 1972, et, huit ans plus tard, celle de *Mille Plateaux: Capitalisme et schizophrénie* (à lire comme: capitalisme *ou* schizophrénie). Il y avait là le sens d'une alternative, encore souligné par certaines formules – ainsi, le texte que Deleuze écrivit en guise de Préface au livre de Louis Wolfson[1], en 1970, s'intitulait-il *Essai de schizologie*, et dans ce contexte les appels à la psychose comme mode de résistance n'étaient pas rares[2].

Chez Foucault, la séduction de la psychose comme machine de guerre est sans doute bien moins présente; sans doute, aussi, la perception de la difficulté à faire coïncider une volonté de discontinuité, c'est-à-dire le creusement d'une «différence possible», et la scission intime et ô combien douloureuse du moi psychotique représente pour lui un écueil explicite. Du strict point de vue de l'analyse du langage, il n'en reste pas moins remarquable que les textes «littéraires» des années 1960 présentent la même hypothèse que l'on retrouvera, vingt ans plus tard, dans ceux que nous venons de commenter. Ainsi, Foucault, faisant retour au début des années 1980 sur l'importance de la figure de Raymond Roussel (et lui assignant de fait la fonction de «passeur» à l'intérieur de son propre parcours – de l'*Histoire de la folie* à l'*Histoire de la sexualité*[3]), écrit-il:

1. L. Wolfson, *Le Schizo et les langues*, Paris, Gallimard, 1970.

2. Deleuze reviendra (tardivement) sur cet aspect de son travail et en corrigera en partie les «appels» à la psychose. La reprise de la Préface au livre de Wolfson sous un autre titre, «Louis Wolfson ou le procédé», dans le volume *Critique et clinique* (Paris, Éditions de Minuit, 1993), ainsi que la modification du texte en plusieurs endroits, là où la romantisation de l'expérience de la schizophrénie était trop appuyée, traduisent à leur manière ce revirement. Voir à cet égard mon «Deleuze lecteur de Wolfson: petites machines de guerre à l'usage des tribus à venir», *Futur Antérieur*, n° 25-26, Paris, L'Harmattan, 1995.

3. «C'est un livre à part dans mon œuvre. Et je suis très content que jamais personne n'ait essayé d'expliquer que si j'avais écrit le livre sur Roussel, c'est parce que j'avais écrit le livre sur la folie, et que j'allais écrire sur l'histoire de la sexualité. Personne n'a jamais fait attention à ce livre et j'en suis très content. C'est ma maison secrète, une histoire d'amour qui a duré pendant quelques étés. Nul ne l'a su» (M. Foucault, «Archéologie d'une passion», art. cit., p. 607-608).

Il s'agit de l'intérêt que je porte, en fait de discours, non pas tellement à la structure linguistique qui rend possible telle ou telle série d'énonciations, mais au fait que nous vivons dans un monde dans lequel il y a eu des choses dites. Ces choses dites, dans leur réalité même de choses dites, ne sont pas, comme on a trop tendance à le penser parfois, une sorte de vent qui passe sans laisser de traces, mais en fait, aussi menues qu'aient été ces traces, elles subsistent, et nous vivons dans un monde qui est tout tramé, tout entrelacé de discours […]. Dans cette mesure-là, *on ne peut pas dissocier le monde historique dans lequel nous vivons de tous les éléments discursifs qui ont habité ce monde et l'habitent encore. Le langage déjà dit, le langage comme étant déjà là, détermine d'une certaine manière ce qu'on peut dire après* […] [1].

Et pourtant, toujours à propos de Roussel : « C'est vrai que le premier texte qu'on écrit, ce n'est ni pour les autres ni parce qu'on est ce qu'on est : *on écrit pour être autre que ce qu'on est. Il y a une modification de son mode d'être qu'on vise à travers le fait d'écrire.* C'est cette modification de son mode d'être que Roussel observait et *cherchait*, il croyait en elle et il en a horriblement souffert » [2]. « Cherchait », y insiste Foucault : les procédés d'écriture sont donc au service d'une recherche explicite, d'une volonté de transformation de soi de l'intérieur même des déterminations historiques que représentaient les choses déjà dites, à partir d'un ordre du discours auquel on ne peut pas ne pas appartenir et dont pourtant la production d'écriture représente paradoxalement le point de basculement. Mais en même temps, c'est une souffrance. Et dans le cas des autres « fous littéraires » qui ont fasciné Foucault (d'Artaud à Nerval, de Hölderlin à Wolfson et à Brisset…), la souffrance est telle qu'elle laisse peser une lourde hypothèque sur l'idée d'une recherche consciente et volontaire de cette « bascule » du *déjà-là du langage* hors de ses propres sillons historiques. Sans doute, encore une fois, est-ce là l'une des raisons pour lesquelles Foucault, à partir du début des

---

1. *Ibid.*, p. 602 (nous soulignons).
2. *Ibid.*, p. 605 (nous soulignons).

années 1970, abandonne ce type d'analyse : pour réintroduire de la volonté, de la décision, du projet, il faut en passer par le politique.

Du même coup, la reprise politisée de ce thème (le chiasme « déjà là » / transformation, ou si l'on veut déterminations historiques / invention, qui était déjà présent dans les textes littéraires) vingt ans plus tard dans les commentaires de Kant, et l'insistance sur la volonté qui y est manifeste, sont d'autant plus significatives : pour qu'il y ait « volonté de révolution »[1] il faut qu'il y ait projet. Et si Foucault n'utilise pas le terme de conscience – trop marqué par la phénoménologie et le sartrisme, sans doute ; trop psychologisant aussi –, c'est bien de l'idée d'une activité lucide et décidée qu'il s'agit ici : c'est un courage (on se souvient que, dans le texte de Kant, « *sapere aude* » est effectivement la devise de l'*Aufklärung*) qui est produit par « la modification du rapport préexistant entre la volonté, l'autorité et l'usage de la raison »[2], parce que c'est un processus dont les hommes « font partie *collectivement* et un acte de courage *à effectuer personnellement.* Ils sont à la fois éléments et agents de ce même processus [l'*Aufklärung*]. Ils peuvent en être les acteurs dans la mesure où ils en font partie ; et il se produit *dans la mesure où les hommes décident d'en être les acteurs volontaires* »[3]. C'est donc une liberté affirmée avec courage de l'intérieur d'une histoire dont on ne nie pas les effets de détermination. Comme le dit très clairement Foucault à propos de Baudelaire, quelques pages plus loin – mais la continuité de Kant à Baudelaire est ici totale dans l'économie du commentaire foucaldien – : « La modernité baudelairienne est un exercice où l'extrême attention au réel est confrontée à la pratique d'une

---

1. M. Foucault, « Qu'est-ce que les Lumières ? », art. cit., p. 687 : « Là encore, la question pour la philosophie n'est pas de déterminer quelle est la part de la révolution qu'il conviendrait de préserver et de faire valoir comme modèle. Elle est de savoir ce qu'il faut faire de cette *volonté de révolution*, de cet "enthousiasme" pour la révolution qui est autre chose que l'entreprise révolutionnaire elle-même. Les deux questions "Qu'est-ce que l'*Aufklärung* ? " et "Que faire de la *volonté de révolution* ? " définissent à elles deux le champ de l'interrogation philosophique qui porte sur ce que nous sommes dans notre actualité ».

2. M. Foucault, « What is Enlightenment ? », art. cit., p. 564.

3. *Ibid.*, p. 565 (nous soulignons).

liberté qui tout à la fois respecte le réel et le viole »[1]. Cet étrange entrecroisement d'attention respectueuse et de violence, de constat (ou de «diagnostic», dira ailleurs Foucault) et de franchissement possible, d'enregistrement de l'état présent des choses et de volonté d'instaurer de la différence dans ce qui est, n'est pas pensable sans une décision, c'est-à-dire un acte réfléchi et volontaire. C'est en cela qu'il s'agit d'un geste politique; c'est en cela que la pratique de la liberté vaut ici autant qu'une lutte pour la libération[2].

On aurait tort, cependant, de penser que l'intervention de cette liberté ne se donne que comme action sur l'histoire – à partir de l'histoire, et pourtant en dépit des ornières qui sont les siennes. Ou plus exactement: c'est bien parce qu'il n'existe pas de sujet a-historique, et que nous sommes tous, en tant que subjectivités, des produits de cette histoire, que le rapport à soi peut à son tour devenir un espace à investir pour cet «acte de courage». La subjectivation – le travail de soi sur soi, la manière dont, en se rapportant à ce qu'on est, on peut en modifier la «pâte» et la forme, en expérimenter des modes inédits, en inventer d'autres visages – n'est pas extérieure au discours sur l'actualité comme rupture et métamorphose: elle en représente l'une des facettes. C'est précisément pour cela que l'éthique n'est pas autre chose que la politique: l'une et l'autre, entendues comme des frayages de «différences possibles», comme puissances d'invention (*à partir de ce qui est déjà*, et qui l'est toujours de manière *historique*), obéissent au même processus. De fait, précise Foucault, «[ê]tre moderne, ce n'est pas s'accepter soi-même tel qu'on est dans le flux des moments qui passent; c'est se prendre soi-même comme objet d'une élaboration complexe et dure »[3]. « Soi », ici, ne correspond à rien qui puisse laisser penser à la stabilité rassurante d'une position: c'est plutôt le nom d'un certain état historique de la subjectivation, individualisé dans une vie

1. *Ibid.*, p. 570.

2. Sur ce point, et sur la manière dont Foucault privilégie systématiquement l'affirmation de la liberté par rapport aux perspectives de libération, je me permets de renvoyer à mon « Identity, Nature, Life », *Theory, Culture & Society*, vol. 26, n° 6, 2009, p. 45-54.

3. M. Foucault, « What is Enlightenment? », art. cit., p. 570.

singulière, à laquelle il s'agit précisément de se rapporter pour en déplacer, en reformuler ou en inventer les modes. Et c'est précisément cette série d'éléments au centre des analyses sur Kant et l'*Aufklärung* – rupture par rapport au «déjà-là du monde», à ses partages, à ses règles et à ses équilibres; transformation du rapport à soi et invention de modes de subjectivation inédits; courage de l'expérimentation de la «différence possible» – que l'on retrouvera quand il s'agira d'analyser le cynisme, ou plus exactement la manière dont les cyniques conçoivent la «vraie vie»:

> [I]ls vont faire apparaître, par passage à la limite, sans rupture, simplement en poussant ces thèmes jusqu'à leur point extrême, une vie qui est précisément le contraire même de ce qui était reconnu traditionnellement [comme étant] la vraie vie. Reprendre la pièce de monnaie, changer l'effigie, et faire en quelque sorte grimacer le thème de la vraie vie. Le cynisme comme grimace de la vraie vie. [...] Plutôt que de voir dans le cynisme une philosophie qui, parce qu'elle serait populaire, ou parce qu'elle n'aurait jamais reçu droit de cité dans le consensus et la communauté philosophique cultivée, serait une philosophie de rupture, il faudrait plutôt le voir comme une sorte de passage à la limite, une sorte d'extrapolation plutôt que d'extériorité, une extrapolation des thèmes de la vraie vie et un retournement de ces thèmes [...][1].

Nous y reviendrons. Le fait est que, dans la très longue citation dont nous étions partis avant de nous attarder sur les deux commentaires de Kant, le passage de l'attitude de modernité à l'*êthos* grec (et vice-versa) était patent, comme s'il y avait là une sorte de système à vases communicants, et que les éléments dégagés de la lecture de Kant valaient pour les cyniques, exactement comme l'analyse de ce qu'il faut faire pour «changer la valeur de la monnaie» pouvait être réinvestie dans l'analyse de la modernité.

Ce va-et-vient est, de fait, mis en scène par deux effets d'«enchâssement» inattendus. D'une part, le cours de 1983 au Collège de France, qui reprend l'analyse de la pensée antique là où

---

1. M. Foucault, *Le courage de la vérité*, *op. cit.*, p. 209-210.

Foucault l'avait laissée l'année précédente[1], et qui s'inscrit plus généralement dans le « trip gréco-romain » qu'il a, nous l'avons vu, entrepris depuis le début des années 1980, s'ouvre paradoxalement, le 5 janvier 1983, par une analyse de *Was ist Aufklärung ?*. C'est cette même leçon qui, sous forme d'extrait, donne lieu à l'un des deux textes sur les Lumières que nous avons commentés. D'autre part, cette citation tirée de la leçon du 5 janvier, dont nous étions partis avant de nous attarder sur Kant, et qu'il est sans doute bon de rappeler à nouveau :

> Je sais qu'on parle souvent de la modernité comme d'une époque ou en tout cas comme d'un ensemble de traits caractéristiques d'une époque ; on la situe sur un calendrier où elle serait précédée d'une prémodernité, plus ou moins naïve ou archaïque et suivie d'une énigmatique et inquiétante « postmodernité ». Et on s'interroge alors pour savoir si la modernité constitue la suite de l'*Aufklärung* et son développement, ou s'il faut y voir une rupture ou une déviation par rapport aux principes fondamentaux du XVIIIe siècle. En me référant au texte de Kant, je me demande si on ne peut pas envisager la modernité *plutôt comme une attitude que comme une période de l'histoire*. Par attitude, je veux dire *un mode de relation à l'égard de l'actualité ; un choix volontaire* qui est fait par certains ; enfin, une manière de penser et de sentir, une manière aussi d'agir et de se conduire qui, tout à la fois, *marque une appartenance et se présente comme une tâche. Un peu, sans doute, comme ce que les Grecs appelaient un* êthos[2].

La boucle est bouclée : appartenance (à l'histoire) et tâche à venir, relation à l'égard de l'actualité et choix volontaire, constitution de modes de pensée et de vie inédits. L'*Aufklärung* et l'*êthos* grec nomment l'un et l'autre, indépendamment de leur propre périodisation, la même chose – la possibilité, à partir de l'histoire, de cette « différence dans l'histoire » autour de laquelle Foucault semble tourner de l'intérieur même d'une analyse qui ne cesse pourtant pas d'être historique et historienne.

---

1. M. Foucault, *L'herméneutique du sujet*, *op. cit.*
2. M. Foucault, « What is Enlightenment ? », art. cit., p. 568 (nous soulignons).

ATTITUDE, *ÊTHOS*, VIE

Considérons encore deux ultérieurs éléments d'analyse, à partir des lignes sur lesquelles nous venons de revenir.

Le premier concerne la mise en scène de l'infléchissement de l'analyse foucaldienne hors de ses propres partis-pris méthodologiques – du repérage des « traits caractéristiques d'une époque » à quelque chose qui est de nature bien différente : « une manière de penser et de sentir, une manière aussi d'agir et de se conduire », qui correspond à ce « troisième rapport à l'histoire » autour duquel nous tournons, et qui émerge dans les cours des dernières années. En réalité, le tournant n'affecte pas seulement la pratique foucaldienne de la périodisation, mais ce dont il s'agit de faire (ou de ne pas faire) l'histoire. C'est donc un changement qui est à la fois une torsion méthodologique et une redéfinition au moins partielle de l'objet : on passe de l'*épistémè* à la *vie*, de la manière de *se représenter* le monde et d'en organiser la visibilité, à la manière de *vivre* dans le monde. En ce sens, l'introduction du terme « attitude » semble marquer chez Foucault un double décalage : tout à la fois un glissement relatif hors de l'histoire (dans ce fameux « troisième type » de rapport à l'histoire que nous cherchons à préciser) et un recentrement de l'analyse sur la manière non pas tant dont les hommes pensent et organisent cette pensée, mais dont ils perçoivent, vivent et agissent. En somme, cela ressemble fort à cet autre glissement par quoi nous avions commencé notre analyse, quand, à l'occasion du passage de la figure de Socrate à celle des cyniques, Foucault faisait passer la *parrêsia* d'un espace où le *logos* était encore médiateur du rapport au monde à un nouveau type de système où la vie sans médiation – le *bios*, et non plus le *logos* – devenait tout à la fois la condition de possibilité et la matière même de la *parrêsia*.

Le second élément concerne les effets de cet infléchissement – d'une histoire des systèmes de pensée à sa transformation en une « ontologie critique » des modes de vie. Le point pourrait sembler secondaire, s'il n'impliquait un glissement tout à la fois de l'analyse et du type de « partages » (reprenons ici à Foucault son propre lexique) qui en fondaient jusqu'alors l'assise. Arrêtons-nous sur ce tournant à partir d'un exemple significatif, avant de revenir à ce par quoi nous avions commencé, c'est-à-dire l'apparente introduction d'anachronismes dans les analyses foucaldiennes.

À la fin de la dernière leçon au Collège de France, le 28 mars 1984, Foucault, pris par le temps, est obligé de couper dans le texte qu'il avait prévu de prononcer. Or les cours des dernières années, à la différence de ceux du début des années 1970, étaient entièrement rédigés, et une note d'édition nous restitue aujourd'hui le texte qui aurait effectivement dû être lu tel qu'il apparaît sur le manuscrit. Les phrases qui concluent ce passage non prononcé sont à la fois simples et énigmatiques, et elles ont souvent été commentées. Le danger, sans doute, serait de les transformer en une sorte de clef cachée de l'œuvre en vertu de leur position finale – Foucault allait mourir trois mois plus tard. Il est vrai, cependant, que leur densité et leur caractère elliptique sont à la hauteur de leur apparente simplicité : « Ce sur quoi je voudrais insister, pour finir, c'est ceci : il n'y a pas d'instauration de la vérité sans une position essentielle de l'altérité. La vérité, ce n'est jamais le même. Il ne peut y avoir de vérité que dans la forme de l'autre monde et de la vie autre »[1]. Avant d'entrer dans le détail de ces quelques mots et de tenter de formuler le problème qu'ils posent de toute évidence, il est sans doute nécessaire d'en passer par une petit préambule.

Michel Senellart, dans un article publié dans le *Cahier de l'Herne*[2] récemment consacré à Foucault, a montré à quel point l'écriture des cours au Collège de France avait évolué au fil des années. Cette modification porte en particulier sur l'attention toujours plus grande que Foucault semble avoir eue pour la phase de rédaction de son analyse : on passe progressivement des notes partiellement rédigées du début des années 1970 à un texte entièrement construit et fixé par l'écriture dans les années 1980. La pratique philosophique finit par inclure l'exercice même de l'écriture, qui en devient ainsi tout à la fois le moteur et le résultat. Même les hésitations, les corrections à voix haute, les regrets pour les choses non dites – figures inévitables de toute prise de parole orale – sont

---

1. M. Foucault, *Le courage de la vérité*, *op. cit.*, p. 310-311, note.

2. M. Senellart, « Le cachalot et l'écrevisse. Réflexion sur la rédaction des Cours au Collège de France », dans *Cahier Foucault*, *op. cit.*, p. 147-155.

absorbées, remodelées et restituées par l'écriture : le lien entre la pensée, l'écriture et la profération est en réalité entièrement réarticulé par Foucault au sein d'une pratique de la philosophie qui n'entend plus distinguer entre ces trois moments.

De ce point de vue, ce n'est sans doute pas totalement un hasard si Foucault, un an avant ces toutes dernières phrases du 28 mars 1984 auxquelles nous allons bientôt nous intéresser, clôt la longue analyse de la *Lettre VII* de Platon à laquelle il vient de se livrer en égratignant Derrida précisément sur ce thème de l'écriture – et plus exactement sur l'opposition derridienne entre parole et écriture. L'écriture – dans le cas des cours au Collège de France, l'écriture de sa propre parole ; mais, plus largement, le rapport que l'écriture entretient avec la pratique de la pensée – est visiblement pour Foucault devenue un enjeu. Le point est le suivant : le rejet de l'écriture que l'on trouve chez Platon – argumente Foucault contre Derrida dans la deuxième heure de la leçon du 16 février 1983 [1] – ne signifie pas l'affirmation du logocentrisme mais simplement la critique du caractère théorique du savoir des gouvernants. Ceux qui exercent leur gouvernement sur les hommes ne sont pas immergés dans la pratique mais mettent en œuvre une connaissance qui demeure essentiellement abstraite. Il faut au contraire renverser une telle abstraction, et restituer au savoir – c'est-à-dire avant toute chose à la philosophie – son caractère nécessairement concret, sa matérialité brute. Foucault interprète donc, au rebours de toute la tradition platonicienne, le plus haut degré de la connaissance (la connaissance de l'être même, le *to on*), non pas comme vision des Idées, mais comme résultat de cette pratique qu'il qualifie de *tribê* (et le mot choisi par Foucault pour rendre le terme grec est celui de « frottement »). En somme : l'écriture n'est pas en tant que telle à disqualifier. Elle ne l'est que si elle devient l'alibi d'une connaissance qui refuse la confrontation avec le réel. Si, en revanche, elle se situe dans le réel, si elle se construit à travers le frottement continu, dans le contact râpeux et parfois brutal avec le réel ; si elle est considérée comme une pratique, comme un

---

1. M. Foucault, *Le gouvernement de soi et des autres*, *op. cit.*, en particulier p. 235-236.

mouvement de constitution qui se situe à l'intérieur de la matérialité du monde, alors, non seulement elle ne doit pas être exclue, mais elle doit être prise comme l'une des nombreuses pratiques possibles.

Pour rendre compte de ce « réel » à partir duquel toutes les pratiques doivent se définir – y compris cette pratique spécifique qu'est la pratique de la philosophie –, Foucault introduit alors une opposition frontale entre deux termes. Cette opposition, que l'on retrouvera sous une forme légèrement modifiée dans le cours de 1984, est celle qui met en scène le *logos*, d'une part, et l'*ergon*, de l'autre :

> [Q]u'est-ce que c'est que la philosophie, dès lors qu'on ne veut pas simplement la penser comme *logos*, mais bien comme *ergon* ? Eh bien, il me semble qu'on peut déceler là ce qu'on pourrait appeler un troisième cercle. On a eu le cercle de l'écoute : pour que la philosophie soit effectivement réelle, pour qu'elle rencontre son réel, il faut que ce soit un discours qui soit écouté. Deuxièmement, pour que la philosophie rencontre son réel, il faut qu'elle soit effectivement pratique(s) (à la fois au singulier et au pluriel). Le réel de la philosophie est dans ses pratiques. Et enfin maintenant, on aurait ce qu'on pourrait appeler le cercle de la connaissance[1].

Il est difficile de penser que, à la faveur de cette analyse, Foucault ne parle pas d'une certaine manière aussi de lui-même. L'écoute, la pratique (c'est-à-dire, de manière indissociable, l'exercice de la pensée et l'écriture) et la connaissance sont les trois termes d'une sorte de triangulation qui définit pour Foucault le lieu même de la philosophie comme *réel*. À cela, deux conséquences.

La première, nous le rappelions à l'instant, est la construction de l'opposition entre *logos* et *ergon* ; un couple d'opposés qui semble préfigurer l'opposition qui structurera dans une large mesure *Le courage de la vérité* : celle entre le *logos* et le *bios*. Encore une fois, le problème n'est pas celui de l'écriture en tant que telle : il est d'arracher l'écriture à son absorption par le *logos*. De la même manière, le problème n'est pas la philosophie, mais de faire passer la philosophie du côté des pratiques et du réel, c'est-à-dire du côté de la

1. *Ibid.*, p. 232-233.

vie. L'épreuve de la philosophie est tout entière contenue dans ce passage. Que se passe-t-il quand un philosophe, au lieu de mettre sa vie en ordre en fonction de ses idées, au lieu de *vivre en philosophe*, tente de *vivre la philosophie*? Que se passe-t-il quand l'élaboration philosophique, au lieu de représenter la condition de possibilité logique et chronologique de la « bonne vie », devient en elle-même épreuve de vie? On trouve sans doute ici la première formulation – à peine ébauchée, mais déjà articulée – du passage que Foucault effectuera de la *parrêsia* socratique à la *parrêsia* cynique. Le problème de la philosophie n'est pas son oralité ou son écriture. C'est sa dimension charnelle, sa matérialité, la manière dont elle se fait existence sans médiation aucune. Comme toujours, chez Foucault, l'analyse balance entre le commentaire serré des textes anciens – dont l'interprétation est peu à peu inversée – et l'attention aigüe pour le moment présent. Le moment présent : celui où Michel Foucault, professeur au Collège de France, saisi au moment où il est censé endosser ce rôle et proférer un discours public de savoir, réinvente à sa manière son propre rapport à l'enseignement. Entre la pensée, l'écriture et l'enseignement, il n'y a désormais plus – il ne doit en tout cas plus y avoir – aucune différence.

La deuxième conséquence nous ramène directement au point dont nous étions partis, et à ces quelques phrases étranges – écrites, mais non prononcées par manque de temps –, à la toute fin de la dernière leçon au Collège de France, en 1984. Si l'écriture est tout entière prise dans la pratique de la philosophie, alors, nous devons lui accorder l'attention qu'elle mérite. C'est sans doute là un motif suffisant pour considérer ces trois lignes non pas comme une simple indication donnée dans une note en bas de page, ou comme une gourmandise pour philologues de la pensée foucaldienne, mais comme une indication absolument essentielle. Écrire, dire et penser ne représentent pas trois moments distincts : quand bien même l'un d'entre eux manquerait en apparence, ce sont les trois visages indissociables du geste unique qui définit la pratique de la philosophie.

Venons-en donc à ces quelques lignes. Elles répètent de manière étrange, par trois fois, la même idée, et semblent en tirer une conséquence. « Position essentielle de l'*altérité* », « *autre* monde », « vie *autre* » – et la déduction qui en est opérée : « la vérité, *ce n'est jamais le même* »[1]. Ce qui surprend ici, c'est évidemment ce retour de l'altérité entendue comme une sorte de polarité opposée à celle du même, de l'identité à soi. Une réémergence, une réapparition, qui sont surprenantes à double titre.

À partir des années 1960, Foucault n'a cessé de montrer à quel point les couplages d'opposés – raison / déraison, normal / pathologique, licite / illicite – présentaient en réalité les deux facettes d'un même objet, ou de ce que Foucault appelle un « partage » : indiquer l'autre signifiait en réalité l'autre *de soi*, ou l'autre *par rapport à soi*, c'est-à-dire le faire dériver, comme symétrique inversé, de sa propre position. Une grande partie de ses analyses a précisément cherché à restituer, à travers la complexité des périodisations affrontées, la violence de ces gestes qui, à travers une triple opération de nomination, d'identification et d'objectivation, assignaient aux figures de l'altérité un espace. Cet espace – social, bien entendu, mais également épistémologique, à l'intérieur de l'architecture complexe des savoirs – était paradoxal : espace d'exclusion, de mise au ban, d'« enfermement », il fonctionnait pourtant comme un vertigineux dispositif d'inclusion, de réduction, d'appropriation. L'altérité était littéralement ingérée, dévorée par ce dont, paradoxalement, elle différait. L'altérité n'était rien d'autre que l'*autre du même* – et il faut lire ici ce génitif pour ce qu'il est réellement : l'affirmation sans reste d'une possession. Le geste qui assignait à l'autre son statut d'étrangeté ne le faisait que par rapport à sa propre position. Voilà en quoi consistait pour Foucault le privilège absolu de la raison moderne : pouvoir dire « tu es autre que moi, tu es donc *mon* autre ».

Vieille histoire philosophique, s'il en est, qui enferme dans une tenaille dialectique l'identité et la contradiction ; tout aussi ancienne, sans doute, celle des tentatives pour s'en libérer, pour « rompre le cercle mortel » comme le dit fortement Maurice Merleau-Ponty[2].

---

1. Nous soulignons.

2. M. Merleau-Ponty, « Le langage indirect et les voix du silence », dans *Signes*, Paris, Gallimard, 1960 ; rééd. « Folio Essais », 2001. Voir également M. Merleau-Ponty, *Le visible et l'invisible*, éd. Cl. Lefort, Paris, Gallimard, 1964 ; rééd. « Tel », 1999 : « Position, négation, négation de la négation : ce côté, l'autre, l'autre que l'autre. Qu'est-ce que j'apporte au problème du même et de l'autre ? » (p. 312).

Une histoire dont, il y a désormais plus de trente ans, Vincent Descombes, dans *Le même et l'autre*[1], nous a fourni la description implacable; une histoire qui a aussi poussé toute une génération à chercher le moyen de rompre avec l'hégélianisme français – en particulier à travers une lecture renouvelée de Nietzsche – et à expérimenter la possibilité de désarticuler le couplage même/autre. À partir des années 1960, l'émergence puissante de la notion de différence chez certains penseurs, en particulier en France – que l'on pense, malgré leur diversité, à Deleuze ou à Derrida, puis à Foucault lui-même –, doit sans doute être lue dans ce sens, et il vaut peut-être la peine de se rappeler ce que ce dernier en disait dans son double compte-rendu de *Différence et répétition* et de *Logique du sens*, de Deleuze, en 1970 :

> Pour libérer la différence, il nous faut une pensée sans contradiction, sans dialectique, sans négation : une pensée qui dise oui à la divergence; une pensée affirmative dont l'instrument est la disjonction; une pensée du multiple – de la multiplicité dispersée et nomade qui ne limite et ne regroupe aucune des contraintes du même [...][2].

Contre l'altérité, contre la mesure qui assigne à tout écart une position sur la cartographie générale des identités, il s'agit donc, très tôt dans le tarvail de Foucault, et dans le sillage de cette réflexion sur les conditions de dissolution de l'hégémonie de l'identité à soi, de faire émerger l'irréductibilité de la différence – mieux : *des* différences. Bien sûr, le danger de cette stratégie de la différence contre la « réduction au même » est de glisser vers l'hypothèse d'un « dehors » absolu par rapport à ce qui, malgré tout, nous traverse toujours – parce que nous en sommes historiquement les produits; une sorte de rêve fou en vertu duquel le seul espace de liberté imaginable serait désormais celui d'une extériorité radicale, la seule voie de salut une étrangeté totale par rapport à la présence concrète et tangible des diagrammes de pouvoir, des ordres discursifs, des économies du savoir... L'erreur serait par conséquent de penser que ce n'est qu'en

---

1. V. Descombes, *Le même et l'autre, op. cit.*
2. M. Foucault, « Theatrum philosophicum », *Critique*, n° 282, novembre 1970; repris dans *Dits et écrits, op. cit.*, vol. 2, texte n° 80, p. 75-98.

sortant totalement des déterminations matérielles de l'histoire, y compris celles qui font des formes de la subjectivité une construction historique, que nous pouvons accéder à cet espace libre des différences *en tant que différences*. En somme : dans les années 1960, si la réduction de l'altérité à la simple variante du même joue en permanence dans nos existences, si l'histoire semble devenue le théâtre de cette réabsorption sans fin, si aucun écart ne semble par conséquent susceptible de s'affirmer véritablement dans la mesure où tout est toujours reconduit à la mesure, la tentation est forte de céder à l'illusion d'un dehors qui soit à la fois spatial (une hétérotopie) et temporel (une sortie des rapports de pouvoir, et de l'histoire elle-même). De ce point de vue, la critique formulée par Derrida peu après la publication de l'*Histoire de la folie* – contre la prétention explicite de Foucault à « restituer la folie à elle-même » [1], à écrire une paradoxale histoire de la folie avant même que ne naisse quelque chose comme un objet « folie », à faire une « histoire d'avant l'histoire – est déjà, en 1963, d'une grande lucidité. Qu'il s'agisse de produire la critique de l'« *autre du même* » est évident (dans ces mêmes années Derrida se mettra lui aussi à travailler sur le thème de la différence avec la puissance que nous savons) ; mais il s'agit aussi d'éviter une rechute métaphysique toujours possible, une sorte de glissement hors de l'histoire. Le paradoxe tient bien entendu au fait qu'il revient à Derrida d'en signaler à Foucault le danger imminent. Au milieu des années 1970, Foucault finira par se rendre à l'évidence :

> C'est illusion de croire que la folie – ou la délinquance, ou le crime – nous parle à partir d'une extériorité absolue. Rien n'est plus intérieur à notre société, rien n'est plus intérieur aux effets de son pouvoir que le malheur d'un fou ou la violence d'un criminel. Autrement dit, *on est toujours à l'intérieur. La marge est un mythe. La parole du dehors est un rêve qu'on ne cesse de reconduire* [2].

1. Voir également P. Macherey, « Aux sources de l'*Histoire de la folie* », *Critique*, n° 471-472, 1986.
2. M. Foucault, « L'extension sociale de la norme », *Politique Hebdo*, n° 212, 1976 ; repris dans *Dits et écrits, op. cit.*, vol. 3, texte n° 173.

Voilà donc pourquoi la réapparition du thème de l'altérité dans les dernières lignes de la leçon du 28 mars 1984 est surprenante. Plus encore : les expressions « autre monde » et « vie autre » sont grosses de réminiscences théologiques. L'autre monde, c'est précisément ce qui, de Platon au christianisme – et malgré les différences évidentes entre les différents systèmes de pensée – construit le grand récit de la métaphysique occidentale. La vie – ici et maintenant – est disqualifiée par ce qui tout à la fois en rend compte, la gouverne et en affirme le prix négligeable : l'*autre* vie. Dès lors, le problème devient le suivant : pourquoi Foucault fait-il allusion à la « vie autre » ? L'importance de l'écriture dans l'économie des cours des dernières années, le statut que lui confère dans le travail de Foucault une réflexion qui porte précisément sur son lien indissociable avec le travail de la pensée, suffisent à écarter l'hypothèse d'un lapsus ou d'une approximation du langage. Du même coup, si ces mots ont été écrits, pourquoi portent-ils par trois fois cette référence à l'*autre* comme alternative à l'hégémonie du même ?

Une réponse existe, et elle doit être repérée à partir du « tournant » auquel on faisait allusion il y a peu – ce saut du *logos* à l'*ergon* que la pratique de la philosophie entendue comme *tribê* implique, à la fin du commentaire de la *Lettre VII* de Platon, en 1983 ; et plus encore, en 1984, le passage de la *parrêsia* socratique à la *parrêsia* cynique, c'est-à-dire ce dont Foucault rend compte comme le passage du *logos* au *bios*.

QU'EST-CE QU'UNE DIFFÉRENCE ?

En quoi consiste ce tournant, et pourquoi en faire la clef de ces énigmatiques dernières lignes du cours du 28 mars 1984 ? L'idée de Foucault est en réalité très simple. Tant que l'on reste dans l'ordre du *logos*, tant que l'on cherche à l'intérieur d'un usage différent du langage l'espace d'une différence possible, on reste pris dans une sorte de tenaille. Soit on est réabsorbé par ce dont on cherchait à *différer* – la différence n'est alors rien d'autre qu'une altérité, une variation sur le thème de l'identique – ; soit on cherche à parcourir des chemins moins battus afin que la « différence radicale » (celle qui n'est pas susceptible d'être réduite à l'*autre du même*) puisse sembler au moins pour un temps envisageable. C'est en ce sens que doit probablement être lu, dès les années 1960, l'intérêt de Foucault et de Deleuze, que nous avons brièvement évoqué plus haut, pour le lien entre parole et folie, et pour l'usage psychotique du langage, la déstructuration des codes linguistiques – en somme : pour ce que Deleuze et Guattari appelleront plus tard, dans *Mille Plateaux*, la construction de « sémantiques asignifiantes »[1]. Mais quelle valeur politique accorder à une telle destructuration ? En d'autres termes : peut-on en tirer un projet politique de résistance, une stratégie efficace pour tenter de bloquer ce qui semble se donner comme l'expansion incessante du règne de l'identité – ce règne du même auquel nos pensées et nos pratiques semblent vouées quoi qu'il arrive ? La réponse que Foucault cherche à formuler diffère de celle que donneront Deleuze et Guattari dans ces mêmes années, et c'est sans doute l'une des raisons pour lesquelles leurs parcours, jusque-là en grande partie parallèles, finiront par se disjoindre[2]. Pour Foucault, indépendamment du problème de la volonté, que nous avons déjà mentionné (peut-il y avoir *projet* sans un acte de volonté, sans une décision ?), la nécessité de réintroduire des processus de subjectivation au cœur des analyses éthico-politiques rend en effet nécessaire un parcours différent. L'usage psychotique du langage, dans lequel

1. G. Deleuze et F. Guattari, *Mille Plateaux*, *op. cit.*, en particulier le chapitre 5 : « Sur quelques régimes de signes », p. 140 *sq.*

2. Comme on le sait, à partir de 1976, Foucault et Deleuze s'éloignent l'un de l'autre. Il existe sans doute des raisons politiques à ce refroidissement brutal – on a souvent évoqué le reproche que Deleuze faisait à Foucault de ne pas avoir pris publiquement position par rapport au problème palestinien, alors que lui, Genet et tant d'autres, avaient explicitement appuyé la cause de l'OLP. Mais il y a sans doute, aussi, un « nœud » philosophique. Foucault, à partir de la seconde moitié des années 1970, réintroduit au cœur de ses recherches le thème de la subjectivation comme clef de toute pratique éthique politique. La dimension éthique du rapport à soi, développée dans les toutes dernières années de son travail, naît précisément de ce déplacement de l'analyse et impose au thème nietzschéo-deleuzien du devenir une torsion importante : désormais, pour Foucault, le devenir est le nom de la manière dont, de l'intérieur même des mailles de l'histoire, les hommes et les femmes s'inventent eux-mêmes dans un double travail de critique et d'inauguration. On retrouve ici les éléments que nous avons longuement soulignés à partir des deux commentaires de *Was ist Aufklärung ?*.

Foucault, dans le sillage de Deleuze, a pensé tout d'abord avoir trouvé l'exemple d'une « différence radicale », ne suffit pas. Plus exactement : l'usage psychotique du langage ne peut faire l'impasse sur un autre aspect de la schizophrénie – cette fragmentation doulou-reuse de soi qu'une approche purement linguistique tend en réalité trop souvent à oublier, ou à « romantiser ». Le *soi* peut bien entendu – et même : il *doit absolument* – être arraché à toute conception auto-suffisante et solipsiste du sujet : il ne s'agit donc pas ici de regretter la perte du sujet classique qui a représenté, « de Descartes à la phénoménologie », tout à la fois la condition de possibilité et le point aveugle de tout discours sur le monde.

Mais même si l'on déconstruit ce sujet-là, il n'en reste pas moins que quelque chose comme une subjectivité en devenir, un processus infini de subjectivation entièrement tramé de rapports de pouvoir et de contingences, produit par une certaine histoire, doit malgré tout exister : c'est à l'intérieur de cette histoire-là – de l'intérieur de la matérialité de rapports et de dispositifs, d'institutions et de configura-tions épistémiques, de corps et de modes de vie – que le déplacement des lignes, le pliage de ce qui se donne comme un « déjà-là » histo-rique, la torsion des déterminations, prend précisément le nom d'*éthique*. Sans un travail de soi sur soi, sans un travail éthique et politique de soi (en tant que devenir) sur soi (en tant que production historique), de soi (comme invention) sur soi (comme « déjà-là »), de soi (comme subjectivation) sur soi (comme sujet objectivé par les discours et les pratiques des autres), aucune résistance n'est en réalité envisageable. Et peu importe si Foucault finit par abandonner le terme de « résistance » – nous savons aussi, par exemple, la manière dont il a adopté, puis rapidement laissé de côté, celui de « contre-conduite », à la fin des années 1970. Au-delà – ou en dépit – des hési-tations lexicales, l'essentiel est de comprendre qu'il est impossible d'envisager l'invention d'un possible espace de liberté sans produc-tion de subjectivité. Ici, l'éthique – ce minutieux travail de subjec-tivation – devient la condition de possibilité de la pratique politique entendue comme expérimentation d'une « différence possible », de l'intérieur même de l'histoire.

La différence, si différence il y a, doit donc être recherchée à l'intérieur de la subjectivation, dans cette pratique qui est à la fois résistante (défensive) et créative (« intransitive »). Mais pour pouvoir le faire, il faut avant toute chose abandonner le terrain miné du *logos*. Il faut au contraire investir une autre dimension, infiniment plus matérielle, contingente, exposée au pouvoir et pourtant puissante : celle de la vie. Ce n'est que dans la dimension du *bios* que le frayage de différences possibles est envisageable ; ce n'est que dans et par la vie que la différence peut être construite comme « pur pouvoir d'affirmation », comme le dit Foucault dès 1970[1]. Seule la vie peut affirmer sa démesure absolue par rapport au règne de l'identité : là où l'identité ne cesse jamais de réabsorber ce qui diffère d'elle, la vie, au contraire, ne cesse jamais de créer. La vie – arrachée à tout vitalisme, entendue simplement comme existence, comme pratique du quotidien, comme rapport à soi et aux autres sans cesse relancé – est une création continuée, de l'intérieur d'un ensemble de déterminations historiques dans lesquelles elle est pourtant prise, et qui la font, *aussi*, être ce qu'elle est.

Si l'on relit les très belles pages consacrées à la mort de Socrate[2], dans le cours au Collège de France de 1984, on se rend compte à quel point, dans la lecture qu'en donne Foucault, la *parrêsia* socratique est arrivée aux bords de ce basculement du *logos* au *bios*. Ce n'est pas un hasard si le prix à payer par Socrate pour avoir pratiqué le dire-vrai est précisément celui de son existence. Mais Socrate paie de sa vie ce que la philosophie continue à *dire*, malgré tout, par l'intermédiaire des mots : le mot *tribê*, le mot *ergon* sont encore, précisément, des mots. Et l'acceptation socratique de la condamnation et de la mort, si elle n'est pas pour le philosophe grec, contrairement à ce que des siècles de commentaires ont tenté de nous faire croire, un signe de désintérêt pour la vie qu'il s'agit d'abandonner derrière soi, représente malgré tout une façon très cohérente de dire : ma vérité est tout entière dans l'adéquation entre la manière dont j'ai essayé de philosopher et celle dont je prend congé de l'existence. La pratique de la philosophie et le mode de vie (ici : mode de renoncement à la vie, mode de prise de congé de la vie) demeurent distincts. La cohérence de Socrate est ce

1. *Cf.* M. Foucault, « Theatrum philosophicum », art. cit.
2. Voir en particulier M. Foucault, *Le courage de la vérité*, *op. cit.*, p. 88-101.

qui les fait se correspondre jusque dans la mort – sa vérité est tout entière dans cette adéquation. Voilà donc aussi, nous rappelle alors Foucault, le sens de l'énigmatique sacrifice que Socrate, dans le *Phédon*, demande à Criton («Criton, nous devons un coq à Asklépios, souviens t'en»). Non pas un remerciement pour être finalement libéré du poids de la vie humaine mais, au contraire, un remerciement pour avoir pu, jusqu'à la fin, tenir le pari d'une telle adéquation. Socrate n'a sans doute jamais autant aimé la vie – et, jusqu'aux derniers instants, c'est son dire-vrai qui lui a donné sa forme.

Avec les cyniques, cependant, ce mouvement de bascule s'effectue de manière complète. Du *dire-vrai* au *vivre-vrai* : que se passe-t-il quand, au lieu de chercher à mettre sa propre existence en conformité avec l'exercice parrèsiastique du dire-vrai, on fait de la vie en tant que telle tout à la fois la condition de possibilité, la matière et le résultat de la *parrêsia* ? La vie : ce en quoi les pratiques prennent place et se situent ; ce qui est «travaillé» et modelé par l'action éthique ; ce que cette pratique éthique construit, produit, invente. Que signifie non pas *vivre en philosophe* mais *vivre la philosophie* ? Telles sont les questions auxquelles répondent à leur manière – sans paroles – les cyniques. Cette réponse consiste à inventer, à l'intérieur de ce monde-ci, à partir de telle ou telle existence, un autre monde, une autre vie. La différence, quand elle est jouée à l'intérieur de la vie, n'a plus besoin de subtilités rhétoriques, elle n'exige désormais même plus de distinguer entre sa propre irréductibilité et la «fausse différence» représentée par toutes les figures de l'*autre-du-même*. Dans la vie – à condition que celle-ci soit entendue comme un processus créatif –, rien n'est jamais totalement réabsorbé, parce que l'invention, de l'intérieur de ce qui est déjà là, excède par définition toute perspective d'identification et de mesure. Et sans doute est-ce pour cela que Foucault n'éprouve plus le besoin de bannir le champ lexical de l'altérité : non seulement la vie permet la différence, mais la vie *est* différence. Elle est une différenciation sans fin. Et l'être n'est rien d'autre que ce processus immanent, absolument matériel, de différenciation de soi.

Là encore, dans le jeu de va-et-vient qui s'impose désormais entre l'analyses des textes anciens et ceux de Kant, le parallèle est une fois de plus évident – et Foucault de noter, dans un passage que nous avons déjà mentionné : « La réflexion sur "aujourd'hui" comme différence dans l'histoire et comme motif pour une tâche philosophique particulière me paraît être la nouveauté de ce texte »[1]. Le double visage des Lumières – diagnostic porté sur le présent *et* creusement d'une différence possible pour « ne plus être, faire ou penser ce que nous sommes, faisons ou pensons »[2] – est exactement ce que Foucault appelle « attitude critique », « expérimentation », *êthos*. C'est-à-dire ce que les Grecs appelaient simplement *alêthês bios* – moins une vie philosophique qu'une philosophie vivante.

Nous voici donc confrontés à trois facettes du travail foucaldien. Une archéologie des *épistémai*, c'est-à-dire une histoire des systèmes de pensée au sens strict (où la différence joue entre passé et passé) ; une généalogie du présent, c'est-à-dire une histoire de la manière dont nous nous représentons nous-mêmes le monde (où la différence joue entre notre présent et ce qui l'a précédé, sur fond de quoi il se détache désormais en affirmant la cohérence de sa spécificité historique) ; et pour finir une éthique des attitudes, c'est-à-dire l'expérimentation volontaire de lignes de conduite et de modes de vie susceptibles d'introduire de la différence non plus entre plusieurs passés, ni même entre le passé et le présent, mais entre ce qui est (notre présent) et ce qui n'est pas encore (l'avenir). L'attitude, c'est ce qui est susceptible de soumette la permanence d'un présent entendu comme ce qui a émergé avant nous, et dans quoi nous sommes pris, au travail de torsion qui peut en interrompre la permanence et la stabilité historiques apparentes. Le point de rupture possible du présent est ce que Foucault nomme l'*actualité*. L'actualité : le nom du changement au cœur du présent.

---

1. M. Foucault, « What is Enlightenment ? », art. cit., p. 568.
2. *Ibid.*, p. 574.

CHAPITRE III

« UNE HISTOIRE DE LA VÉRITÉ
QUI NE S'APPUIE PAS SUR LA VÉRITÉ »

Nous avions commencé par un rappel de la façon dont le travail de Foucault, de manière inattendue, se mettait à inclure des sortes d'enchâssements en forme d'anachronismes dans certains passages des cours au Collège de France. Ces anachronismes ne sont pas seulement dus à l'extension, ou à l'allongement démesuré, d'un type de pensée au-delà de sa propre périodisation historique, c'est-à-dire à la relative suspension des grandes « discontinuités » qui avaient pourtant jusqu'alors structuré l'analyse foucaldienne – comme on pourrait, encore une fois, comprendre l'utilisation de l'homélie de Grégoire de Nazianze au sein de l'analyse des cyniques. Parfois, c'est d'un saut pur et simple qu'il s'agit ; et cette manière de faire littéralement « virer » les points de repère historiques que l'on se donne pour baliser l'enquête semble alors ouvrir dans le fil apparent de l'argumentation une parenthèse au statut pour le moins ambigu. Prêtons attention à ce qu'en dit Foucault au début de la seconde heure de la leçon du 29 février 1984 :

> Je vais vous demander votre indulgence. Ce que je vais vous proposer maintenant n'est rien de plus qu'une promenade, un excursus, une errance. [...] La prochaine fois on reviendra au cynisme historique (celui de l'Antiquité), mais là j'ai eu envie, m'étant un peu excité sur le cynisme au cours de ces dernières semaines, de vous proposer ceci. [...] On pourrait donc imaginer l'histoire du cynisme, non pas encore une fois comme doctrine, mais

beaucoup plus comme attitude et manière d'être, ayant bien entendu ses justifications et tenant sur elle-même son propre discours justificatif et explicatif. De sorte que, de ce point de vue-là, il me semble qu'il serait possible de faire, à travers les siècles, une histoire du cynisme depuis l'Antiquité jusqu'à nous[1].

Un an plus tôt, le 5 janvier 1983, au tout début de la première leçon de l'année, Foucault annonçait de la même manière :

Je voudrais cette semaine commencer par, comment dire, pas exactement un *excursus* : une petite exergue. Je voudrais, à titre d'exergue, étudier un texte qui ne se situera peut-être pas exactement dans les repères que je choisirai la plupart du temps au cours de cette année. Il n'en reste pas moins qu'il me paraît recouper exactement, et formuler en termes tout à fait serrés, un des problèmes importants dont je voudrais parler : justement ce rapport au gouvernement de soi et des autres[2].

S'ensuit le début du commentaire de Kant sur lequel nous nous sommes longuement arrêtés. Dans les deux cas, l'anachronisme, qui devrait être une incongruité historique, est présenté comme un détour spatial (un « excursus », une « promenade », une « errance »), une sorte de flânerie – terme dont la dignité philosophique n'est bien entendu pas nouvelle, et qui, ici, assume presque les caractéristiques d'un moment d'« école buissonnière » par rapport aux critères de méthode que Foucault semblait pourtant depuis si longtemps avoir fixés pour lui-même.

En réalité, la sortie de la référence à l'histoire et le privilège d'une métaphorisation spatiale de l'anachronisme (l'« errance ») sont plus complexes qu'il n'y paraît. C'est sur ce point qu'il faut s'arrêter.

EXCURSUS ET PROMENADES

Le 5 janvier 1983, l'excursus sur Kant est en réalité précédé par une autre « étrangeté ». Pendant plusieurs minutes, au tout début du

---

1. M. Foucault, *Le courage de la vérité, op. cit.*, p. 163-164.
2. M. Foucault, *Le gouvernement de soi et des autres, op. cit.*, p. 8.

cours, avant même d'introduire la référence à Kant qui elle-même précédera, le 12 janvier, le retour à l'Antiquité et à la *parrêsia*, Foucault revient sur le sens général de son projet de recherche et d'enseignement; et il le fait à partir de la distinction qu'il établit soigneusement entre, d'une part, une «histoire des systèmes de pensée» et, de l'autre, une «histoire des idées» qu'il décline successivement comme «histoire des mentalités» et comme «histoire des représentations». Attribuant à l'histoire des mentalités un type de travail se situant «sur un axe allant de l'analyse des comportements effectifs aux expressions qui peuvent accompagner ces comportements, soit qu'ils les précèdent, soit qu'ils les suivent, soit qu'ils les traduisent, soit qu'ils les prescrivent, soit qu'ils les masquent, soit qu'ils les justifient, etc. »[1], et à l'histoire des représentations tout à la fois «l'analyse des idéologies» et «l'analyse des représentations en fonction d'une connaissance – d'un contenu de connaissance ou d'une règle, d'une forme de connaissance – considérée comme critère de vérité, ou en tout cas comme vérité-repère par rapport à quoi on peut fixer la valeur représentative de tel ou tel système de pensée entendu comme système de représentations d'un objet donné»[2], Foucault définit par différenciation son propre projet d'analyse de «foyers d'expérience, où s'articulent les uns sur les autres: premièrement, les formes d'un savoir possible; deuxièmement, les matrices normatives de comportement pour les individus; et enfin des modes d'existence virtuels pour des sujets possibles. Ces trois éléments – formes d'un savoir possible, matrices normatives de comportement, modes d'existence virtuels pour des sujets possibles – ce sont ces trois choses, ou plutôt c'est l'articulation de ces trois choses que l'on peut appeler, je crois, "foyer d'expérience"»[3]. Laissons pour l'instant de côté l'évaluation de la justesse des définitions que Foucault attribue à l'histoire des mentalités et à celle des représentations – nous reviendrons d'ici peu sur plusieurs aspects de la discussion dont Foucault avait fait l'objet de la part de certains historiens, dès le début des années 1970 et sur la manière dont on peut

1. *Ibid.*, p. 4.
2. *Ibid.*
3. *Ibid.*, p. 4-5.

en retour comprendre ici cette « prise de distance » méthodologique rétrospective.

Ce qui frappe dans l'auto-présentation que Foucault fait de son travail, c'est en réalité un double déplacement imposé à son rapport à l'histoire. Le premier – sans doute le plus facile à comprendre, puisque nous avons déjà cherché à le mettre en évidence à maintes reprises –, c'est l'imbrication, dans l'analyse des savoirs et des matrices normatives, de la recherche d'une « différence possible » qui passe par l'invention et l'expérimentation de nouveaux modes de vie eux-mêmes considérés comme des processus de subjectivation inédits (les « modes d'existence virtuels pour des sujets possibles »). On retrouve en ce point l'entrecroisement de l'archéologie, de la généalogie, et de la fascination que Foucault formule pour une « actualité » creusée au cœur du présent par l'élaboration d'« attitudes » qui valent comme autant d'instances d'invention de soi. Le second, en revanche, est plus surprenant. Dans l'une des caractérisations de l'histoire des représentations qu'il propose dans ces lignes, et par rapport à laquelle il distingue son propre travail, Foucault parle en effet de « l'analyse des représentations en fonction d'une connaissance – d'un contenu de connaissance ou d'une règle, d'une forme de connaissance – *considérée comme critère de vérité*, ou en tout cas *comme vérité-repère par rapport à quoi on peut fixer la valeur représentative de tel ou tel système de pensée* »[1]. Ce qu'il s'agit de mettre à distance, c'est donc l'existence d'un critère de vérité, d'un mètre d'évaluation fixe, d'un repère, en fonction desquels faire jouer telle ou telle représentation dans l'histoire. C'est l'idée, sinon de la mesure d'un écart, du moins d'une différenciation rendue paradoxalement possible par la présupposition d'un (ou plusieurs) invariant(s) en vertu desquels jauger un système de représentation donné.

Le point est important, parce que, dans le manuscrit du cours, on trouve peu après tout un développement que Foucault n'a pas repris dans sa leçon orale mais qu'une note en bas de page nous restitue

---

1. M. Foucault, *Le gouvernement de soi et des autres*, *op. cit.*, p. 4 (nous soulignons).

désormais[1]. Ce développement porte précisément sur les «objec-tions» et les «reproches» qui ont été adressés à Foucault, à la fois par les historiens et par les philosophes, pour avoir précisément poussé jusqu'au bout l'entreprise d'historicisation qui était la sienne, c'est-à-dire renoncé à tout invariant, historicisé les universels, abandonné tout critère de vérité. Les qualifications (bien entendu négatives), sans doute formulées par les critiques de Foucault, et que celui-ci reprend ici, sont éloquentes : «négativisme historicisant», «négati-visme nominaliste», «négativisme à tendance nihiliste». Et l'expli-cation qu'il donne, par réaction, de sa propre recherche est parti-culièrement claire : il s'agit pour lui de «substituer à une théorie de la connaissance, du pouvoir ou du sujet l'analyse de pratiques histo-riques déterminées […], (de) substituer à des universaux comme la folie, le crime, la sexualité l'analyse d'expériences qui constituent des formes historiques singulières» et de construire «une forme de réflexion qui, au lieu d'indexer des pratiques à des systèmes de valeurs qui permettent de les mesurer, inscrit ces systèmes de valeurs dans le jeu de pratiques arbitraires même si elles sont intelligibles»[2]. C'est en réalité là la reprise d'un vieux thème foucaldien, construit à la fois à partir d'une référence philosophique à Nietzsche et de la confrontation extrêmement féconde avec les historiens. La «double nature» à la fois philosophique et historienne de ce que nous pourrions appeler l'historicisation radicale de l'enquête chez Foucault, c'est-à-dire le déplacement du problème philosophique de la vérité du côté de l'analyse historienne des différents régimes de véridiction entendus comme émergence de «jeux de vérité» dans l'histoire, est en effet déjà formulée de manière explicite dès le tout premier cours au Collège de France, en 1970-1971. Daniel Defert, qui en a assuré l'édition, a choisi d'adjoindre au texte reconstitué (en partie lacunaire, et reconstruit avec difficulté, y compris à partir de notes et de sources indirectes : nous sommes encore à une époque où Foucault ne rédigeait pas totalement ses cours) une conférence d'avril 1971 consacrée à Nietzsche, et largement inspirée des

---

1. *Ibid.*, p. 7-8, note.
2. *Ibid.*, p. 7.

analyses développées dans son enseignement au même moment. De cette conférence, nous disposons, au contraire, du texte en grande partie rédigé. Le *leit motiv* en est le suivant : comment faire une histoire de la vérité sans s'appuyer en aucune manière sur la vérité[1] ? C'est-à-dire, dans les termes de Nietzsche : comment arracher la connaissance à cette violence extrême, imposée par la philosophie grecque classique, qui veut que la vérité soit le prédicat d'elle-même ? La tonalité de la conférence ne serait pas très différente de celle que l'on trouve dans le texte *Nietzsche, la généalogie, l'histoire*[2] si elle n'engageait immédiatement par la question posée autre chose qu'un problème philosophique : elle interroge aussi la pratique de l'historien.

Et c'est à partir d'une enquête historique que Foucault va tenter d'y répondre. La tentative de reconstruire, à partir de l'exclusion des sophistes, l'acte de naissance de la philosophie occidentale comme affirmation du lien – dorénavant indissoluble – entre connaissance et vérité est assez classiquement foucaldienne : dans le passage de l'ordalie de justice magico-religieuse, telle qu'on la trouve dans la Grèce archaïque, quelque part entre Hésiode et Platon, au discours de savoir, c'est-à-dire dans l'émergence du discours apophantique comme lieu exclusif de la pratique de la pensée, se joue quelque chose comme la mise en place d'un ordre du discours. Cet ordre du discours demeure, en réalité, encore aujourd'hui le nôtre – parce qu'il semble impossible de construire un rapport au savoir qui ne soit pas immédiatement affirmation du partage de la vérité et de l'erreur, et mise en pratique de cette sorte de crible que nous pensons fondateur (mais qui est historique). C'est dans ce contexte que Foucault formule la question que nous venons de rappeler : faire une histoire des manières dont on a défini le partage du vrai et du faux, des objets à propos desquels ce travail de véridiction s'est cristallisé et qui en sont

---

1. Le titre de la conférence est précisément : « Leçon sur Nietzsche. Comment penser l'histoire de la vérité avec Nietzsche sans s'appuyer sur la vérité », dans M. Foucault, *Leçons sur la volonté de savoir, op. cit.*, p. 195-213.

2. M. Foucault, « Nietzsche, la généalogie, l'histoire », dans *Hommage à Jean Hyppolite*, Paris, P.U.F., 1971, p. 145-172 ; repris dans M. Foucault, *Dits et écrits, op. cit.*, vol. 2, texte n° 84, p. 136-156.

devenus les enjeux, suppose-t-il en amont – ou à l'extérieur de l'enquête elle-même – quelque chose comme un critère absolu de vérité ? En somme : faire une généalogie de la vérité implique-t-il que l'on sache ce que c'est que la vérité ?

La question, encore une fois, est bien entendu philosophique – et le legs nietzschéen est central, y compris dans la manière dont la Grèce classique est « jouée » contre la Grèce archaïque. Mais elle est également méthodologique. C'est en réalité la même question qui avait hanté l'*Histoire de la folie*, et dont Derrida, à l'époque, ne s'était pas privé de faire le cœur de ses objections[1] : peut-on faire une « histoire d'avant l'Histoire » ? Elle est, enfin, historiographique, dans la mesure où elle revient en permanence, en ce début des années 1970, comme un sujet de débat et de polémique entre les historiens eux-mêmes – et de manière significative autour du travail et des écrits de l'un de ceux qui, entre tous, fut le plus proche de Foucault, à la fois par amitié et par proximité intellectuelle : Paul Veyne.

HISTORICISATION OU RELATIVISME ?

Nous faisions allusion à la critique que Derrida, dès 1963, avait longuement formulée après la publication de l'*Histoire de la folie*, et que beaucoup ont alors simplement considérée comme une dispute philosophique autour du commentaire foucaldien de la fin de la première des *Méditations métaphysiques* de Descartes. En réalité, le leurre cartésien écarté, tout tourne autour de l'histoire. Rappelons-en simplement les éléments centraux : pour Derrida, si Foucault veut « échapper au piège ou à la naïveté objectivistes qui consisteraient à écrire, dans le langage de la raison classique, en utilisant les concepts qui ont été les instruments historiques d'une capture de la folie, dans le langage poli et policier de la raison, une histoire de la folie sauvage elle-même telle qu'elle se tient et respire avant d'être prise et paralysée dans les filets de cette même raison classique »[2], il ne peut

---

1. *Cf.* J. Derrida, « Cogito et *Histoire de la folie* », art. cit.
2. *Ibid.*, p. 57.

pas ne pas se poser le problème du statut de son propre langage. On reconnaît bien entendu ici l'idée qui va s'imposer chez Derrida au fondement de la déconstruction : le langage philosophique (c'est-à-dire ses mots, sa structure logique, le jeu de ses partages, de ses oppositions et de ses identités) est tout entier l'émanation de la métaphysique occidentale. Vouloir sortir du récit de la « mythologie blanche » signifie donc avant toute chose en déconstruire la grammaire et en faire imploser le lexique. Mais chez Foucault, nous dit Derrida, rien de tel – et c'est bien là, selon lui, le problème que pose l'*Histoire de la folie* : « Quels vont être la source et le statut du langage de cette archéologie, de ce langage qui doit être entendu par une raison qui n'est pas la raison classique ? *Quelle est la responsabilité historique de cette logique de l'archéologie ? Où la situer ?* »[1]. Et Derrida de conclure : « Tout se passe comme si Foucault savait ce que "folie" veut dire »[2].

Si nous déplaçons l'argumentation de Derrida du côté du rapport à la vérité, nous nous retrouvons au cœur des interrogations foucaldiennes du cours de 1970-1971 au Collège de France – une réflexion qui, et ce n'est sans doute pas un hasard, précède immédiatement les deux réponses à Derrida que Foucault écrira en 1972. De la même manière qu'il est difficile de faire une histoire de la folie qui remonte en deçà de la constitution du grand partage raison/déraison institué par l'*épistémè* de l'âge classique – parce que nous sommes nous-mêmes les enfants de ce partage, et que notre pensée (à commencer par la conception de ce que c'est qu'une « histoire ») appartient à un ordre du discours qui a été construit à partir de l'hégémonie de la raison scientifique moderne –, il est problématique de vouloir faire une histoire des jeux de vérité qui ne présuppose aucunement une certaine idée de la vérité ; ou encore une histoire de l'émergence de cette structure apophantique qui caractérise encore aujourd'hui notre rapport au savoir qui ne s'appuie pas, d'une certaine manière, sur un certain partage du vrai et du faux. En somme, « si ce grand partage est la possibilité même de l'histoire,

1. J. Derrida, « Cogito et *Histoire de la folie* », art. cit., p. 57 (nous soulignons).
2. *Ibid.*, p. 66.

que veut dire ici "faire l'histoire de ce partage"? Faire l'histoire de l'historicité? Faire l'histoire de l'origine de l'histoire? [...] S'il y a une historicité de la raison en général, l'histoire de la raison n'est jamais celle de son origine qui la requiert déjà, mais l'histoire de l'une de ses figures déterminées » [1]. Ou alors, on présuppose – et cela n'est pas l'un des moindres paradoxes de la pensée de Foucault – quelque chose comme une «histoire totale» qui engloberait toutes les histoires plurielles et rendrait raison de toutes les discontinuités; c'est-à-dire aussi une idée absolue de la vérité en fonction de laquelle penser, comme s'il s'agissait d'une sorte de jauge-étalon, tous les jeux de vérité historiques que l'enquête archéologique fait apparaître sur fond de périodisation. Dans un cas comme dans l'autre, le point aveugle de la démarche foucaldienne semble être la persistance d'une totalité non dite (pour l'histoire), ou d'un invariant non-historique en vertu duquel faire valoir les effets de variation de l'histoire (pour l'histoire de la vérité). Derrida lui-même finit par formuler l'hypothèse – ô combien ironique – d'un hégélianisme refoulé, et sans nul doute la méchanceté de la remarque avait-elle, malgré tout, un certain fondement:

> Et c'est à cause de cette unicité de la raison que l'expression «histoire de la raison» est difficile à penser, et par conséquent aussi une «histoire de la folie» [...]. La révolution contre la raison ne peut se faire qu'en elle, selon une dimension hégélienne à laquelle, pour ma part, j'ai été très sensible [2].

Encore une fois, remplaçons le mot raison par le mot vérité, et nous aurons la formulation du problème que Foucault en arrive à se poser en 1970: une histoire de la vérité ne peut se faire qu'en fonction d'une idée de la vérité elle-même. La «révolution contre la vérité» consiste donc précisément à se demander si une histoire de la vérité peut se faire sans le nécessaire recours à une certaine idée de la vérité.

---

1. *Ibid.*, p. 68.
2. *Ibid.*, p. 59. Dans la même veine ironique, quelques pages plus loin, Derrida n'hésite pas à parler de Foucault come l'éminent (et paradoxal) auteur d'un «geste cartésien pour le XXe siècle» (p. 85).

Si nous rappelons ces éléments, c'est parce qu'au tout début des années 1970, le même débat semble avoir lieu du côté des historiens. Nous ne prétendons pas en restituer la complexité et la richesse, mais en isoler certains éléments pour montrer à quel point les mêmes questions se posent, ailleurs, dans les mêmes années, et comment Foucault se trouve pour ainsi dire à la croisée de ces deux lignes de problématisation.

Parmi les historiens[1], Michel de Certeau semble avoir été très tôt celui par qui le problème pointé par Derrida en 1963 se trouvait reformulé de l'intérieur même d'une réflexion proprement historiographique. Dans un compte-rendu des *Mots et les choses*, initialement publié en 1967 dans la revue jésuite *Études*[2], il remarquait ainsi :

> Sous les pensées, [Foucault] discerne un « socle épistémologique » qui les rend possibles. Entre les multiples institutions, expériences et doctrines contemporaines, il décèle une cohérence qui, pour n'être pas explicite, n'en est pas moins la condition et le principe organisateur d'une culture. Il y a donc de l'ordre. Mais cette « raison » est un sous-sol qui échappe à ceux-là mêmes dont elle fonde les idées et les échanges. Ce qui donne à chacun le pouvoir de parler, personne ne le parle. *Il y a* de l'ordre, mais il n'existe que sous la forme de ce qu'on ne sait pas, sur le mode de ce qui est « différent » par rapport à la conscience. Le Même (l'homogénéité de l'ordre) a la figure de l'altérité (l'hétérogénéité de l'inconscient ou, plutôt, de l'implicite)[3].

Et plus loin :

1. Certeau était bien entendu philosophe autant qu'historien, et il ne s'agit pas de mettre ici en place des identifications réductrices ; mais il parlait de philosophie (ou à la philosophie) depuis l'histoire, là où Foucault semble avoir toujours fait l'inverse – parlant de l'histoire en philosophe, ou depuis la philosophie. Le type d'argumentation que déploie Certeau, dans les citations que nous donnons plus avant, en est, nous semble-t-il, une illustration assez claire.

2. M. de Certeau, « Les sciences humaines et la mort de l'homme », *Études*, n° 3, 1967, p. 344-360 ; republié sous le titre « Le noir soleil du langage : Michel Foucault », dans *Histoire et psychanalyse entre science et fiction*, Paris, Gallimard, 1987. Nous citons dans la pagination originale de l'article.

3. *Ibid.*, p. 345-346.

Il se donne comme l'omniprésent (puisque toutes les hétéronomies de l'histoire forment l'unique récit de sa pensée), mais il est aussi l'absent (puisqu'il n'est situé nulle part). Son œuvre veut dire la vérité des langages, mais c'est une vérité qui ne se pose par rapport à aucune limite et donc à aucun engagement de l'auteur, et des langages dont les ruptures sont finalement surmontées par la lucidité de son regard universel [1].

Le choix est donc clairement formulé : soit « il y a de l'ordre », et l'on retrouve l'objection derridienne, dans la mesure où cet « il y a » est le point aveugle de la pensée de Foucault (c'est à partir de cela que Foucault lui-même peut parler, et pourtant, il ne rend jamais compte de son propre langage); soit « la méthode reste le signifiant d'un signifié impossible à énoncer » [2]. Dès lors, conclut Certeau, « de quelle histoire Foucault rend-il compte ? ». Et l'*épistémè*, qui était le produit d'une périodisation, d'un découpage *dans l'histoire* (c'est-à-dire d'un geste de méthode) ne devient-elle pas la condition anhistorique de l'histoire ?

Presque dix ans plus tard, dans *L'écriture de l'histoire* [3], Certeau reprend le problème à l'envers. En 1967, le doute portait sur la possibilité de faire une histoire des discontinuités et des hétéronomies, c'est-à-dire encore une fois des *épistémai*, sans présupposer tout à la fois un *continuum* sur le fond duquel faire valoir les différences ainsi circonscrites à partir d'une périodisation préalable, et la neutralité d'un langage pouvant indifféremment s'adapter à telle ou telle économie des partages épistémiques, c'est-à-dire les englobant toutes. En 1975, c'est de la nécessité d'abandonner tout point de vue extra-historique, et de radicaliser l'historicisation de l'enquête y compris en philosophie, que Certeau s'attache à rappeler l'importance, citant comme exemples de ce « réveil épistémologique » les noms de Serge Moscovici, de Paul Veyne et de Michel Foucault. Et c'est en spatialisant le problème, c'est-à-dire en formulant l'exigence de toujours rattacher une opération historique, une procédure de périodisation,

---

1. *Ibid.*, p. 360.
2. *Ibid.*, p. 347.
3. M. de Certeau, *L'écriture de l'histoire*, Paris, Gallimard, 1975; rééd. « Folio Essais », 2002.

un découpage, une archéologie à un certain *lieu* (social, culturel, politique, économique), qu'il vient à bout du casse-tête auquel les premiers travaux de Foucault l'avaient confronté : faire une histoire des différents systèmes de pensée, n'est-ce pas toujours faire une histoire (continue) des discontinuités historiques ? Et Certeau de répondre : penser le travail de la recherche en histoire comme une production de *lieux*, c'est au contraire échapper au piège du « point aveugle » repéré chez Foucault dès les années 1960.

> Quand l'histoire devient, pour le praticien, l'objet même de sa réflexion, peut-il inverser le processus de compréhension qui rapporte un produit à un lieu ? Il serait donc un fugueur, il céderait à un alibi idéologique si, pour établir le statut de son travail, il recourait à un *ailleurs* philosophique, à une *vérité* formée et reçue en dehors des voies par lesquelles, en histoire, tout système de pensée est référé à des « lieux » sociaux, économiques, culturels, etc. […] Elle vouerait aussi les expériences théoriques de l'historien à un somnambulisme théorique. Bien plus, en histoire comme ailleurs, une pratique sans théorie verse nécessairement, un jour ou l'autre, dans le dogmatisme de « valeurs éternelles » ou dans l'apologie d'un « intemporel »[1].

Penser sa propre pensée (et sa propre pratique) de l'histoire comme un lieu complexe (combinaison d'un lieu social et culturel, de pratiques scientifiques et d'une écriture, ou, pour le dire à la manière de Foucault, d'une *épistémè*, de gestes de savoir et d'un ordre du discours), c'est en réalité se concevoir soi-même comme le produit d'une certaine configuration historique. C'est retourner le projet d'une archéologie en une généalogie qui interroge simultanément le passé dont on parle et sa propre position (et qui en dise soit l'homogénéité, soit la différence). C'est faire rebondir l'enquête historique, par ricochet, vers le présent de celui qui *écrit l'histoire* et en questionner l'assise, les manières de voir et de faire, les mots eux-mêmes. On le voit, la critique selon laquelle Foucault demeurait un philosophe et son histoire était construite sur un *a priori* anhistorique incompatible avec une approche historienne sérieuse cède la place à la prise de

---

1. M. de Certeau, *L'écriture de l'histoire, op. cit.*, p. 78. C'est Certeau qui souligne.

conscience que, contre la tradition philosophique de l'historicisme, il y a à effectuer un travail d'historicisation qui, de fait, est celui de l'historien[1].

Trois ans plus tard, c'est à Paul Veyne, dans un texte au titre éloquent – *Foucault révolutionne l'histoire*[2] – qu'il revient de formuler ce qui est à ses yeux le véritable enjeu des analyses foucaldiennes; et c'est alors à un postulat de méthode aux antipodes des reproches de Derrida et du Certeau lecteur des *Mots et les choses* qu'il arrive, dans la mesure où Foucault devient de fait la figure emblématique d'un refus de la présence d'invariants dans l'histoire. Mais à l'objection que l'on pourrait dès lors faire à Foucault, de manière symétriquement inverse à celle qui était formulée à l'égard de son travail dix ans plus tôt – historiciser sans reste, c'est vouer l'analyse historique au relativisme –, Veyne répond lui-même avec une grand acuité, sans doute parce qu'il a été lui-même objet de critiques de la même nature.

> Car un relativiste estime que les hommes, à travers les siècles, ont pensé des choses différentes *du même* objet : « Sur l'Homme, sur le Beau, les uns ont pensé ceci et, à une autre époque, les autres ont pensé cela sur le même point; allez donc savoir ce qui est vrai! » C'est là, pour notre auteur, se rendre malheureux pour rien, car précisément le point en question n'est pas le même d'une époque à l'autre[3].

Paradoxalement, c'est parce qu'il est précisément celui par qui l'historicisation est poussée à son terme extrême que Foucault est pour Paul Veyne le contraire d'un relativiste. Le but du travail de l'histoire, au cœur de la philosophie, n'est pas d'établir des variations

---

1. Sur la différence entre l'historicisme (dans son acception allemande d'*Historismus*), entendu au sens philosophique, et le travail méthodologique d'historicisation des objets et des procédures d'enquête, voir par exemple les analyses de R. Aron, « De l'historisme allemand à la philosophie analytique de l'histoire (cours de 1972-1973) », dans *Leçons sur l'histoire. Cours du Collège de France, 1972-1974*, Paris, Éditions de Fallois, 1989.

2. P. Veyne, « Foucault révolutionne l'histoire », dans *Comment on écrit l'histoire. Essai d'épistémologie*, Paris, Seuil, 1978; rééd. « Points Histoire », 1979.

3. *Ibid.*, p. 421.

à partir d'un mètre-étalon qui serait donné, ou de décrire dans le temps le devenir d'un objet dont les métamorphoses s'appliqueraient malgré tout à sa propre permanence. Ce que l'histoire fait à la philosophie, c'est précisément que « la vérité philosophique a été remplacée par l'histoire »[1], c'est-à-dire que l'historicisation est celle de la manière dont les objets de la pensée eux-mêmes sont *construits*, produits, et non pas seulement *appréhendés*. Et, de fait, c'est par un retour sur l'*Histoire de la folie* – texte magnifique, sans doute, mais encore pétri de réminiscences phénoménologiques[2] – que Veyne conclut son argument, comme s'il s'agissait rétrospectivement de dédouaner Foucault y compris dans les ambiguïtés évidentes de son premier grand *opus* : « Une phrase telle que "les attitudes envers les fous ont varié considérablement à travers l'histoire" est métaphysique ; il est verbal de se représenter une folie qui "existerait matériellement" en dehors d'une forme qui l'informe comme folie »[3]. En somme : de la même manière qu'il ne peut y avoir de grand *continuum* comme toile de fond des discontinuités historiques, il ne peut y avoir d'histoire des variations d'un objet, si celui-ci est précisément considéré comme cet invariant anhistorique à quoi s'applique, de manière seconde, l'histoire.

Si nous rappelons ces débats, c'est essentiellement pour deux raisons. La première tient au fait qu'à partir du début des années 1970, la manière dont Foucault semble vouloir répondre aux objections qui lui avaient été faites dans les années 1960 – nous citions Derrida et Certeau, mais il faudrait aussi mentionner à nouveau, la critique très dure de Sartre au moment de la publication des *Mots et les choses*[4] – est celle d'une exploration des conséquences philosophiques d'une réponse d'historicisation radicale non seulement des

---

1. P. Veyne, « Foucault révolutionne l'histoire », *op. cit.*, p. 421.
2. Voir à ce sujet P. Macherey, « Aux sources de l'*Histoire de la folie* », art. cit.
3. P. Veyne, « Foucault révolutionne l'histoire », art. cit., p. 412.
4. J.-P. Sartre, « Jean-Paul Sartre répond », art. cit., p. 76 : « Mais Foucault ne nous dit pas ce qui serait le plus intéressant : à savoir comment cette pensée est construite à partir de ces conditions, ni comment les hommes passent d'une pensée à une autre. [...] Certes, sa perspective reste historique. Il distingue les époques, un avant et un après. Mais il remplace le cinéma par la lanterne magique, le mouvement par une succession d'immobilités ».

représentations (d'objets), mais des objets eux-mêmes, c'est-à-dire de la manière dont notre pensée les *produit*. La différence entre *penser un objet* et assigner à la pensée la fonction d'une *construction d'objet* est importante. Dans le premier cas, faire l'histoire de la pensée d'un objet, c'est encore une fois s'enfermer dans la description historique des effets de variation qui ont affecté la manière dont tel ou tel objet a été représenté au cours des époques. Dans le second, c'est tenter de comprendre comment des objets ont été *produits* par l'émergence de partages, et sont devenus les points de cristallisation de toute une économie (un «système de pensée»). C'est ce constructivisme historique, que Veyne attribue à Foucault et que celui-ci a sans doute effectivement formulé et mis en œuvre dans les années 1970, qui a sauvé ce dernier de la tentation métaphysique d'un regard omniscient *sur l'histoire*, c'est-à-dire aussi *en dehors de l'histoire*.

La seconde raison tient en revanche à ce que, par deux fois, dans les cours du Collège de France, Foucault lui-même revient sur le problème. Dans le passage non lu de la leçon du 5 janvier 1983 que nous avons déjà mentionné, c'est-à-dire juste avant l'anachronisme que représente l'introduction de Kant au cœur de l'enquête sur la *parrêsia*, la question est bien celle que pose «l'historicisme: quels ont été les effets et ce que peuvent être les effets de l'*analyse historique* dans le champ de la *pensée historique*?»[1]. Et Foucault de formuler à partir de cela ce qui est pour lui la singularité de son travail:

> Substituer à l'histoire des connaissances l'analyse historique des formes de véridiction, substituer à l'histoire des dominations l'analyse historique des procédures de la gouvernementalité, substituer à la théorie du sujet ou à l'histoire de la subjectivité, l'analyse historique de la pragmatique de soi et des formes qu'elle a prises[2].

Ce triple déplacement ne consiste pas seulement à recentrer la recherche sur les pratiques et les expérimentations, c'est-à-dire à prendre la forme d'une pragmatique, comme pourrait le laisser entendre l'insistance sur les «procédures» et, précisément, la

---

1. M. Foucault, *Le gouvernement de soi et des autres*, *op. cit.*, p. 7, note (nous soulignons).
2. *Ibid.*, p. 7.

« pragmatique de soi ». Il est aussi la reprise d'un vieux thème foucaldien, sans doute hérité de Canguilhem[1], qui l'engage à se démarquer de toute conception supposant une « histoire idéale », continue et linéaire, sur la toile de fond de laquelle le disparate des périodisations différentes pourrait en réalité s'inscrire. Il n'y a pas d'histoire de la vérité, il n'y a que la lente sédimentation de différentes manières de construire le partage du vrai et du faux sur des objets, ou des régions de l'expérience, qui sont eux-mêmes construits dans l'histoire – c'est donc une histoire des jeux de vérité sur la base de formes de véridiction qui sont elles-mêmes changeantes. Dans le cours de 1970-1971 au Collège de France, par exemple, la forme de véridiction du rituel ordalique dans la Grèce archaïque n'est pas « l'accrochage » de la vérité à la connaissance qui va émerger avec la Grèce classique – « la connaissance a été inventée, et la vérité l'a été plus tard encore », commente alors Foucault[2]. Il ne s'agit donc pas de faire une histoire de la connaissance « de type comtien ou positiviste » (on ne discutera pas ici les qualificatifs que Foucault associe à cette histoire qu'il récuse, même s'ils ne vont bien entendu pas de soi : l'enjeu est simplement pour lui d'attaquer le présupposé continuiste et « objectiviste » de certaines histoires de la science), où la vérité serait donnée comme le produit d'une histoire mais où le rapport

---

1. Voir par exemple M. Foucault, « Préface », *in* G. Canguilhem, *On the Normal and the Pathological*, Boston, D. Reidel, 1978 ; repris dans M. Foucault, *Dits et écrits, op. cit.*, vol. 3, texte n° 219, p. 437 : « L'histoire des sciences, dit Canguilhem, citant Suzanne Bachelard, ne peut construire son objet que dans un "espace-temps" idéal. Et cet espace-temps, il ne lui est donné ni par le temps "réaliste" accumulé par l'érudition historienne ni par l'espace d'idéalité que découpe autoritairement la science d'aujourd'hui, mais par le point de vue de l'épistémologie. Celle-ci n'est pas la théorie générale de toute science ou de tout énoncé scientifique possible ; elle est la recherche de la normativité interne aux différentes activités scientifiques, telles qu'elles ont effectivement été mises en œuvre. Il s'agit donc d'une réflexion théorique indispensable qui permet à l'histoire des sciences de se constituer sur un autre mode que l'histoire en général ; et inversement, l'histoire des sciences ouvre le domaine d'analyse indispensable pour que l'épistémologie soit autre chose que la simple reproduction des schémas internes d'une science à un moment donné. Dans la méthode mise en œuvre par Georges Canguilhem, l'élaboration des analyses "discontinuistes" et l'élucidation du rapport histoire des sciences/épistémologie vont de pair ».

2. M. Foucault, *Leçons sur la volonté de savoir, op. cit.*, p. 199.

entre vérité et connaissance serait en revanche acquis, comme «un rapport de droit posé au départ. La connaissance est faite pour être connaissance de la vérité»[1]. Il s'agit bien plutôt de comprendre que le couplage de la vérité et de la connaissance est l'une – et non pas la seule – des formes possibles de la véridiction : une forme de véridiction entraînant la définition d'un *espace de jeu*[2] historiquement déterminé, ce que Foucault appellera bien plus tard un «jeu de vérité» spécifique. Et que, du même coup, il est possible de sortir de ce vouloir-connaître entièrement tendu vers une sorte de *connaissance-pour-la-vérité*, vers un désir de maîtrise des choses et des mots, vers un idéal de pureté et d'ascétisme, de simplicité et d'unité qui va effectivement caractériser la recherche de la vérité à partir de la Grèce classique. Dans la Grèce archaïque, l'attention pour la multiplicité et la complexité, pour le rapport aux corps, pour la magie, pour la ritualité des pratiques, dessine un tout autre *espace de jeu*, tout comme les cyniques offriront à Foucault, treize ans plus tard, l'exemple d'une manière d'esquisser un *espace de jeu* radicalement différent par rapport à celui que définissait la figure de Socrate – cette torsion que nous avions résumée par l'idée d'un passage du dire-vrai (la *parrêsia* comme figure du *logos*) au vivre-vrai (un *bios alêthês* ne présupposant plus le *logos*).

Mais il existe une autre occurrence où Foucault, interrompant le cours de ce qui devrait normalement être son analyse, revient vers la question de son rapport à l'histoire et insiste sur la démarche qu'il revendique. C'est, encore une fois, dans un cours au Collège de France, au tout début de l'année 1978-1979 – dans les leçons consacrées à la biopolitique. Ayant introduit, dans le droit fil des analyses faites l'année précédente, la notion d'art de gouverner[3], Foucault s'arrête et ouvre une sorte de parenthèse :

---

1. *Ibid.*, p. 200.
2. *Ibid.*, p. 196.
3. M. Foucault, *Naissance de la biopolitique, op. cit.*, p. 4 : « Je voudrais essayer de déterminer la manière dont on a établi le domaine de la pratique du gouvernement, ses différents objets, ses règles générales, ses objectifs d'ensemble afin de gouverner de la meilleure manière possible. En somme, c'est, si vous voulez, l'étude de la rationalisation de la pratique gouvernementale dans l'exercice de la souveraineté politique ».

Ceci implique immédiatement un certain choix de méthode sur lequel j'essaierai tout de même enfin de revenir un jour de façon plus longue, mais je voudrais tout de suite vous indiquer qu'en choisissant de parler ou de partir de la pratique gouvernementale, c'est, bien sûr, une manière tout à fait explicite de laisser de côté, comme objet premier, primitif, tout donné, un certain nombre de ces notions comme, par exemple, le souverain, la souveraineté, le peuple, les sujets, l'État, la société civile : tous ces universaux que l'analyse sociologique, aussi bien que l'analyse historique et l'analyse de la philosophie politique, utilise pour rendre compte effectivement de la pratique gouvernementale [1].

Le problème des effets d'annonce, c'est que, bien souvent, ils ne sont en réalité suivis de rien ; et Foucault ne déroge pas à la règle, puisqu'il ne reviendra jamais sur la question – ni dans le cours de 1978-1979, ni dans les suivants, hormis le passage du manuscrit de 1983 que nous avons déjà cité et qui, rappelons-le, fut écrit mais pas prononcé, faute de temps. Dans la première leçon de 1979, Foucault reprend en réalité terme à terme l'argumentation que Paul Veyne avait développée à son propos dans *Foucault révolutionne l'histoire*, quelques mois plus tôt. Tout tourne autour de la critique radicale de ce qu'il nomme les « universaux », mais que l'on pourrait tout autant appeler les invariants de l'histoire. L'idée est simple : faire une histoire, ce n'est pas faire l'histoire des variations d'un même objet selon les époques, même si cela implique en apparence des disconti-nuités fortes. Construire une histoire, c'est donner à voir les disconti-nuités dans la manière dont les objets de notre pensée sont *produits* historiquement. Toute la démarche foucaldienne témoigne de ce travail à mi-chemin entre une historicisation radicale des systèmes de pensée et une sorte de « constructivisme ». C'est bien entendu le cas quand Foucault projette de faire une histoire de la vérité (entendue comme une histoire des formes de véridiction) sans s'appuyer sur la vérité (entendue en revanche comme ce qui, dans un espace de jeu qui ne s'ouvre qu'avec la Grèce classique mais auquel nous appartenons encore, ne peut se concevoir sans son couplage avec la connaissance). Cela le serait, dans un tout autre ordre d'idées, quand Foucault, dans

1. M. Foucault, *Naissance de la biopolitique*, *op. cit.*, p. 4.

Surveiller et punir, fait pendant quelques pages l'histoire de la « fabrique » de la notion d'individu [1] ; ou à l'inverse, quand, dans l'un des textes sur Kant que nous avons longuement rappelé, il note que « ce ne sont pas les restes de l'*Aufklärung* qu'il s'agit de préserver ; c'est la question même de cet événement et de son sens (la question de l'historicisation de la pensée de l'universel) qu'il faut maintenir présente et garder à l'esprit comme ce qui doit être pensé » [2].

Dans cette page remarquable de 1979, Foucault procède en réalité de manière inattendue. L'historicisation – dont il se réclame pourtant souvent – se voit en effet rejetée du côté d'un mauvais usage de l'histoire, qui consisterait à ne faire que l'histoire des variations d'un donné non questionné (et paradoxalement anhistorique). Au lieu d'être le nom de ce travail de plongée radicale dans l'histoire, qui accouche dès lors du « constructivisme historique » que nous venons de souligner (faire l'histoire non seulement des manières de penser mais des objets et des structures de la pensée elle-même), l'historicisme devient simplement ici l'illusion d'un mouvement pourtant toujours prévisible, entièrement réabsorbé dans le jeu du même et de l'autre, dans la linéarité de variations mesurables un donné premier – en somme : cet historicisme philosophique dont la pensée philosophique, en particulier en Allemagne au XIXe siècle, avait déjà expérimenté les possibilités, et qui réussissait bien mal à s'affranchir d'une perspective tout à la fois linéaire et téléologique. Foucault revendique un autre rapport à l'histoire : un historicisme qui est, bien

---

1. M. Foucault, *Surveiller et punir*, *op. cit.*, en particulier p. 190-194. Tout un filon de travaux s'est ouvert à partir de cette idée foucaldienne de la « construction » historique, en particulier appliquée aux sujets. Cela a été, nous semble-t-il, l'un des grands ressorts des théorisations du genre puis de la pensée *queer* au début des années 1990 – de Judith Butler à Donna Haraway, de Teresa De Lauretis à David Halperin. Cela a également été le cas de toute une série de travaux sur la sexualité : voir par exemple Th. Laqueur, *Making Sex. Body and Gender From the Greeks to Freud*, Cambridge (Mass.), Harvard University Press, 1990, dont le titre de la traduction française est – une fois n'est pas coutume – particulièrement approprié : *La fabrique du sexe. Essai sur le corps et le genre en Occident*, trad. fr. M. Gautier, Paris, Gallimard, 1992. C'est bien d'une *fabrication*, d'une construction, qu'il s'agit en effet de faire l'histoire.

2. M. Foucault, « Qu'est-ce que les Lumières ? », art. cit., p. 687.

au contraire de ce qu'entendent en général les philosophes, le travail historien de l'historicisation.

Autrement dit, au lieu de partir des universaux pour en déduire des phénomènes concrets, ou plutôt que de partir des universaux comme grille d'intelligibilité obligatoire pour un certain nombre de pratiques concrètes, je voudrais partir de ces pratiques concrètes et passer en quelque sorte les universaux à la grille de ces pratiques. *Non pas qu'il s'agisse là de ce qu'on pourrait appeler une réduction historiciste, laquelle réduction historiciste consisterait en quoi ?* Eh bien, précisément, à partir de ces universaux tels qu'ils sont donnés *et à voir comment l'histoire ou les module, ou les modifie, ou établit finalement leur non-validité. L'historicisme part de l'universel et le passe en quelque sorte à la râpe de l'histoire. Mon problème est tout inverse.* Je pars de la décision, à la fois théorique et méthodologique, qui consiste à dire : supposons que les universaux n'existent pas, et *je pose à ce moment-là la question à l'histoire et aux historiens* : comment pouvez-vous écrire l'histoire si vous n'admettez pas *a priori* que quelque chose comme l'État, la société, le souverain, les sujets existe ? [...] *C'est donc exactement l'inverse de l'historicisme que je voudrais ici mettre en place. Non pas donc interroger les universaux en utilisant comme méthode critique l'histoire, mais partir de la décision de l'inexistence des universaux pour demander quelle histoire on peut faire*[1].

---

1. M. Foucault, *Naissance de la biopolitique, op. cit.*, p. 4-5 (nous soulignons). Dans ce même passage, Foucault prend pour exemple son travail sur la folie : « C'était la même question que je posais, lorsque je disais, non pas : la folie existe-t-elle ? Je vais examiner si l'histoire me donne, me renvoie quelque chose comme la folie. Non, elle ne me renvoie pas quelque chose comme la folie, donc la folie n'existe pas. Ce n'était pas ça, le raisonnement, ce n'était pas ça, la méthode de fait. La méthode consistait à dire : supposons que la folie n'existe pas. Dès lors, quelle est donc l'histoire que l'on peut faire de ces différents événements, de ces différentes pratiques qui, apparemment, s'ordonnent à ce quelque chose supposé qui est la folie ? » (*ibid.*, p. 5). Le texte est construit sur la même structure argumentative que celle mise en œuvre par Paul Veyne dans « Foucault révolutionne l'histoire », art. cit., p. 412-413 : « Dire que la folie n'existe pas, ce n'est pas affirmer que les fous sont victimes d'un préjugé ni d'ailleurs le nier : le sens de la proposition est différent ; elle n'affirme et ne nie pas davantage qu'il

On a donc un historicisme philosophique d'une part, et une pratique historienne de l'historicisation, c'est-à-dire de la construction des objets dans l'histoire, de l'autre. Pour l'historicisme, rien n'échappe certes à l'histoire, mais les objets y sont pour ainsi dire « plongés » – ce qui suppose qu'il existent indépendamment d'elle, et qu'il s'agit donc de lire les effets de variation de l'histoire sur un noyau paradoxal d'invariabilité. Pour l'historicisation « historienne » telle que la conçoivent Foucault et Veyne, non seulement tout est plongé dans l'histoire, mais tout est *construit par l'histoire* ; et si les effets de cette détermination historique doivent être lus sans aucune référence à une perspective téléologique, il n'en reste pas moins qu'un objet de pensée n'est rien d'autre que la manière dont il a été, à un moment donné, *produit* : rien en lui ne préexiste à cette production, ou aux métamorphoses éventuelles qu'il enregistre d'un système de pensée à un autre ; rien ne nous dit non plus qu'il perdurera comme objet – de pensée, de savoirs, de pratiques – parce que, s'il a émergé, il peut bien aussi disparaître, c'est-à-dire quitter ce statut d'objet qu'il avait acquis dans une configuration spécifique de notre pensée. Et c'est là, on l'aura reconnu, l'hypothèse que, dès 1966, Foucault formulait en manière de clôture dans la dernière page des *Mots et les choses* : nous ne traversons pas l'histoire, c'est elle qui nous construit et nous déconstruit au gré de ses vagues et de ses ressacs.

---

faudrait ne pas exclure les fous, ou que la folie existe parce qu'elle est fabriquée par la société, ou qu'elle est modifiée en sa positivité par l'attitude des différentes sociétés envers elle, ou que les différentes sociétés ont conceptualisé très diversement la folie ; la proposition ne nie pas non plus que la folie ait une matière behaviouriste et peut-être corporelle. Mais, quand la folie aurait cette matière, elle ne serait pas encore folie. *La négation de la folie ne se situe pas au niveau des attitudes devant l'objet, mais à celui de son objectivation* : elle ne veut pas dire qu'il n'est de fou que celui que l'on juge tel, mais qu'à un niveau qui n'est pas celui de la conscience, une certaine pratique est nécessaire pour qu'il y ait seulement un objet, "le fou", à juger en âme et conscience, ou pour que la société puisse "rendre fou". *Nier l'objectivité de la folie est une question de recul historique et non d'"ouverture à autrui" ; modifier la façon de traiter et de penser les fous est une chose ; la disparition de l'objectivation "le fou" est une autre affaire* […] » (nous soulignons).

LA CRITIQUE DES UNIVERSAUX

Trois dernières notations, pour conclure.

La première concerne les critiques qu'une telle *décision* (puisque tel est le mot employé par Foucault : « la décision de l'inexistence des universaux ») a suscitées, à la fois chez les historiens et chez les philosophes, et qui ont été – on nous passera l'euphémisme – vives. Il ne s'agit bien entendu pas de restituer ici toute la richesse d'un débat qui fut complexe et étendu dans le temps, mais de pointer le fait que les argumentations ne sont pas exactement de même nature. Du côté des historiens, et singulièrement de ceux qui sont, par leurs travaux et leur pratique de l'enquête, assez proches de ce que fait Foucault, il demeure le doute que Foucault ait maintenu le point aveugle de sa propre position ; et qu'en cela – ne se pensant pas lui-même à l'intérieur de son propre cadre de recherche – il soit demeuré malgré tout, irréductiblement, philosophe. En somme : le reproche ne porte pas tant sur le danger du « relativisme » qu'une telle volonté de dissolution des universaux semble impliquer, que sur l'absence de problématisation de son propre statut d'observateur, à son tour construit par cette même histoire dont il s'agit précisément de dire la valeur de matrice des systèmes de pensée et des objets qui y émergent. Un défaut de problématisation que Certeau, dès le début des années 1970, adresse par exemple à Paul Veyne, mais qu'on pourrait absolument adresser aussi à Foucault :

> Mais lui-même, où est-il ? Il semble n'être jamais là. Sa mobilité a la figure d'un non-lieu. Elle cache le lieu d'où l'auteur parle et dont s'autorise son discours. Elle n'avoue pas la pratique sur laquelle ce discours s'articule, qui est au fond une pratique littéraire. [...] Elle appartient à une rhétorique de l'érudition[1].

Chez Certeau, la critique porte très évidemment sur la présence d'un ordre du discours sous-tendant une certaine pratique de production des textes (ce qu'il appelle une « écriture »). Le type de renvoi ici établi entre pratique de l'écriture et ordre du discours ; et la

---

1. M. de Certeau, « Une épistémologie de transition : Paul Veyne », *Annales E.S.C.*, Paris, Armand Colin, 1972, n° 6, p. 1318.

manière dont toute écriture est en réalité décrite comme une pratique littéraire régie par des conventions, des critères de recevabilité et des codifications – quel que soit son statut : scientifique, administratif, philosophique, narratif, etc. –, nous apparaît très proche des thématiques foucaldiennes. Et pourtant, ce que Foucault décrit des discours ne comprend pas le sien, ne serait-ce que parce qu'ayant très tôt déconstruit radicalement la double figure de l'auteur et de l'œuvre[1], la remontée vers son propre régime de discursivité devient difficile. Dès lors, toute demande prenant la forme d'un « qui parle ? », ou d'un « d'où parlez-vous ? » sonne comme l'exigence d'une personnalisation, ou d'une psychologisation du discours. Or quand Certeau pose, à propos de Veyne, la question : « Mais lui-même, où est-il ? », il ne prend bien entendu pas appui sur ce que Foucault, de manière polémique, appelait lui-même une « morale d'état-civil »[2]. Il s'agit simplement de faire de l'écriture de l'histoire elle-même un objet historique, c'est-à-dire considéré à son tour comme construit par l'histoire. En somme : les conditions d'énonciation ne sont jamais neutres, elles sont, dans un jeu de miroir à l'infini, ce qui fait rebondir la recherche archéologique vers une généalogie du présent d'où l'on parle et dans lequel on s'inscrit. Étrangement, dans ce contexte-là, l'insistance de Foucault sur la nécessité de problématiser son propre présent – cette « attitude critique » au cœur des commentaires qu'il livre du texte de Kant sur les Lumières – résonne, quelques années plus tard, comme une sorte de réponse tardive : il n'y a pas d'attitude critique (et d'expérimentation d'une « différence possible ») sans diagnostic préalable de son propre présent.

Du côté des philosophes, le problème est posé de manière différente. La « décision » foucaldienne, c'est-à-dire l'historicisation radicale des universaux, est comprise par certains comme une double

---

1. Voir à cet égard M. Foucault, « Qu'est-ce qu'un auteur ? », *Bulletin de la Société française de Philosophie*, 63ᵉ année, n° 3, juillet-septembre 1969 ; repris dans M. Foucault, *Dits et écrits, op. cit.*, vol. 1, texte n° 69, p. 789-820. Voir également les très célèbres premières pages de *L'ordre du discours*, Paris, Gallimard, 1971, scandées par la répétition de l'affirmation « Qu'importe qui parle ».

2. M. Foucault, *L'archéologie du savoir*, Paris, Gallimard, 1969, p. 28 : « Ne me demandez pas qui je suis et ne me dites pas de rester le même : c'est une morale d'état civil ; elle régit nos papiers. Qu'elle nous laisse libres quand il s'agit d'écrire ».

trahison. Une trahison, d'une part, de l'héritage des Lumières – si tant est que le rapport de Foucault aux Lumières en général, et à Kant en particulier, puisse être précisément qualifié d'héritage, ce qui n'est évidemment pas le cas. Une trahison, d'autre part, de la responsabilité éthique de la philosophie – parce qu'enfin, à vouloir tout historiciser, ne risque-t-on pas de relativiser les valeurs fondamentales dont nous nous réclamons, nous, enfants des révolutions démocratiques du XVIIIe siècle ? Ce n'est pas ici le lieu de rendre compte d'un débat qui s'est étendu dans le temps et qui s'est déroulé sur plusieurs fronts – depuis les polémiques sur les « correspondances » journalistiques de Foucault lors de la révolution iranienne, en 1978, dont certains ont considéré qu'elles étaient le fruit d'une perte de « repères » moraux et politiques à laquelle menait inévitablement l'inconséquence méthodologique du projet foucaldien[1], jusqu'aux attaques contre une conception du pouvoir s'attachant à cartographier une « microphysique » et faisant dès lors se dissoudre les sujets politiques tels que la pensée politique moderne s'était attachée à les penser.

Dans ce vaste éventail de critiques, le débat qui oppose Foucault à Habermas et aux habermassiens au début des années 1980 est particulièrement intéressant. Tout d'abord parce qu'il est, paradoxalement, nul et non avenu : à la différence de ce qui se passe à la même époque avec Derrida[2], la polémique entre les deux philosophes ne prend pas la forme d'une dispute philosophique explicite. Mais la divergence radicale des lectures à laquelle Foucault et Habermas se livrent au même moment est flagrante. D'un côté, la réaffirmation du legs des Lumières, de l'universalisme des valeurs, de la centralité de la raison, et sa conséquence politique : toute communauté politique n'est fondée que sur l'invisible trame d'une communauté langagière,

---

1. C'est par exemple le cas d'un certain nombre d'attaques violentes formulées contre Foucault en Italie, notamment de la part du philosophe Massimo Cacciari et de l'historien de la littérature Alberto Asor Rosa (les « correspondances journalistiques » iraniennes de Foucault avaient été en particulier publiées dans le grand quotidien milanais *Il Corriere della sera*).

2. Voir à nouveau le beau livre de P. Bouretz, *D'un ton guerrier en philosophie*, *op. cit.*

elle-même enracinée dans cette communauté de raison qui caractérise les hommes (Habermas). De l'autre, le choix de recentrer le kantisme des dernières années autour d'une pensée de l'histoire faisant la part belle à la virtualité toujours présente de la révolution, c'est-à-dire incluant en elle-même sa propre discontinuité, et assignant à l'éthique la responsabilité d'expérimenter cette «différence possible», ce franchissement des limites pourtant assignées à notre action par notre propre présent. Le dialogue n'en est donc pas un, et le malentendu est total. Les deux lectures sont absolument divergentes[1].

Les conséquences politiques de cette friction philosophique sont immédiates. Comme le note assez clairement Rainer Rochlitz, le danger de l'historicisation à outrance, c'est que la position de l'enquêteur lui-même s'en trouve relativisée, c'est-à-dire aussi la possibilité d'un discours *sur l'histoire* qui semble pourtant devoir être le lieu de l'éthique :

> [D]ans quelle mesure l'histoire, même philosophiquement articulée, permet-elle de prendre du recul? En se faisant historien du temps présent, Foucault jette un regard d'ethnologue sur notre vie actuelle; il détruit nos évidences, nous amène à nous interroger sur nos certitudes. Il remplit ainsi un authentique rôle d'intellectuel et le revendique. En même temps, cependant, il semble que la vigilance de Foucault s'arrête devant les conditions de possibilité de ses propres questions. [...] L'historien raconte, à partir d'un point d'arrivée qu'il ne choisit pas, le début et la fin d'une histoire qui présente à ses yeux une certaine unité significative; mais l'histoire ne lui livre pas, à elle seule, les instruments conceptuels lui permettant de la déchiffrer[2].

Or sans ce déchiffrement, point de compréhension possible; et sans compréhension, point d'action qui soit éthiquement fondée et politiquement juste. Certes, il est reconnu à Foucault la noblesse de ses sources d'inspiration («un schème global de l'histoire emprunté à Nietzsche, articulation de la volonté de puissance originelle et de la

---

1. Sur ce point, voir H. Dreyfus et P. Rabinow, «Habermas et Foucault : qu'est-ce que l'âge d'homme ?», art. cit.

2. R. Rochlitz, «Esthétique de l'existence», art. cit., p. 288-289.

raison », d'une part, et, de l'autre, « une rigueur scientifique héritée de ses maîtres, Dumézil et Canguilhem »[1]); mais cela n'enlève rien au vice de forme fondamental que Rochlitz identifie au cœur de l'entreprise foucaldienne :

> Selon l'une des définitions qu'il donne de l'ensemble de son travail, Foucault s'interroge sur l'« histoire de la vérité » – sur les « jeux de vérité » descriptibles par l'historien ; mais il ne s'interroge guère sur la vérité de l'histoire qu'il écrit ; tout au plus concède-t-il que la tâche de « dire-vrai » est infinie. [...] Étroitement dépendante de l'actualité, sa théorie critique ne veut ni ne peut expliciter les critères au nom desquels elle s'en prend à certaines formes historiques du pouvoir, du savoir ou de la subjectivité. Il ne le veut pas, craignant d'édifier un nouveau système de légitimation ; et il ne le peut pas, dans la mesure où il n'a pas de distance vis-à-vis de l'acte subversif de son questionnement[2].

On le voit, la critique est en réalité double : Foucault transforme l'histoire de la vérité en une histoire des différents jeux de vérité, ce qui l'amène à perdre tout repère ; et il n'explicite jamais la vérité qui pourrait permettre à son travail d'être réellement une théorie critique, ce qui prive son analyse de toute puissance réellement politique, puisqu'elle en devient incapable de juger et qu'elle se réduit simplement à être un travail de délégitimation de l'existant sans aucune force de proposition ni d'action. Elle est une simple « réactivité » irraisonnée et affective[3].

---

1. R. Rochlitz, « Esthétique de l'existence », art. cit., p. 289.

2. *Ibid.*, p. 289-290.

3. Dans le texte de Rochlitz, cette perte de repères aboutit du même coup à une sorte de « suivisme » des modes philosophiques et politiques du moment : « Foucault s'appuie sur un consensus latent des intellectuels engagés ; il s'adresse à un sentiment général » ; et les conséquences évoquées sont à la fois philosophiques et politiques : « D'où le risque de participer à des "sensibilités" intellectuelles momentanées ou à des réactions instinctives (la nouvelle philosophie, les événements d'Iran) » (*ibid.*, p. 290). Ce qui est flagrant, c'est l'attribution à Foucault d'un espace de pensée fondamentalement caractérisé par son étrangeté par rapport à l'analyse rationnelle : « consensus », « sentiment », « sensibilités », « réactions instinctives ». Plus loin, Rochlitz nie à Foucault tout contexte de discussion réelle (c'est-à-dire pour lui : rationnelle, étayée philosophiquement et politiquement par un *socle* partagé) : celui-ci se réduit à « quelques noms d'amis, presque des conjurés », qui viennent très partiellement

En somme : pas d'histoire de la vérité possible sans reconnaissance de ce que c'est que la vérité, ou sans fixation de la norme de vérité à partir de laquelle on s'autorise à parler. Rochlitz répond donc ici à la question que Foucault, dès le premier cours au Collège de France, se posait à lui-même, et que nous avons maintes fois évoquée comme une sorte de « monogramme » interrogatif de la pensée foucaldienne : comment faire une histoire de la vérité sans s'appuyer sur la vérité ? Mais la réponse est précisément ce contre quoi Foucault inscrit son propre travail, parce que tout est produit par l'histoire, et que nulle « distance » (le terme est celui de Rochlitz), nulle analytique de la vérité ne sauraient fonder en amont – ou pour ainsi dire à l'aplomb – de l'histoire elle-même une posture critique.

Deuxième remarque. La seule possibilité pour Foucault d'échapper au paradoxe d'une histoire des discontinuités qui serait en réalité le récit linéaire et paradoxalement continu de soubresauts de l'histoire *sur le fond d'une toile unitaire*, c'est-à-dire d'éviter de transformer une histoire des différences en une *histoire du même* saisi dans ses variations historiques, c'est d'introduire un élément dynamique au cœur de l'histoire elle-même. Cet élément dynamique, c'est celui de la *production* – terme que Foucault utilise de manière indifférenciée pour *création*, ou pour *invention*.

On se souvient de la manière dont Foucault distinguait son approche tout à la fois de l'histoire des représentations et de celle des sciences, parce que la première supposait malgré tout quelque chose comme un fond historique qu'elle n'interrogeait pas, et que la seconde se limitait à enregistrer et à accumuler la disparité des événements comme autant de perles sur un fil. C'est à partir de cette critique – transformer la première en une « histoire des systèmes de pensée », et la seconde en une épistémologie historique : Foucault citait alors le nom de Canguilhem – qu'il paraissait possible de sortir de ces impasses. Que le reproche foucaldien soit totalement justifié (en particulier à l'égard de l'histoire des représentations) est bien entendu discutable, mais ce n'est pas un problème que nous

interrompre cette « solitude questionnante » (*ibid.*, p. 291). En somme : point de communauté possible à partir de la pensée foucaldienne – question qui est bien entendu au cœur du débat Habermas/Foucault.

aborderons ici. Ce qui est en revanche à retenir, c'est que Foucault n'a eu de cesse de réaffirmer que pour que l'histoire n'ait réellement plus de « dehors », pour que tout y soit plongé, il fallait que les objets ne lui préexistent pas, ou qu'ils ne s'y trouvent pas simplement comme dans une sorte de milieu dans lequel ils flotteraient; ou alors que l'histoire devait être caractérisée comme un *milieu* au sens spécifique où Canguilhem utilisait le terme, c'est-à-dire comme une matrice, comme ce dans quoi et ce à partir de quoi les objets (de nos représentations) étaient produits. L'histoire comme une *fabrique* – de mots et de choses, d'images et de partages, de gestes et de pratiques, de découpages, de savoirs, de stratégies, de rapports à soi et de rapports aux autres, de figures de ce « soi » et de ces « autres », etc. Cette fabrique, c'est exactement ce que Foucault a nommé *production* : une invention, depuis le dedans sans dehors de l'histoire.

Bien sûr, le terme est resté attaché chez Foucault à l'expression « production de subjectivité », mais ce n'est en réalité qu'un cas de figure spécifique – le plus riche sans doute, le plus complexe aussi – parmi bien d'autres. Car, plus généralement, chaque fois qu'il y a production, il y a irruption de la nouveauté ou de la création dans ce qui est traditionnellement considéré comme le lieu de la détermination (l'histoire entendue comme accumulation de choses ayant déjà eu lieu, comme sédimentation d'un déjà-là, et non comme expérimentation de l'inédit). Dans le cas de la production de subjectivité, dans ces « processus de subjectivation », de constitution de soi qui ont tant retenu Foucault et qui pourtant ne se comprenaient que sur fond d'une périodisation historique précise, il s'agissait penser à la fois le moment précis dans lequel ceux-ci s'inscrivaient (les formes du rapport à soi ne sont pas les mêmes dans la pensée tardo-hellénistique et dans la pastorale chrétienne) et leur valeur d'inauguration. Et parallèlement, il fallait arracher le mot même de production à la seule sphère de l'économie (c'est-à-dire à la désignation d'une activité de reproduction sérielle de biens matériels, et à la valeur économique que cette activité permet) pour le requalifier non pas comme *re*-production, mais comme invention : il fallait lui assigner la valeur d'une *constitution*. « Nous tournons là autour d'une phrase de Marx : l'homme produit l'homme. Comment l'entendre ? Pour moi, ce qui doit être produit, ce n'est pas l'homme tel que l'aurait dessiné la nature, ou tel que son essence le prescrit; *nous avons à produire quelque chose qui n'existe pas et dont nous ne pouvons savoir ce qu'il sera*. Quant au mot "produire", je ne suis pas d'accord avec ceux qui entendraient que cette production de l'homme par l'homme se fait comme la production de la valeur, la production de la richesse ou d'un objet d'usage économique; *c'est tout aussi bien la destruction de ce que nous sommes et la création d'une chose totalement autre, d'une totale innovation*»[1], écrit alors Foucault. Produire, c'est créer – et pourtant, l'histoire n'est susceptible d'aucun dehors.

Si nous insistons sur ce point, c'est qu'il représente sans doute l'élément à partir duquel la trajectoire de Foucault a divergé par rapport à d'autres, dont il était pourtant très proche : que l'on pense par exemple à la manière dont, chez Deleuze, la production de subjectivité ne peut recevoir aucune place. Il y a des agencements, des dispositifs, les lignes de fuites du devenir; mais singulièrement, pas de subjectivités – et encore moins cette histoire dans laquelle, chez Foucault, tout émerge, prend place et se modifie. Le devenir est, chez Deleuze, une figure de la différence *donnée dans le temps* – une sorte de persévérance de la différence, qui croiserait le conatus spinozien avec l'éternel retour nietzschéen. Chez Foucault, le devenir est un *chiasme dans l'histoire* : une manière de dire que l'histoire est à la fois déterminante (c'est-à-dire qu'elle informe ce qui émerge dans – et en vertu de – son propre maillage) et ouverte (c'est-à-dire qu'elle permet la constitution de quelque chose qu'elle a déterminé et qui est pourtant capable d'inauguration). Deleuze penseur du temps et du devenir machinique; Foucault penseur de l'histoire et de l'invention de soi : la bifurcation (et l'éloignement relatif des deux philosophes) a précisément lieu quand Foucault place au centre de son enquête le thème de la subjectivité, au moment de la publication de *La volonté de savoir*, et plus encore quand, dans les années successives, il remanie largement le plan de travail annoncé avec le livre pour affronter directement une histoire des modes de subjectivation.

---

1. M. Foucault, «Entretien avec Michel Foucault», art. cit., p. 74 (nous soulignons).

Par ailleurs, sans cette synonymie des mots *production*, *création*, *invention*, ou encore *inauguration*, il serait impossible de rendre compte de l'introduction, à la toute fin des travaux de Foucault, de la référence à l'*ontologie*. Bien entendu, le terme est terriblement ambigu; et de manière tout aussi évidente, il ne témoigne pas ici d'une sorte de « retour à la métaphysique ». Le mot « ontologie » – on se souviendra sans doute de ses reprises multiples: « ontologie critique de nous-mêmes », « ontologie du présent » – ne dit au sens littéral que ce que le mot « production » contenait déjà en soi: la production de nouvelles formes de vie, entendues comme absolument immanentes – modes d'existence, rapports à soi et aux autres, comportements, manières d'organiser la vie ensemble, représentations du monde et de soi dans ce monde, etc.–, à l'intérieur de l'histoire. L'ontologie historique de nous-mêmes en tant qu'êtres libres, c'est donc à la fois le diagnostic de notre propre situation historique et la cartographie des déterminations dont nous sommes les produits, *et* la puissance que nous nous reconnaissons comme virtuellement producteurs (c'est-à-dire inventeurs) d'autres formes de vie. Là encore, la dimension de l'ontologie est un point fondamental qui distingue la pensée de Foucault d'autres argumentations qui lui sont contemporaines[1]; et c'est paradoxalement l'un des éléments qui a été le plus repris dans les usages postérieurs qui en ont été faits – précisément parce que cette « créativité » ancrée dans l'histoire permet à la fois de construire une critique politique de l'état présent des choses et d'ouvrir à l'expérimentation (là aussi politique) d'une nouveauté radicale; de tenir ensemble la destitution et la constitution; ou, pour reprendre les termes mêmes de Foucault, « la destruction de ce que nous sommes et la création d'une chose totalement autre, d'une totale innovation ».

Dernière remarque, pour finir. Foucault a longtemps tourné autour de la notion de « jeux de vérité », en un écho aux « jeux de langage » wittgensteiniens jamais réellement déclaré mais malgré tout assez troublant, pour finir par construire celle de « régimes de

---

1. Sur le mot « ontologie », je me permets de renvoyer à mon « Construire le commun: une ontologie », *Rue Descartes*, n° 67, P.U.F.–Collège International de Philosophie, 2009, p. 68-75.

véridiction». Dans un cas comme dans l'autre, il s'agit de décrire une configuration mobile, dont les termes mêmes ne préexistent pas à l'agencement historiquement déterminé qu'elle reçoit à un moment donné. Mais on pourrait tout aussi bien se demander si, parallèlement à ce projet d'une «histoire de la vérité qui ne prendrait appui sur aucune vérité», Foucault n'a pas tourné autour de l'idée de «jeux d'histoire», ou de «régimes d'historicité». Une manière de dire que l'histoire ne préexiste jamais à ce que nous en saisissons dynamique-ment (par différenciation) à un moment donné; mais aussi que les représentations de l'histoire que nous construisons pour notre propre travail sont en partie conditionnées par la stratégie que nous déployons: elles font émerger des partages et elles en font disparaître d'autres, elles relancent l'interrogation philosophique en la dépla-çant, elles questionnent notre propre lieu de pensée; et, surtout, elles nous enjoignent de prendre au sérieux notre propre situation dans l'histoire, c'est-à-dire aussi ce que Foucault appelle «le franchissement possible», ou «la différence possible».

Dans l'expérimentation de ces différents «jeux d'histoire», il y a aussi de la place pour les anachronismes, les digressions, les excursus, les promenades. S'y joue en effet quelque chose comme un pliage de l'histoire sur elle-même: rien ne lui est étranger, tout y est plongé et produit, et pourtant, sa propre fécondité engendre ce qui, ne venant que d'elle, ne peut dès lors s'y réduire.

C'est en ce sens que l'*attitude*, ou l'expérimentation d'un *êthos* qui serait – sur le bord extrême de l'histoire, c'est-à-dire au présent – la recherche de son ouverture toujours virtuelle, est simplement chez Foucault l'un des noms de l'histoire elle-même.

MERLEAU-PONTY POLITIQUE

CHAPITRE IV

UNE BROUILLE

Alors que nous avons choisi d'aborder la pensée de Foucault par la fin – à travers ces étranges « anachronismes » qui émaillent les derniers cours donnés au Collège de France –, dans le cas de Merleau-Ponty, nous aimerions prendre les choses par le milieu. Par le milieu : au moment où se met en place dans le travail du philosophe une césure d'importance qui redéfinira en grande partie le sens de sa recherche. Cette césure, c'est l'étrange brouille qui éloigne Merleau-Ponty de Sartre, à l'été 1953, dont nous aimerions montrer qu'elle n'est pas seulement déterminante pour la pensée philosophique et politique de Merleau-Ponty dans les dernières années, mais qu'elle représente une anticipation étonnante de certains thèmes que développera Foucault vingt ans plus tard.

Si l'on connaît désormais les lettres que s'échangèrent en juillet 1953 les deux hommes au moment où Merleau-Ponty choisissait de quitter la rédaction des *Temps Modernes*, et s'il est dès lors impossible d'ignorer le caractère politique d'une rupture philosophique dont tout dit qu'elle fut *aussi* un arrachement personnel, il n'en demeure pas moins qu'à de très rares exceptions, la pensée politique de Merleau-Ponty n'a jamais reçu l'attention qu'elle méritait. Des *Aventures de la dialectique* à certains des textes qui composent les recueils *Signes* et *La prose du monde*, ou aux notes parfois très étonnantes qui accompagnent le manuscrit inachevé du *Visible et l'invisible*[1], c'est tout un continent de pensée complexe, mêlant à la fois le projet d'une ontologie nouvelle et celui d'une autre grammaire du politique, qui s'esquisse pourtant dans les méandres d'une philosophie de l'expression qui semble par ailleurs bien souvent emprunter des voies tout autres.

Or, nous aimerions montrer que, de manière contemporaine (et souvent croisée) avec d'autres tentatives – par exemple ce que les membres de *Socialisme ou barbarie*, réunis autour d'un très jeune Claude Lefort, cherchaient, eux aussi, à penser dans les mêmes années –, et presque vingt ans avant certaines formulations foucaldiennes qui en représenteront l'approfondissement inattendu, la pensée de Merleau-Ponty implique un travail au plus près sur ce que pourrait être une pensée non-téléologique de l'histoire; qu'elle a la remarquable intuition de ce que l'action politique ne peut se définir que comme différence productive, c'est-à-dire comme matrice créative; et qu'enfin elle rend possible l'ouverture à une autre lecture de Marx – en rupture avec le marxisme orthodoxe de l'époque, et sous la forme de ce que nous aimerions qualifier comme une *hérésie* marxienne. C'est sans doute à cette pensée-là qu'il s'agit aujourd'hui de prêter l'oreille, parce qu'elle dessine dans l'histoire de la pensée contemporaine un espace de liberté et de problématisation injustement oublié, mais aussi parce qu'elle permet de relire autrement l'histoire récente de la pensée française, et qu'elle propose enfin pour notre propre présent des thèmes qui méritent d'être repris.

La rupture entre Sartre et Merleau-Ponty est connue, même s'il a fallu attendre plus de quarante ans pour pouvoir accéder à l'intégralité du dossier. En effet, c'est en avril 1994, à la suite de circonstances un peu rocambolesques, que *Le Magazine Littéraire* publie les trois lettres de juillet 1953 (deux de Sartre, une de Merleau-Ponty) qui documentent l'épisode et permettent sans doute de le considérer à sa juste valeur[2]. Jusqu'alors, on tenait essentiellement la rupture pour

---

1. M. Merleau-Ponty, *Les aventures de la dialectique*, Paris, Gallimard, 1955; rééd. «Folio Essais», 2000; *Signes, op. cit.*; *Le visible et l'invisible, op. cit.*; *La prose du monde*, éd. Cl. Lefort, Paris, Gallimard, 1969.

2. Voir à cet effet « Sartre, Merleau-Ponty : les lettres d'une rupture », *Le Magazine Littéraire*, n° 320, avril 1994.

une brouille entre amis – d'autant plus violente, certes, qu'elle brisait un rapport à la fois personnel, philosophique et militant, et qu'elle intervenait au sein d'une revue, *Les Temps Modernes*, que l'un et l'autre, avec Simone de Beauvoir, avaient fondée ensemble dans l'immédiat après-guerre ; mais on considérait que l'épisode ne revêtait au fond aucune importance décisive. Quand elle était produite, l'explication était d'ailleurs plus souvent référée aux positions politiques de Sartre – qui se serait dans ces mêmes années « durci », et aurait radicalisé son « compagnonnage » avec le Parti communiste – qu'à celles de Merleau-Ponty ; à moins qu'on n'analyse la rupture en se limitant strictement au champ philosophique, et à une sorte de « différend de pensée » qui aurait représenté le véritable enjeu de la polémique.

Ainsi, dans un entretien, Françoise Dastur voit-elle les choses de la manière suivante :

> C'est Sartre qui, de son propre aveu, reconnaît qu'il y a, entre Merleau-Ponty et lui, une « incompatibilité fondamentale de pensée ». Comme j'ai tenté de le montrer, c'est sur la question du statut de la négativité que les deux penseurs se séparent. Pour Sartre, qui voit dans la « réalité humaine », dans le « pour-soi » une négativité extérieure à l'être lui-même assimilé à l'« en-soi », ce qui demeure inexplicable, c'est le surgissement du « pour-soi », et donc de l'histoire, à partir de l'« en-soi » ou de la « nature ». Merleau-Ponty, lui, veut au contraire montrer que c'est l'être lui-même compris comme « chair » qui contient en soi sa négation et qui s'ouvre ainsi « de l'intérieur » à l'expression de soi [1].

Sans refuser à cette explication sa pertinence (on verra bientôt que Françoise Dastur touche au contraire ici un point essentiel, qui engage la différence entre la dialectique sartrienne et l'*hyper-dialectique* merleau-pontienne, et, plus généralement, la manière dont l'un et l'autre pensent effectivement le statut du négatif à partir de modèles incompatibles), sa formulation laisse malgré tout

---

1. Françoise Dastur, au moment de la publication de son livre *Chair et langage. Essai sur Merleau-Ponty* (La Versanne, Encre marine, 2001) s'exprime très clairement en ce sens : « Merleau-Ponty entre chair et prose du monde », *L'Humanité*, 25 septembre 2002.

entendre que le problème concerne un désaccord de nature exclusivement philosophique. Or, ce désaccord philosophique est *aussi*, inséparablement, un désaccord politique; ou plutôt, les conséquences politiques de ce différend philosophique sont immédiates, ce que rien, dans l'explication fournie, ne laisse entendre. En somme, si l'on choisit de séparer les deux niveaux, il devient impossible de comprendre pourquoi les deux hommes se sont affrontés de manière aussi violente; non plus que les raisons d'un silence qui devait, à quelques rencontres fortuites près, se prolonger jusqu'à la mort de Merleau-Ponty, huit ans plus tard, demeurent opaques.

En réalité, les commentateurs ne sont par ailleurs pas les seuls à avoir sous-estimé ou partiellement occulté la teneur véritable de la rupture entre les deux hommes. Sartre lui-même a été pour beaucoup dans la construction d'une interprétation « banalisante » de l'épisode, faisant la part belle aux affects et au biographique tout en effaçant soigneusement la politisation de la dispute. Dans le texte – magnifique, mais à bien des égards terrible – que Sartre dédie à Merleau-Ponty juste après sa mort dans un numéro spécial des *Temps Modernes*[1], cet « aplatissement » du litige est construit en deux temps, dans une sorte de rousseauisation[2] du récit où l'extraordinaire

---

1. J.-P. Sartre, « Merleau-Ponty vivant », *Les Temps Modernes*, n° 184-185, 1961.

2. Nous nous permettons par ailleurs de signaler – en marge du propos central de ce travail – cet extraordinaire passage « à la manière de » Rousseau que Sartre écrit alors (toujours à propos de Merleau-Ponty) : « C'est l'homme que je veux restituer, non tel qu'il était pour lui-même mais tel qu'il a vécu dans ma vie, tel que je l'ai vécu dans la sienne. Je ne sais dans quelle mesure je serai véridique. On me trouvera discutable en me peignant en négatif par la façon dont je le peins : d'accord. Mais, en tout cas, je suis sincère, je dis ce que j'ai cru comprendre » (*ibid.*, p. 358). Le parallélisme avec Rousseau est troublant, puisqu'on lit au début du Livre Premier des *Confessions* : « Je dirai hautement : voilà ce que j'ai fait, ce que j'ai pensé, ce que je fus. J'ai dit le bien et le mal avec la même franchise. Je n'ai rien tu de mauvais, rien ajouté de bon, et s'il m'est arrivé d'employer quelque ornement indifférent, ce n'a jamais été que pour remplir un vide occasionné par mon défaut de mémoire ; j'ai pu supposer vrai ce que je savais avoir pu l'être, jamais ce que je savais être faux ». Sinon que là où Rousseau se limite à exécuter son propre portrait directement et sans médiation – « le seul portrait peint exactement d'après nature et dans toute sa vérité qui existe et qui probablement existera jamais » (J.-J. Rousseau, *Confessions*, « Avertissement ») –, Sartre fait, de son propre aveu, un portait de *lui-même en train de peindre Merleau-Ponty* : des « confessions en miroir ».

puissance du style le dispute à l'incroyable (et somme toute assez émouvante) malhonnêteté du propos.

Dans un premier moment, c'est à l'enfance – et à son analyse comme lieu d'enracinement de la « différence de classe » qui allait, selon Sartre, finir par séparer politiquement les deux hommes – qu'il est fait longuement référence. Si nous rappelons ici l'explication de Sartre, c'est que cette analyse de la différence sociale est en réalité sommée de rendre compte du différend politique qui allait plus tard les séparer : le marquage « de classe » originel aboutit donc de fait pour Sartre à une incompatibilité politique.

> À l'École, nous nous connaissions sans nous fréquenter. Il était externe, j'étais pensionnaire : chacun de ces deux états se prend pour une chevalerie dont l'autre est la piétaille. Vint le service militaire : je fus deuxième classe, il devint sous-lieutenant : encore deux chevaleries[1]. Nous nous perdîmes de vue. Il eut une chaire à Beauvais je crois ; j'enseignais au Havre. [...] Merleau m'a dit un jour, en 1947, ne s'être jamais guéri d'une incomparable enfance. [...] Cette histoire est extraordinaire et commune : notre capacité de bonheur dépend d'un certain équilibre entre ce que nous a refusé notre enfance et ce qu'elle nous a concédé. Tout à fait sevrés, tout à fait

1. Une note en bas de page de Sartre ajoute alors à ces mots la remarque suivante : « Je ne sais s'il a regretté, en 1939, au contact de ceux que leurs chefs appellent curieusement des hommes, la condition de simple soldat. Mais quand je vis mes officiers, ces incapables, je regrettai, moi, mon anarchisme d'avant-guerre : puisqu'il fallait se battre, nous avions eu le tort de laisser le commandement aux mains de ces imbéciles vaniteux. On sait qu'il y est resté, après le court interim de la résistance ; c'est ce qui explique une partie de nos malheurs » (J.-P. Sartre, « Merleau-Ponty vivant », art. cit., p. 304). D'emblée, Merleau-Ponty est donc présenté par Sartre comme celui qui s'est trouvé – qu'il l'ait voulu ou non – du mauvais côté, c'est-à-dire avec la bêtise et l'incompétence des gradés. Privilèges de classe et incompétence : la dernière phrase de la note, qui fait quant à elle allusion au « court interim de la résistance » (ce qui n'est en réalité pas exact : Merleau-Ponty fut infiniment plus impliqué dans la résistance que ne l'a jamais été Sartre), identifie de fait la permanence de Merleau-Ponty du côté du commandement avec l'inaction et l'absence de révolte véritable face à l'ennemi. Sartre en fait précisément la préfiguration de leur désaccord politique dix ans plus tard : « c'est ce qui explique une partie de nos malheurs ».

comblés, nous sommes perdus. Donc il y a des lots, en nombre infinis : le sien c'était d'avoir gagné trop tôt [1].

Voilà donc les deux « positions » clairement identifiées : Merleau-Ponty, le fils de bourgeois n'ayant pas connu les internats, devenu rapidement universitaire, gradé durant la guerre, et dont l'enfance merveilleuse l'empêcha paradoxalement d'être lui-même dans sa vie d'adulte ; et Sartre, ayant grandi dans l'abandon familial et la tristesse des internats, ayant par la suite connu, comme enseignant, la nausée des tristes lycées de province, et, comme appelé, la promiscuité des sans-grade de l'armée ; Sartre, dont l'enfance triste – cette enfance dont *Les mots* nous livrera, trois ans après le texte d'hommage à Merleau-Ponty, le récit minutieux – expliquera, selon lui, sa révolte et son engagement dans le monde au côté des anonymes et des opprimés, et sa haine de l'injustice [2].

Le deuxième moment d'explication de la rupture de 1953 est en revanche construit par Sartre, quelques pages plus loin, à partir d'une analyse psychologique de Merleau-Ponty qui, si elle reprend le thème de l'enfance, le prolonge et l'amplifie jusqu'à dresser le portrait singulier d'un Merleau-Ponty revendiquant sa faiblesse afin de ne pas agir véritablement, ou plus exactement pour éviter tout lien

---

1. J.-P. Sartre, « Merleau-Ponty vivant », art. cit., p. 304-305.

2. En réalité, le thème de l'enfance avait été déjà mis au centre du débat par Merleau-Ponty lui-même, quelques mois auparavant de mourir, dans la Préface datée « février et septembre 1960 » qu'il avait donnée à son recueil de textes *Signes*. Bien que Merleau-Ponty et Sartre ne se parlent à l'époque plus depuis des années, ce dernier est en effet évoqué dans un passage consacré à la Préface qu'il avait écrite pour *Aden Arabie* de Paul Nizan. Merleau-Ponty écrit alors : « Il est en effet stupéfiant qu'il n'ait pas vu en Nizan ce qui crevait les yeux : sous la sobriété, sous l'ironie et la maîtrise, la méditation de la mort et la fragilité. Cela veut dire qu'il y a deux manières d'être jeune, et qui ne se comprennent pas facilement l'une l'autre : *certains sont fascinés par leur enfance, elle les possède, elle les tient enchantés dans un ordre des possibles privilégiés. D'autres sont par elle rejetés vers la vie adulte, ils se croient sans passé, aussi près de tous les possibles. Sartre était de la seconde espèce. Il n'était donc pas facile d'être son ami.* […] En lui-même et dans les autres, *il avait à apprendre que nul n'est sans racines, et que le parti pris de ne pas en avoir est une autre manière de les avouer* » (M. Merleau-Ponty, *Signes*, op. cit., p. 45, nous soulignons). Dans son *Merleau-Ponty vivant*, l'analyse des « deux enfances » et de leur opposition est en réalité construite par Sartre comme une réponse cinglante à ces quelques lignes.

politique en s'enfermant dans une position de pure moralité; et finissant par transformer cette inaction en une totale paralysie après que sa mère – son seul véritable lien à l'enfance, donc à la vie – fût morte. Voilà donc ce qu'écrit Sartre, évoquant successivement la fondation des *Temps Modernes* et la distribution des «rôles» à laquelle elle donna lieu, puis l'épisode de la rupture :

> Le commencement ne fut pas mauvais. Par cette seule raison encore mystérieuse pour moi : contre le désir de tous nos collaborateurs et contre le mien, Merleau avait revendiqué du premier jour la position la plus faible. Tout faire et ne pas se nommer[1], refuser qu'un statut le défendît contre mes humeurs ou mes coups de barre : comme s'il n'eût voulu ne tenir son pouvoir que d'un accord vivant, comme si son arme la plus efficace eût été la fragilité, comme si son autorité morale dût seule garantir ses fonctions. Rien ne le protégeait : à cause de cela, il n'était engagé par rien ni par personne. [...] Le jour venu, un appel téléphonique lui suffit : il avait pris sa décision, il m'en informa et disparut. Il y eut un sacrifice, pourtant : de lui, de moi, des *Temps Modernes*. Nous fûmes tous victimes de ce meurtre purificateur : Merleau se mutila, me laissant aux prises avec des alliés terribles qui, pensait-il, me rongeraient jusqu'à l'os ou me rejetteraient comme ils l'avaient rejeté ; il abandonna *sa* revue à mon incompétence[2].

Et, quelques lignes plus bas, évoquant leurs rapports après la rupture : « Pourtant un autre travail avait commencé : liquidation des griefs, rapprochement. Il fut stoppé par le malheur : en 1953, Merleau perdit sa mère. Il tenait à elle comme à sa propre vie, plus exactement, elle était sa vie »[3].

De la politique, en réalité, pas une trace, si ce n'est, çà et là, dans des pages éparpillées autour de ce schéma d'opposition et, dans tous les cas, considérées comme accessoires[4]. Celles qui concernent spécifiquement la rupture finissent par cette remarque : « Si j'ai

---

1. «Tout faire et ne pas se nommer» : il faut se souvenir que la plupart des éditoriaux de la revue, non signés, étaient en réalité écrits par Merleau-Ponty.

2. J.-P. Sartre, « Merleau-Ponty vivant », art. cit., p. 356-357. Les italiques sont de Sartre.

3. *Ibid.*, p. 357.

4. Voir en particulier *ibid.*, p. 344-356.

raconté cette histoire idiote, c'est d'abord à cause de sa futilité ; quand j'y repense, je me dis "c'est navrant" et, tout à la fois, "ça devait finir comme ça". Comme ça : mal, bêtement, inévitablement ; le canevas était prêt, la fin décidée : comme dans la *Commedia dell'arte*, on ne nous laissait que le soin d'improviser la rupture, nous nous en tirions mal mais, bonne ou mauvaise, nous jouâmes la scène et l'on passa aux suivantes ». Tout est donc réduit par Sartre à une sorte de jeu de rôles dans le petit théâtre des rapports personnels – rien de plus.

En réalité, il a fallu attendre la publication tardive des lettres de la rupture pour pouvoir recomposer le véritable enjeu politique *et* philosophique de ce déchirement – et nous verrons dans un instant que, contrairement à ce qu'en dit Sartre, Merleau-Ponty ne choisit pas la pure position de la moralité *contre* la politique, comme un aveu de faiblesse, ou même – grief qui sera au cœur des lettres de 1953 – la philosophie contre la politique, mais bien la politique *en tant que* philosophie.

L'histoire de ces lettres est connue, rappelons-la brièvement. Michel Contat avait « découvert » la lettre de Merleau-Ponty mise en vente à Drouot avec les papiers de Jean Cau ; à la suite de quoi, Suzanne Merleau-Ponty a donné l'ensemble du dossier (y compris des pièces annexes essentielles) et autorisé sa publication. Les trois lettres – deux de Sartre, une de Merleau-Ponty – ont alors été publiées dans *Le Magazine Littéraire*[1], avant d'être reprises dans un volume regroupant les textes épars et jusqu'alors inédits des dix dernières années de la vie de Merleau-Ponty[2]. Le dossier est en réalité assez ténu : il se compose d'une première lettre de Sartre écrite à Merleau-Ponty de Rome et datée de juillet 1953 ; de la réponse de Merleau-Ponty, écrite de Paris et datée du 8 juillet, accompagnée d'un résumé de la conférence qu'il avait tenue quelques semaines

1. « Sartre, Merleau-Ponty : les lettres d'une rupture », cit.

2. M. Merleau-Ponty, *Parcours deux, 1951-1961*, recueil établi par J. Prunair, Lagrasse, Verdier, 2001. Le dossier, qui se trouve aux pages 129-169 du livre, est accompagné de notes précieuses, en particulier pour ce qui concerne les différentes sources et témoignages permettant de reconstituer le contexte de la rupture (*cf.* p. 129, note 1).

auparavant[1] et dont Sartre lui faisait assez violemment le reproche dans sa lettre; enfin, d'une seconde lettre de Sartre dont le timbre postal porte la date du 29 juillet 1953.

Il est surprenant que tout cela soit resté dans l'ombre si longtemps et que l'épisode n'ait pas constitué un objet de recherche et d'analyse avant le milieu des années 1990. Il est sans doute tout aussi troublant que les écrits de Merleau-Ponty, après la rupture de 1953, n'aient pas suscité de véritable débat philosophique avant longtemps; que l'on ait donc, jusqu'il y a une quinzaine d'années, fort peu lu – et encore moins commenté – certains textes de *Signes* ou de *La prose du monde*, *Les aventures de la dialectique* ou *Le visible et l'invisible*[2], si ce n'est selon deux axes interprétatifs exclusifs: d'une part, la permanence du dessein phénoménologique de Merleau-Ponty, de 1945 à sa mort (comme si rien n'était venu travailler de l'intérieur sa réflexion, comme si la linéarité et la constance de son travail allaient

---

1. Merleau-Ponty avait tenu une conférence sur *Philosophie et politique aujourd'hui*, au Collège philosophique, le 29 mai 1953. Sartre avait de son propre aveu été ulcéré par le compte-rendu de cette conférence publié dans *L'Express* du 6 juin 1953, qui insistait sur les critiques très dures formulées par Merleau-Ponty à son égard. Le texte du compte-rendu est reproduit dans M. Merleau-Ponty, *Parcours deux, op. cit.*, p. 135-136, note 12. Dans sa lettre du 8 juillet, Merleau-Ponty revient sur la conférence dès les premières lignes de sa réponse, et précise : « Parlant un peu plus d'une heure, je n'ai parlé de ta position politique que dans le dernier quart d'heure. Et dans les 14 pages de notes que j'avais préparées et que j'ai sous les yeux, il y en a *deux* sur toi et deux pages de conclusion donnant mes vues sur l'engagement. Tu trouveras ci-joint un résumé de la conférence (où je donne aux deux derniers paragraphes plus de place qu'ils n'en ont eue relativement) » (*ibid.*, p. 141). Le résume de la conférence, joint à la lettre, est reproduit dans *ibid.*, p. 158-164.

2. *Signes*, qui recueille des textes épars écrits dans les années 1950, est publié, comme nous l'avons déjà mentionné, en 1960, quelques mois avant la mort de Merleau-Ponty. *Les aventures de la dialectique* est de 1955; *Le visible et l'invisible* et *La prose du monde*, tous deux posthumes, seront respectivement publiés en 1964 et en 1968 grâce au travail et à la fidélité de Claude Lefort. Aucun de ces textes n'a été lu à la lumière des autres, et plus généralement en fonction d'une périodisation du travail de Merleau-Ponty qui inclurait le moment de la rupture de 1953 comme fondamental; certains d'entre eux – pensons en particulier aux *Aventures de la dialectique* – ont par ailleurs été peu lus et commentés alors même que *La critique de la raison dialectique* de Sartre, publiée quelques années après (et qui constitue en réalité une réponse au texte de Merleau-Ponty), a reçu quant à elle une attention très grande.

de soi depuis ses premiers écrits jusqu'aux derniers[1]); de l'autre, l'insistance placée sur un Merleau-Ponty se consacrant désormais à l'esthétique, intéressé par les peintres et les littérateurs plus que par les tensions et les vertiges du monde (comme si la construction d'une véritable pensée de l'*expression* se devait de le prémunir des risques d'une pensée politique; comme si la notion d'expression, au rebours de tout ce qu'en dit Merleau-Ponty lui-même, n'avait aucune incidence politique; comme si, enfin, l'esthétique et la politique n'avaient rien à faire ensemble). Ce que nous aimerions montrer, c'est que la crise entre Sartre et Merleau-Ponty a été en réalité le révélateur, chez le second, d'un tour inédit : une inflexion certes nourrie par les travaux antérieurs, mais leur imposant une torsion radicale. Et que c'est cette torsion passionnante à reconstituer qui représente, dès les années 1950, l'anticipation de toute une série de motifs que l'on retrouvera plus tard, par exemple chez Foucault, sous la forme d'une tentative pour penser ensemble l'historicité et la liberté des hommes, les déterminations historiques et la « différence possible ».

L'hypothèse que nous voulons proposer sera par conséquent la suivante : il y a chez Merleau-Ponty un triple déplacement qui refonde entièrement le rapport du philosophique au politique, et qui concerne tout à la fois ce que l'on doit entendre par « événement », par « histoire » et par « liberté ». Ce triple déplacement repose à son tour sur une critique radicale des pensées téléologiques, sur une réarticulation inédite de ce qui est déterminé par l'histoire et de ce qui a la puissance d'en modifier les déterminations, et sur un refus de la dialectisation du réel (le terme de « dialectique » est, pour des raisons sur lesquelles nous reviendrons bientôt, délaissé au profit d'une « hyperdialectique », pour reprendre le terme de Merleau-Ponty qui oblige en particulier à reconsidérer autrement la référence à Marx, contre l'orthodoxie marxiste française des années 1950, à travers d'autres lectures).

---

1. Pour ce qui est du détachement de Merleau-Ponty à l'égard de la phénoménologie, tout se joue sans doute juste avant 1953. Nous y reviendrons plus avant : le problème n'est pas tant de savoir si Merleau-Ponty est demeuré phénoménologue que de comprendre à quel point, à partir du début des années 1950, la référence à la phénoménologie lui est devenue secondaire.

Par ailleurs, on ne peut sans doute comprendre ce «tournant politique» sans tenir compte de l'importance que revêt dans les mêmes années chez Merleau-Ponty le concept d'*expression*: une pensée de l'invention – de l'inauguration, de la création – jouée dans les mailles mêmes de ce qui est déjà là (la naissance d'une *prose* du monde dans la trame même du *prosaïque*, pour le dire dans les termes de Merleau-Ponty lui-même). Or ce travail sur l'expression, dont l'origine est à la fois linguistique et esthétique, est explicitement considéré par le philosophe comme la matrice de sa pensée de l'histoire et de la sphère politique: le signe distinctif du politique n'est-il précisément pas de reconnaître dans la trame prosaïque de l'histoire (c'est-à-dire aussi dans ses déterminations existantes, dans ses effets et ses inflexions, dans sa lourdeur, dans la matérialité de son déjà-là) la possibilité d'une prose, d'une ouverture et d'une invention du monde?

À l'origine de cette pensée de l'histoire «ouverte», de la possibilité de cette «prose de l'histoire», il y a sans doute l'importance du modèle linguistique saussurien. Référence étonnante, s'il en est, mais qui permet à Merleau-Ponty, nous le verrons, d'accomplir deux opérations: d'une part, elle lui rend possible de se débarrasser d'une certaine idée du «négatif» (c'est-à-dire, pour le dire brutalement, non seulement de tordre le cou à la dialectique, mais de creuser – difficilement mais avec constance – sa propre distance par rapport à la pensée de Heidegger); elle lui offre, d'autre part, la possibilité de relire Marx avec d'autres lunettes que celles du matérialisme dialectique (alors que Sartre lit Marx avec Hegel, et sans doute aussi avec Heidegger, Merleau-Ponty propose une lecture de Marx à partir de Saussure). C'est donc cette manière dont la linguistique travaille au cœur de la pensée politique qui représenterait, chez Merleau-Ponty, l'anticipation inattendue de ce que l'on retrouvera, quinze ans plus tard, chez Foucault dans l'insistance à mener de front une enquête archéologique et un questionnement de la «différence possible», une cartographie des déterminations historiques propres à un moment donné et une inscription de la liberté intransitive des hommes au cœur de cette historicité.

Il n'est pas dans notre propos de revenir ici sur les circonstances de l'amitié entre Merleau-Ponty et Sartre depuis l'École normale, ni sur la manière dont le groupe « Sous la botte », fondé par Merleau-Ponty avec d'autres (François Cuzin, Dominique et Jean-Toussaint Desanti…) pendant la guerre, deviendra après le retour de captivité de Sartre « Socialisme et liberté ». On ne reviendra pas non plus sur les circonstances de la fondation des *Temps Modernes*, avec Sartre et Beauvoir, une revue dont Merleau-Ponty fut dès sa création le directeur politique[1]; ni sur la manière dont Sartre, à partir de la fin des années 1940, se rapprocha de façon toujours plus explicite du Parti communiste français, dont il devint de fait un compagnon de route à la fois très actif, très médiatique et très exposé au tout début des années 1950.

Il est en revanche nécessaire de rappeler brièvement les circonstances ponctuelles qui ont déclenché la rupture de 1953 et qui en forment la toile de fond essentielle.

JUILLET 1953

En 1952, à la suite de l'arrestation de Jacques Duclos, secrétaire général du Parti communiste français, après les manifestations organisées contre la venue en France du général américain Ridgway, « Ridgway-la-peste » – on est alors en pleine guerre de Corée –, Sartre publie dans *Les Temps Modernes* la première partie d'un très long texte qui comptera finalement trois livraisons, sous le titre *Les communistes et la paix*[2]. Il n'en a apparemment pas discuté au préalable avec Merleau-Ponty, alors que celui-ci est en charge de la ligne politique de la revue. Sartre y affirme en particulier qu'il est impératif de soutenir le PCF alors qu'il est attaqué de toutes parts. Simultanément, alors que Merleau-Ponty avait écrit un « chapeau » introductif assez critique à un article de Pierre Naville, dans lequel il exposait sa

---

1. Voir à ce propos A. Boschetti, *Sartre et* Les Temps Modernes. *Une entreprise intellectuelle*, Paris Éditions de Minuit, 1985.

2. J.-P. Sartre, « Les communistes et la paix » (I et II), *Les Temps Modernes*, n° 81, juillet 1952, p. 1-50; n° 84-85, octobre-novembre 1952, p. 695-783 (repris dans *Situations. VI*, Paris, Gallimard, 1964). La troisième partie du texte sera publiée plus tardivement, dans le numéro 101 de la revue, en avril 1954.

propre distance politique d'avec le texte, Sartre décide de supprimer le chapeau, ce qui a pour conséquence de laisser entendre que la position de Naville peut être comprise comme celle de la rédaction toute entière, et de ne pas laisser apparaître le désaccord politique exprimé par Merleau-Ponty[1]. Sartre en donnera, plus tard, le récit suivant :

> Un marxiste, au hasard d'une rencontre, me proposa d'écrire pour nous sur « les contradictions du capitalisme ». [...] Il n'était pas du Parti mais un Parti à lui tout seul et des plus fermes [...]. Je prévins Merleau, qui connaissait l'homme mais ne souffla mot. Je dus quitter Paris ; l'article fut remis en mon absence, nul. Rédacteur en chef, Merleau ne put se résoudre à le laisser paraître sans le faire précéder d'un « chapeau » qu'il écrivit et qui présentait, somme toute, nos excuses aux lecteurs ; il en prit occasion pour reprocher à l'auteur en deux lignes de n'avoir pas mentionné les contradictions du socialisme : ce serait pour une autre fois, n'est-ce pas ? À mon retour, il ne me parla de rien ; prévenu par un collaborateur, je me fis donner un jeu d'épreuves et lus l'article sous son chapeau, d'autant plus irrité par celui-ci que je trouvais celui-là moins défendable. Merleau ayant, comme on dit, bouclé le numéro, s'était absenté à son tour et je ne pus le joindre. Seul, en état de rage allègre, je fis sauter le chapeau, l'article parut nu-tête. On devine le reste et quand Merleau, quelques jours plus tard, reçut les justificatifs de la revue, s'aperçut qu'on avait supprimé son texte et prit la chose au plus mal. Il s'empara du téléphone et me donna, pour de bon cette fois, sa démission : nous restâmes en ligne plus de deux heures. [...] Je ne le revis plus de quelques mois ; il ne parut plus aux *Temps Modernes* et plus jamais ne s'en occupa[2].

La brouille prend donc forme à l'intérieur de la rédaction. Claude Lefort, alors élève et ami de Merleau-Ponty, écrit à son tour un texte très dur sur Sartre, que celui-ci accepte de publier dans *Les Temps Modernes*, et auquel il fait suivre immédiatement sa propre réponse à

---

1. L'article de P. Naville, « États-Unis et contradictions capitalistes », est paru en deux livraisons dans *Les Temps Modernes*, n° 86, décembre 1952, p. 899-914, et n° 90, mai 1953, p. 1714-1735.
2. J.-P. Sartre, « Merleau-Ponty vivant », art. cit., p. 355.

Lefort, qui est cinglante[1]. Lefort répondra à son tour à la réponse de Sartre[2] : le texte sera publié dans *Les Temps Modernes* en juillet 1954, un an, donc, après le début de la crise.

En réalité, dès l'épisode Naville, la démission de Merleau-Ponty semble inévitable. Sartre et Merleau-Ponty se sont parlés assez longuement au téléphone, sans que cela permette de revenir le moins du monde sur la rupture : de l'aveu même de Sartre, « je tentai par tous les moyens de le faire revenir sur sa décision : il fut inébranlable ». S'en suit alors un long silence, avant la première lettre de Sartre, au début du mois de juillet 1953 : « J'ai longtemps attendu avant de te répondre… ».

Pour comprendre la violence de ce qui se joue en ces mois, entre la fin de 1952 et l'été 1953, il n'est sans doute pas inutile de rappeler sommairement la position de Sartre à la même époque. La période 1950-1956 correspond chez Sartre au moment de plus grande proximité avec le Parti communiste ; mais cet engagement n'est pas seulement politique, ou plus exactement il implique une redéfinition drastique tout à la fois de ce que peut être la philosophie et de ce que signifie être un *intellectuel.*

Partons d'un corpus volontairement limité : trois citations, qui sont par ailleurs antérieures de quelques années au contexte spécifique qui nous occupe, pour comprendre comment, chez Sartre, la posture politique, la posture philosophique et le statut de l'intellectuel sont étroitement liés, à quel point ils présupposent un schéma très précis dont *Les communistes et la paix*, le texte dont la publication a été l'un des « déclencheurs » de la rupture avec Merleau-Ponty, en est en réalité le point d'aboutissement.

Voici donc trois citations de Sartre, qui datent toutes de la fin des années 1940, et que nous donnons volontairement les unes à la suite des autres :

1. Cl. Lefort, « Le marxisme de Sartre », *Les Temps Modernes*, n° 89, avril 1953, p. 1541-1570 ; J.-P. Sartre, « Réponse à Claude Lefort », *ibid.*, p. 1571-1629 (repris dans *Situations. VII*, Paris, Gallimard, 1965, p. 7-93).

2. Cl. Lefort, « De la réponse à la question », *Les Temps Modernes*, n° 104, juillet 1954, p. 157-184. Les deux textes de Lefort seront repris dans *Éléments d'une critique de la bureaucratie*, Genève, Droz, 1971, p. 59-79 et p. 80-108.

Alors, l'écrivain se lancera dans l'inconnu : il parlera dans le noir à des gens qu'il ignore, à qui l'on n'a jamais parlé sauf pour leur mentir ; *il prêtera sa voix* à leurs colères et à leurs soucis ; *par lui, des hommes qui n'ont jamais été reflétés* par aucun miroir, et qui ont appris à sourire et à pleurer comme des aveugles, sans se voir, *se trouveront tout à coup en face de leur image*[1].

Deuxième citation :

Opprimer les Nègres, ça n'est rien tant que quelqu'un n'a pas dit : les Nègres sont opprimés. *Jusque là, personne ne s'en aperçoit, peut-être même pas les Nègres eux-mêmes* : mais il ne faut qu'un mot pour que cela prenne sens. *À partir du moment où je nomme la conduite de mon voisin, il sait ce qu'il fait. En outre, il sait que je le sais.* Et par conséquent, son attitude vis-à-vis de moi est changée. Il sait que d'autres le savent ou peuvent le savoir, *et son action sort de la subjectivité pour s'intégrer dans l'esprit objectif*[2].

Et enfin la troisième, plus brève :

La littérature consiste, précisément parce qu'elle est de la prose et qu'elle nomme, à mettre un fait *immédiat, irréfléchi, ignoré peut-être, sur le plan de la réflexion et de l'esprit objectif*[3].

Dans les trois brefs extraits que nous venons de mentionner, l'intellectuel – en tant que tel, et parce qu'il assume pleinement ce statut – est en réalité défini tout à la fois comme le porteur de la lumière de la conscience à ceux qui en sont dépourvus, et comme leur « voix publique », c'est-à-dire, à la lettre, comme leur porte-parole. Ces deux caractérisations sont en réalité intimement liées l'une à l'autre ; et elles permettent de donner au politique un fondement

---

1. J.-P. Sartre, « Qu'est-ce que la littérature ? », dans *Situations. II*, Paris, Gallimard, 1948, p. 292 (nous soulignons). Le texte avait initialement été publié en un volume autonome par *Les Temps Modernes*, en 1947, précédé de deux autres textes : « Présentation des *Temps Modernes* » (le manifeste de la revue écrit en 1945) et « La nationalisation de la littérature », une tentative de cerner la position de l'écrivain au lendemain de la guerre.

2. J.-P. Sartre, « La responsabilité de l'écrivain », première conférence générale de l'UNESCO prononcée à la Sorbonne, 1946 ; reprise dans *La responsabilité de l'écrivain*, Lagrasse, Verdier, 1998, p. 18-19 (nous soulignons).

3. *Ibid.*, p. 19 (nous soulignons).

philosophique : la fonction de *représentation* politique, qui est explicitement revendiquée à travers l'usage publique des mots, n'est concevable que parce que, du point de vue philosophique, l'intellectuel représente la condition de possibilité du passage de la pure subjectivité à ce que Sartre désigne ici comme « l'esprit objectif ». Entre ces deux moments de la conscience, le tournant « réflexif » est précisément permis par ce qui rend possible à la fois le réfléchissement et la réflexion, la sortie de l'aveuglement et l'accès au collectif. Cet autrui, qui sait qui je suis et me permet, du même coup, d'ouvrir les yeux – faisant de moi le frère de tous ceux qui, dans une situation égale à la mienne, sont opprimés et se battent contre leur assujettissement –, c'est l'intellectuel. Il y aurait ici toute une analyse à mener sur la manière dont, chez Sartre, le rapport à autrui que suppose cette idée de la fonction politique de l'intellectuel reprend en grande partie la dialectique hégélienne du maître et de l'esclave – chez Sartre comme chez Hegel, la dialectique est celle d'une reconnaissance. Le point demanderait des analyses bien plus développées et complexes que nous ne pouvons aborder ici. Si nous le mentionnons malgré tout, c'est parce que cette présence hégélienne à l'intérieur du sartrisme va jouer un rôle essentiel dans la lecture que Sartre fait de Marx après-guerre. Retenons aussi que cette étrange sur-hégélianisation de Marx nourrira de fait la polémique avec Merleau-Ponty (dont la lecture de Marx sera résolument anti-hégélienne). Sans doute, Sartre ne s'est-il pas privé, non plus, de critiquer Hegel. Ses reproches ont essentiellement porté, dès *L'Être et le néant*, sur un élément fondamental : Hegel, parce qu'il est resté sur le terrain de la connaissance, demeure pour lui dans l'idéalisme :

> Ainsi à la question posée par l'idéalisme – comment l'autre peut-il être objet pour moi ? – Hegel répond en demeurant sur le terrain même de l'idéalisme : s'il y a un Moi en vérité pour qui l'*autre* est objet, c'est qu'il y a un *autre* pour qui le Moi est objet. C'est encore la connaissance qui est ici mesure de l'être et Hegel ne conçoit même pas qu'il puisse y avoir un être-pour-autrui qui ne soit pas finalement réductible à un « être-objet ». [...] La connaissance commence avec la *réflexion*, mais le jeu du « reflet-reflétant » n'est pas un couple sujet-objet, fût-ce à l'état implicite, il ne dépend en son être d'aucune

conscience transcendante, mais son mode d'être est précisément d'être en question pour soi-même [1].

Et pour Sartre, il s'agit au contraire de sortir du seul domaine de la connaissance, de critiquer l'idéalisme hégélien, et de lier à la fois la genèse de la réflexivité et celle d'une constitution onto-logique : « autrui ne m'a pas seulement révélé qui j'étais : il m'a constitué sur un type d'être nouveau qui doit supporter des qualifications nouvelles. Cet être n'était pas en puissance en moi avant l'apparition d'autrui car il n'aurait su trouver de place dans le Pour-soi [...]. Mais cet être nouveau qui apparaît *pour* autrui ne *réside* pas en autrui [...] » [2]. Cependant, cette analyse d'un Hegel marchant à l'envers, et devant être « remis à l'endroit » sur ses propres pieds, n'est pas effectuée par Sartre avec Marx, comme on pourrait s'y attendre. La référence qui intervient est celle de Kierkegaard, parce que la lecture de Marx intervient chez Sartre bien plus tardivement, à la différence de ce qui se passe chez un Aron ou chez un Merleau-Ponty, dont la connaissance des textes marxiens, et du débat philosophique et politique qu'ils engagent, a été bien plus précoce : elle remonte pour eux à l'avant-guerre [3].

---

1. J.-P. Sartre, *L'Être et le néant*, Paris, Gallimard, 1943, III : *Le Pour-Autrui*, chap. 1 : « L'existence d'autrui », p. 294-295. Les pages 292-300 sont en particulier consacrées à la pensée hégélienne du rapport moi/autrui et à sa critique.

2. *Ibid.*, p. 276.

3. La connaissance de l'allemand n'est pas indifférente à cela ; de fait, dès la fin de ses études, Aron fréquente les textes allemands en langue originale, lit Dilthey et Weber, suit la production philosophique, sociologique et politique outre-Rhin. Quant à Merleau-Ponty, devenu aussi, bien que plus tard, bon germaniste, il est – avec Aron – présent au séminaire que tient Kojève dès le milieu des années 1930 : un commentaire de la *Phénoménologie de l'Esprit*, dont la clef de voûte est une lecture politique « réactualisée », comme le dira Kojève lui-même après-guerre : « Je voudrais signaler, toutefois, que mon œuvre n'avait pas le caractère d'une étude historique ; il m'importait peu de savoir ce que Hegel lui-même avait voulu dire dans son livre [...]. D'autre part, mon cours était essentiellement une œuvre de propagande destinée à frapper les esprits. C'est pourquoi j'ai consciemment forcé le rôle de la dialectique du Maître et de l'Esclave et, d'une manière générale, schématisé le contenu de la phénoménologie » (lettre à Tran Duc Thao du 7 octobre 1948, citée par G. Jarczyk et P.-J. Labarrière, « Alexandre Kojève et Tran Duc Thao. Correspondance inédite », *Genèses*, vol. 2, n° 2, 1990, p. 135).

Ce qu'il s'agit donc d'opposer à l'idéalisme hégélien, pour Sartre, ce n'est pas le matérialisme marxien mais l'existentialisme kierkegaardien, parce que «c'est son accomplissement comme individu que réclame l'individu, la reconnaissance de son être concret et non l'explication objective d'une structure universelle»[1]. Tout se passe par conséquent comme si, d'une part, Sartre puisait dans la pensée kierkegaardienne le modèle d'une individualité des consciences («Aucun optimisme logique ou épistémologique ne saurait donc faire cesser le scandale de la pluralité des consciences. Si Hegel l'a cru, c'est qu'il n'a jamais saisi la nature de cette dimension particulière d'être qu'est la conscience (de) soi»[2]), comme si, donc, la seule possibilité de retourner au matérialisme était l'existentialisme. Tout se passe, d'autre part, comme s'il fallait d'articuler ce matérialisme des existences singulières avec une vision de l'histoire qui dépendrait à la fois de la liberté et de la contingence des consciences et, malgré tout, d'un modèle où continuerait à primer la réalisation dialectique de l'esprit objectif. Or c'est précisément cette «objectivité» que Sartre, dans ses deux lettres de 1953, va mettre en avant dans sa critique politique de Merleau-Ponty – nous y reviendrons dans un instant.

En somme, on se trouve devant une situation étonnante : d'un côté, le discours de Sartre, pour qui la référence Hegel/Kierkegaard fonctionne comme une matrice initiale; de l'autre, la position de Merleau-Ponty, dont la lecture de Hegel s'est faite parallèlement à la lecture de Marx. Ou encore : d'un côté, une attention pour les consciences, pour la manière dont elles s'inscrivent dans une histoire dont elles ne sont en réalité que le reflet temporel (le temps tout à la fois comme sentiment et comme condition existentielle); de l'autre, une attention pour ce que l'histoire peut générer comme effets de détermination et comme contexte matériel pour l'action des hommes. De fait, chez Sartre, l'introduction d'une véritable réflexion sur l'histoire est postérieure à *L'Être et le néant* (où le problème du temps

---

1. J.-P. Sartre, *L'Être et le néant*, *op. cit.*, p. 295. Et encore, quelques lignes plus haut : « À Hegel, il faut, ici comme partout, opposer Kierkegaard, qui représente les revendications de l'individu en tant que tel ».

2. *Ibid.*, p. 300.

est bien évidemment nodal) ; elle ne deviendra plus présente qu'au fur
et à mesure que la réflexion politique prendra forme, dans les années
qui ont suivi la guerre. Et le décalage de dix ans entre *L'Être et le
néant* et les écrits du début des années 1950 a précisément été pour
Sartre l'occasion de lire et d'intégrer Marx en lieu et place d'un socle
plus traditionnellement existentialiste. Dans la seconde lettre
envoyée à Merleau-Ponty (datée du 29 juillet 1953), Sartre reconnaît
ainsi lui-même :

> Quand je t'ai dit que j'aurais l'impression de trahir en exposant
> *L'Être et le néant*, cela voulait dire que le simple exposé *aujourd'hui*,
> c'est-à-dire dix ans plus tard – dans une situation en pleine évolution
> et que nous avons tous vécue et repensée jour par jour –, d'une pensée
> qui à l'époque naissait de pures réflexions sur la philosophie
> classique et non-marxiste me paraîtrait de nature à faire revenir en
> arrière les étudiants qui voudraient me suivre, à les renvoyer à une
> époque où l'on pouvait penser sans référence au marxisme (ou du
> moins où on croyait pouvoir le faire), alors que le devenir du philo-
> sophe *aujourd'hui* c'est de s'affronter à Marx (exactement comme
> son devoir au milieu du siècle dernier était de s'affronter à Hegel)[1].

La référence à Marx a donc bien été intégrée tardivement – et, en
1953, il ne s'agit bien entendu pas de revenir en arrière. Il n'en
empêche pas moins que cette lecture nouvelle n'efface ni ne remplace
totalement la pensée de la liberté en situation qui l'avait précédée ;
bien plutôt, elle s'y enchâsse. Et les difficultés – philosophiques,
politiques – que cet étrange « montage » de Marx sur une matrice
phénoménologique et existentielle génère ne cesseront dès lors plus
de travailler la réflexion sartrienne de son intérieur même.

Venons-en maintenant aux trois longs textes qui forment, en
trois livraisons successives, *Les communistes et la paix*, et à l'épisode
de la rupture. Dans *Les communistes et la paix*, deux points saillants
se dégagent – indépendamment de l'analyse longue et détaillée
que Sartre produit de l'actualité politique au moment où il écrit, et
de la violente adresse aux « rats visqueux » (« un mot qui désigne
cette catégorie d'individus – hélas très répandus dans notre société :

---

1. J.-P. Sartre cité dans M. Merleau-Ponty, *Parcours deux*, *op. cit.*, p. 165.

le coupable à qui l'on ne peut rien reprocher »[1]) dont on se souvient certainement.

Le premier point concerne précisément le statut de l'histoire. « L'histoire s'avance masquée : quand elle se découvre, elle marque les acteurs et les témoins pour toujours ; nous ne nous sommes jamais remis des deux "minutes de vérité" que la France a connues au XIXᵉ siècle et notre bourgeoisie joue perdant aujourd'hui parce qu'elle a vu son vrai visage en 1848 et 1871 »[2], écrit alors Sartre. C'est cette conception de l'histoire qui lui permet par exemple, dans la dernière partie de son texte, une critique extrêmement violente du « spontanéisme » (l'attaque contre le trotskisme y est parfaitement explicite). Mais – deuxième point –, cette pensée de l'histoire téléologiquement orientée vers des fins s'articule à une pensée de l'acte qui, à son tour, implique toute la pensée sartrienne de la liberté en situation :

> La classe, unité *réelle* des foules et des masses historiques, se manifeste par une opération datée et qui renvoie à une intention ; elle n'est jamais séparable de la volonté concrète qui l'anime ni des fins qu'elle poursuit. Le prolétariat se fait lui-même par son action quotidienne, il n'est qu'en acte, il est acte ; s'il cesse d'agir, il se décompose. [...] Ce mouvement dirigé, intentionnel et pratique exige une *organisation*[3].

Ou encore, parlant de l'ouvrier :

> [I]l ne décide pas d'agir, il agit, il est action, sujet de l'histoire, il voit le but dernier, il le touche : on réalisera de son vivant la société sans classes. La réalité immédiate, c'est l'Avenir ; *considérés du fond de l'avenir les intérêts privés sont des ombres abstraites* ; la mort même ne fait pas peur : c'est un certain événement très personnel qui doit lui arriver au milieu de cet Avenir qu'il possède en commun avec tous[4].

---

1. J.-P. Sartre, « Les communistes et la paix », art. cit., p. 88.
2. *Ibid.*, p. 274.
3. *Ibid.*, p. 207-208.
4. *Ibid.*, p. 185-186 (nous soulignons).

Cette articulation entre la liberté et l'acte, d'une part, et ce qui, du « fond de l'avenir » – étonnante formulation –, rend raison de l'ensemble de l'action des hommes, de l'autre, permet à Sartre de soutenir à la fois la nécessité de l'attention extrême à l'événement quand il se produit, et une vision à long terme dont l'organisation du prolétariat (le Parti) représente bien évidemment un élément essentiel. On ne peut donc pas s'abstenir ou se défausser – comme une partie de la gauche des « rats visqueux » l'a fait, précisément, le 28 mai 1952, lors des manifestations que Sartre analyse longuement dans la première partie du texte –, de même que l'on ne peut se dissocier ou se désolidariser d'un Parti qui, quoi qu'on en dise ou quoi qu'on en pense, demeure un principe d'organisation essentiel et dont la fonction est d'aider les masses à « devenir ce qu'elles sont » [1]. On le voit, la liberté et l'idée d'un *telos* préfigurant par avance ce que doivent être le mouvement et les acteurs de l'histoire sont ici pensées par Sartre en même temps. Liberté individuelle et histoire téléologique, sujet en acte devant pourtant « devenir ce qu'il est » : ce sont ces points qui sont au cœur des lettres de juillet 1953.

LE « BLÂME » DE SARTRE

Les reproches adressés à Merleau-Ponty sont en effet de deux ordres.

D'une part, celui-ci se refuserait, selon Sartre, à entrer sur le « terrain objectif de la politique » et lui opposerait au contraire un geste purement individuel, subjectif – et en réalité antipolitique –, qui consisterait à abandonner la politique au profit de la pure philosophie spéculative, à préférer le non-choix et le retrait à l'engagement. Cette

---

1. *Ibid.*, p. 154. La phrase complète est : « Comme toute relation *réelle* la liaison d'un parti aux masses est ambiguë : d'une part il se règle sur elles, d'autre part il les "organise" et tente leur "éducation" ; et comme il ne s'agit pas de les changer mais de les aider à devenir ce qu'elles sont, il est en même temps leur simple *expression* et leur *exemple* ». En réalité, le parti est aux masses ce que l'intellectuel sartrien est aux opprimés : un révélateur et une lumière, une condition de possibilité de la réflexivité et une avant-garde, une sortie de la pure subjectivité et le garant de l'esprit objectif.

attitude ne serait pas celle d'un « intellectuel » – pour reprendre les termes de Sartre –, mais celle d'un « philosophe » et, en tant que tel, ne l'autoriserait pas à juger les non-philosophes, c'est-à-dire à exprimer des jugements politiques. En réalité, pas moins de trois séries d'oppositions jouent ici : celle entre la politique et la philosophie ; celle entre le « terrain objectif » de la politique et la décision subjective de Merleau-Ponty ; enfin, celle entre l'action immédiate et la « réflexion sur l'histoire et la société ». Dans le premier cas, il s'agit, à travers la dramatisation de l'opposition entre la politique et la philosophie, de disqualifier toute hésitation à s'engager du côté du Parti communiste. L'argumentation repose en réalité sur une seconde opposition entre le geste individuel (du philosophe) et le jugement politique universellement défendable (de l'intellectuel engagé) :

> Le philosophe *aujourd'hui* ne peut pas prendre d'attitude politique.
> Cela revient non pas à critiquer ma position au nom d'une autre
> position, mais à tenter de la neutraliser, de la mettre entre parenthèses
> au nom d'une non-position. [...] Tu me reproches d'aller trop loin, de
> me rapprocher trop du PC. Il n'est pas impossible que tu aies raison
> sur ce point et que j'aie tort. Mais je te reproche, moi, et bien plus
> sévèrement, d'abdiquer en des circonstances où il faut te décider
> comme homme, comme français, comme citoyen et comme
> intellectuel en prenant ta « philosophie » comme alibi [1].

On le voit, la possibilité de l'erreur d'évaluation politique (« il n'est pas impossible que tu aies raison et que j'aie tort ») compte moins que le principe qui consiste à disqualifier la philosophie, non seulement comme pur exercice spéculatif, mais comme geste purement individuel. Les figures évoquées par Sartre – « l'homme », « le citoyen », « l'intellectuel » – sont pour lui toutes trois susceptibles d'universalisation ; celle du philosophe « n'engage que toi » [2]. Et la violence de la réaction de Sartre est telle que cette soudaine expulsion de la philosophie de l'espace de la politique convoque dès lors tout le travail de Merleau-Ponty pour en dire l'inanité : la leçon inaugurale

---

1. « Première lettre de J.-P. Sartre à M. Merleau-Ponty » (début juillet 1953), dans M. Merleau-Ponty, *Parcours deux*, *op. cit.*, p. 136. C'est Sartre qui souligne.
2. *Ibid.*, p. 134.

que ce dernier avait tenue au Collège de France quelques mois plus tôt, et dont le titre avait dû résonner pour Sartre comme une provocation, puisqu'on se souvient qu'elle s'intitule *Éloge de la philosophie*[1], n'était pour lui « nullement convaincante *si tu espérais par là définir le philosophe* : en ce sens, tout lui manquait »[2]. Plus généralement – et plus caricaturalement encore, sans doute –, un « MRP peut critiquer mon appréciation de la guerre d'Indochine, un socialiste peut critiquer ma conception du PC. Mais nul n'a le droit de le faire au nom de l'*épochè* phénoménologique »[3]. Or le « blâme »[4] de Sartre a ceci de paradoxal que certains des textes de Merleau-Ponty sont, depuis des années, exactement à cheval sur le double registre du philosophique et du politique, non pas parce que la philosophie prétendrait y dire la vérité de la politique, mais parce qu'elle adresse à la politique un type de questionnement dont l'effet est lui aussi immédiatement politique. Que l'on pense seulement à *La guerre a eu lieu*, en 1945 (texte sur lequel nous reviendrons bientôt), ou encore à *Humanisme et terreur* – que Sartre, dans sa lettre, cite paradoxalement comme un texte exclusivement philosophique, au même titre que la *Phénoménologie de la perception*[5] –, et on aura une idée de la manière dont la problématisation philosophique peut, chez Merleau-Ponty, éclairer autrement les enjeux politiques, et comment, à l'inverse, ceux-ci peuvent déplacer d'autant la pratique de la philosophie.

L'opposition est, nous l'annoncions plus haut, redoublée par celle qui est construite entre le « terrain objectif de la politique » (le bon choix : l'appui au Parti communiste) et la « décision subjective » de

---

1. M. Merleau-Ponty, *Éloge de la philosophie. Leçon inaugurale faite au Collège de France le jeudi 15 janvier 1953*, Paris, Gallimard, 1953.

2. « Première lettre de J.-P. Sartre à M. Merleau-Ponty », cit., p. 137 (nous soulignons).

3. *Ibid.*, p. 138.

4. Le mot est employé par Sartre au tout début de sa lettre : « je n'approuve pas ta position et *je la blâme* » (*ibid.*, p. 134, c'est Sartre qui souligne).

5. « Et tu prouveras en effet que tu as eu raison en ce qui te concerne si le résultat de cette retraite est, comme je le souhaite, crois-moi, de tout mon cœur, un livre sur "la prose du monde" qui soit aussi neuf et aussi riche que *La perception* ou *Humanisme et terreur* » (*ibid.*, p. 134-135).

s'abstenir. La reprise permanente de ces deux « polarisations » tout au long de l'argumentation sartrienne (« le terrain *objectif* de la politique » – c'est Sartre qui souligne le mot ; « des motifs objectivement valables », « une appréciation objective », « une signification objective », « une prise de position objective fondée sur des motifs objectifs », « des principes objectifs », d'une part ; « une décision subjective », une « passion subjective », de l'autre) est censée exprimer le caractère irréfutable d'une appréciation en elle-même déjà partageable, alors que le geste individuel ne repose sur rien d'autre que sur un choix particulier et non étayé. Mais bien évidemment, c'est aussi une conception de l'histoire, et de la manière dont le jugement et l'action des hommes peuvent s'y inscrire, qu'il s'agit pour Sartre de réaffirmer sans ambiguïté : toute manière de déroger à un type d'analyse qui en affirme à la fois le sens (le *telos*) et la signification, y compris quand il s'agit de « lire » ponctuellement un épisode de la chronique politique et d'en juger la consistance, est, pour lui, non seulement un aveuglement (philosophique), mais une trahison (politique).

On trouve ici au cœur de la polémique la dimension politique de cette nécessité d'un jugement *objectif* sur les événements qui composent l'histoire. Or Merleau-Ponty voit bien comment la théorie sartrienne de l'engagement maintient une conception téléologique de l'histoire qui est en réalité – ce n'est pas le moindre des paradoxes – la condition de possibilité de sa pensée de la liberté :

> La notion d'engagement exprime philosophiquement cette situation : elle identifie la liberté et le faire, pose la circularité d'une absence qui est une présence (on est libre pour s'engager) et d'une présence qui est une absence (on s'engage pour être libre). Faute de la médiation cherchée par Marx, elle est l'immédiation du dedans et du dehors. Si décidemment elle ne réussit pas à faire passer l'un dans l'autre, elle peut aboutir soit à un subjectivisme, soit à un objectivisme extrême [1].

1. M. Merleau-Ponty, « Lettre du 8 juillet 1953 » (résumé de la conférence joint à la lettre), dans *Parcours deux, op. cit.*, p. 161.

L'objectivisme absolu de Sartre, c'est en réalité le seul rempart contre le risque d'un subjectivisme généralisé – et peut-être est-ce là ce qui l'a fait réagir aussi violemment à la lecture du bref compte-rendu de la conférence de Merleau-Ponty.

La traduction politique de cet « objectivisme » prend dès lors une forme simple. Pour Sartre, il y a des circonstances où l'on ne peut pas ne pas décider, parce que certains événements exigent que l'on prenne parti, que l'on choisisse son camp sous peine de s'associer de fait, par le silence ou le retrait, aux ennemis et de s'en faire les complices. Mais cette nécessité de prendre parti est un effet de la manière dont il conçoit l'histoire – c'est l'histoire qui exige que l'on tranche et que l'on s'engage à partir d'*événements* : nous appelant « du fond de l'avenir », elle exige que nous reconnaissions dans chacun de ces événements ce vers quoi elle se meut et que nous choisissions dès lors de quel côté nous tenir. C'est le couplage entre cette conception d'une histoire saturée de déterminations téléo-logiques et sa propre idée de la liberté en acte qui accouche en réalité de l'idée que tout « écart », ou toute suspension du jugement sur tel ou tel événement, équivaut à une trahison[1] ; et que celle-ci ne révèle en réalité que la coupable distance des philosophes face à l'évidence des faits. La trahison de Merleau-Ponty, c'est « la pure réflexion sur l'histoire et la société »[2], opposée à l'urgence du : « et vous, que faites-vous aujourd'hui ? »[3]. Mais cette action que Sartre exige au quotidien est impensable sans un plan de référence qui en fonde le sens et qui en étaie le bien-fondé. Ne pas agir, c'est à la fois refuser sa

1. C'est d'abord de « mauvaise foi » qu'il s'agit (« Première lettre de J.-P. Sartre à M. Merleau-Ponty », cit., p. 136) ; puis explicitement de trahison politique : « Ma conclusion : ton attitude ne peut être ni exemplaire ni défendable ; elle est le résultat du pur exercice de choisir *pour toi* ce qui te convient le mieux. Si tu tentes de critiquer quiconque au nom de cette attitude, tu fais le jeu des réactionnaires et de l'anticommu-nisme, un point c'est tout » (*ibid.*, p. 138, c'est Sartre qui souligne). De la même manière, Sartre insiste sur le fait que le propre du traître, c'est d'attaquer le premier, pour masquer sa trahison : « Tu veux condamner au plus vite ceux qui risqueraient de te condamner » (*ibid.*, p. 139) : on retrouve ici l'argumentation des *Communistes et la paix* à propos des « rats visqueux ».

2. *Ibid.*, p. 139.

3. *Ibid.*, p. 138.

propre liberté et ne pas entendre l'appel de l'histoire. Et en même temps, pour pouvoir être libre, c'est-à-dire agissant, il faut paradoxalement avoir entendu au préalable ce qui nous appelle « du fond de l'histoire ». Tout le reste, pour Sartre, est trahison.

QU'EST-CE QU'UN TRAÎTRE?

En réalité, le thème du « silence » coupable est, chez Sartre, permanent depuis la fin des années de guerre. La tache infâme de la collaboration affleure à maintes reprises dans ses textes comme une sorte de ligne de partage des eaux : dorénavant, l'absence d'engagement équivaut à ses yeux à une complicité effective, à une responsabilité pleine[1]. Dans *Les communistes et la paix*, huit ans après 1945, l'argument utilisé contre les collaborateurs au sortir de la guerre est simplement déplacé hors de son contexte et joué de manière spécifique : ne pas être avec le Parti, c'est se faire complice de ses ennemis, c'est donc être contre lui. Ce qui est étonnant, c'est que, chez Merleau-Ponty, ce thème de la collaboration est également récurrent au sortir de la guerre, mais il est traité de manière profondément différente. D'une part, l'acceptation (celle du nazisme dès les accords de Munich; puis celle de la collaboration en France) relève sans nul doute pour lui d'une indifférence face à l'histoire. Mais cette histoire, contrairement à la manière dont Sartre se la représente, n'est pas celle qui est supposée nous appeler, en avant de notre propre présent, depuis ce « fond historique » où nous devons encore parvenir; elle est simplement, bien plus prosaïquement, « l'histoire déjà faite »[2]. Notre indifférence n'est pas liée au fait de ne pas avoir su saisir le sens de l'histoire ou son mouvement général; elle est tout entière contenue dans la cécité qui nous a simplement empêché de voir et d'entendre *ce qui arrivait effectivement*. L'indifférence à

1. Voir par exemple J.-P. Sartre, « Qu'est-ce qu'un collaborateur? », *La République française*, New York, août 1945; repris dans *Situations. III*, Paris, Gallimard, 1949, p. 43-61.
2. M. Merleau-Ponty, « La guerre a eu lieu », dans *Sens et non-sens*, Paris, Nagel, 1948, p. 282.

l'histoire dont il s'agit est donc essentiellement une question de diagnostic manqué, une suspension de l'attention provoquée par l'aveuglement heureux que nous avons subi dans le «jardin calme» de la France d'avant la Deuxième Guerre mondiale. Et Merleau-Ponty de conclure : «Nous vivions dans le monde, aussi près de Platon que de Heidegger, des Chinois que des Français (en réalité aussi loin les uns des autres). Nous ne savions pas que c'était là vivre en paix, vivre en France, et dans un certain état du monde »[1].

D'autre part, personne – sauf ceux qui ont risqué leur vie et l'y ont parfois laissée – n'est sorti totalement innocent de la guerre, et il n'y a pas eu de «conduite irréprochable » :

> Ceci n'acquitte pas les traîtres, qui ont appelé ce régime, l'ont aidé au delà de l'indispensable, et se sont désignés d'eux-mêmes aux sanctions de la loi nouvelle. Mais ceci nous interdit de les juger au nom d'une morale que personne n'a suivie jusqu'au bout, et de fonder sur l'expérience de ces quatre années une nouvelle philosophie, puisque nous avons vécu suivant l'ancienne. [...] L'héroïsme ne se prêche pas, il s'accomplit, et toute prédication serait ici présomption, puisque celui qui peut encore parler ne sait pas de quoi il parle[2].

Cela signifie que rien n'est plus vain qu'un jugement de principe, ou un jugement moral, là où l'histoire se faisant, concrète, matérielle, immédiate, est en réalité la seule chose dont nous devrions, à chaque

---

1. *Ibid.*, p. 283-284.
2. *Ibid.*, p. 296-297. L'argumentation de Merleau-Ponty anticipe étonnamment celle que proposera, vingt-cinq ans plus tard, Georges Canguilhem, dans une sorte de «tombeau de Jean Cavaillès » à l'occasion d'une commémoration organisée par l'ORTF en 1969. Or précisément, dans le beau texte de Canguilhem, la figure de Sartre semble en permanence visée entre les lignes, comme une sorte de double négatif du « philosophe mathématicien bourré d'explosifs » : «Parler de lui ne va pas sans quelque sentiment de honte, puisque si on lui survit, c'est qu'on a fait moins que lui. Mais si on ne parle pas de lui, qui saura faire la différence entre cet engagement sans retenue, entre cette action sans ménagement d'arrières, et la Résistance de ces intellectuels résistants qui ne parlent tant d'eux-mêmes que parce qu'eux seuls peuvent parler de leur Résistance, tellement elle fut discrète ? [...] Jean Cavaillès, c'est la logique de la Résistance vécue jusqu'à la mort. Que les philosophes de l'existence et de la personne fassent aussi bien, la prochaine fois, s'ils le peuvent » (G. Canguilhem, «Commémoration à l'ORTF », dans *Vie et mort de Jean Cavaillès*, Paris, Alia, 1996, p. 38).

instant, tenir compte. La critique devient dès lors celle de toute idéologie qui, s'appuyant sur une conception de l'histoire objective, délaisse le grain minuscule des faits, le tissage des événements, les déterminations historiques – et tous les aléas qui parfois les démentent ou au contraire les renforcent. Il s'agit pour Merleau-Ponty de définir un niveau de réflexion et d'intervention (philosophique, politique) *à hauteur d'homme*; ce qui implique de saisir l'histoire pour ce qu'elle est, et non à partir d'une compréhension qui donnerait toujours par avance le sens et les éléments d'un jugement établi. Toute règle extérieure, tout principe étranger à cette histoire matérielle, est en réalité une trahison de l'histoire elle-même, c'est-à-dire d'un devoir éthique de vigilance et de lutte.

On voit que les positions des deux hommes ont été, dès 1945, radicalement différentes. Le paradoxe est sans doute que le refus d'une vision de surplomb de l'histoire telle que la présente Sartre pousse Merleau-Ponty à deux conclusions qui pourraient pourtant paraître opposées. La première consiste à dénoncer ce qui, juste après-guerre, dans la préfiguration de ce qui deviendra la guerre froide, commence à s'imposer comme une nouvelle norme du discours politique : « Allons-nous maintenant soumettre nos paroles et nos gestes à cette règle extérieure, qui indignait Péguy, de ne pas faire "le jeu de la réaction", "le jeu du communisme" ou "le jeu du gouvernement"? » [1]. On voit que le refus de choisir de manière unilatérale son camp au nom d'un principe absolu est en 1945 la préfiguration de celui de 1953, que Sartre reprochera durement à Merleau-Ponty. Mais pour ce dernier, le refus du choix immédiat et tranché n'est pas un signe d'indécision ou l'indice d'une dérobade, c'est au contraire la conséquence de la conviction – philosophique, politique : les deux plans sont ici indissociables – que ce à quoi nous devons nous attacher pour définir stratégiquement, pas à pas, notre propre conduite est l'histoire se faisant. Aucune valeur n'est jamais désincarnée, aucune n'est posée de manière anhistorique : elle se construit dans l'épreuve que lui imposent des faits sans cesse

---

1. M. Merleau-Ponty, « La guerre a eu lieu », art. cit., p. 307.

redéfinis par une histoire en cours. Or le « nominalisme »[1], la désincarnation des valeurs au nom desquelles on juge l'histoire – et à partir desquelles on cherche à la construire –, est précisément ce à quoi Merleau-Ponty, dans le même texte, demande au marxisme d'échapper. Là encore, ce qui doit représenter une alternative aux discours maximalistes, nous éviter les errances de l'idéologie et les rigidités de la théorie, les prescriptions doctrinaires et les jugements préconçus, c'est l'histoire elle-même. Qu'on en juge plutôt :

> Le propre du marxisme est de ne pas distinguer la fin et les moyens, et il n'y a pas en principe de politique moins hypocrite et moins machiavélique. Il ne s'agit pas de surprendre la bonne foi des patriotes et de les conduire là où ils ne veulent pas aller. Ce n'est pas le marxiste, c'est l'histoire qui transforme le sentiment national en volonté révolutionnaire. […] En somme, nous avons appris l'histoire et nous prétendons qu'il ne faut pas l'oublier[2].

Et ce refus d'une vision de surplomb de l'histoire, d'une sorte de connaissance de principe des valeurs morales et politiques auxquelles souscrire pour faire en sorte que l'histoire se réalise (et non pas se construise), est immédiatement redoublé par un refus de toute imposition d'un sujet (politique, philosophique, peu importe) donné pour ainsi dire en amont de l'histoire elle-même, ou devant en être la force motrice. Car on présuppose alors à ce sujet les mêmes

---

1. Le terme est de Merleau-Ponty.
2. M. Merleau-Ponty, « La guerre a eu lieu », art. cit., p. 304-305. L'anticipation de l'argumentation de la lettre de réponse à Sartre de juillet 1953 est d'autant plus patente que Merleau-Ponty, huit ans après *La guerre a eu lieu*, revient par deux fois, de manière très dure, sur l'attitude de Sartre pendant la guerre : « Et puisque tu as si peu d'égards, il faut que tu saches qu'on peut être "*gêné*" aussi devant ton attitude ; je l'ai été le jour où je t'ai vu décidé à émigrer en cas d'invasion ; décidés à émigrer, nous aurions d'autant plus libéralement rendu justice au communisme dans nos articles et exhorté le public à en bien voir la valeur que nous aurions été nous-mêmes assurés d'en éviter les inconvénients » (M. Merleau-Ponty, « Lettre du 8 juillet 1953 », cit., p. 154). Et quelques pages plus haut, dans un paragraphe sur la manière dont Sartre a toujours pris ses décisions seul, en mettant les autres devant le fait accompli : « Tu m'as d'abord présenté pour une chose décidée le projet de quitter la France en cas d'occupation (je n'oublie pas que tu m'offrais de m'y aider, mais tu n'étais pas disposé à mettre en question la chose même). Quelques temps plus tard, j'ai appris incidemment, au cours d'une conversation, que tu avais finalement décidé de rester en tout cas » (*ibid.*, p. 142).

caractéristiques que celles que l'on prête à une histoire déjà donnée, et ne devant dès lors accomplir que ce que son *telos* requiert : une continuité, une cohérence, une identité telles que toute différence – tout aléa, tout détour, toute variation, tout désaccord – ne puisse y être acceptée sinon comme pure péripétie dialectique, comme ruse de l'histoire. Encore une fois, il s'agit de choisir son camp : dans le cas qui nous occupe, avec ou contre le prolétariat mondial. Or chez Merleau-Ponty, l'évidente proximité avec le marxisme n'exclut pas la critique de cette « monumentalité » sans faille du sujet des luttes qu'il se donne à lui-même – de cette identité de classe posée avant même la construction des luttes.

> Être marxiste, ce n'est pas renoncer aux différences, à être Français, Tourangeau ou Parisien, ce n'est pas renoncer à l'individu pour se confondre avec le prolétariat mondial. C'est bien *rejoindre l'universel, mais sans quitter ce que nous sommes.* Même dans une perspective marxiste, le prolétariat mondial, *tant qu'il n'existe qu'objectivement et dans l'analyse de l'économiste, n'est pas un facteur révolutionnaire.* Il le *devient* s'il se saisit comme prolétariat mondial, et cela n'arrivera que par la pesée concordante ou par la rencontre au même carrefour des prolétariats de fait, tels qu'ils existent dans les différents pays, non par un internationalisme ascétique où chacun d'eux perdrait ses plus fortes raisons d'être marxiste[1].

En somme : s'il s'agit de supposer que « la classe » est acquise, et son internationalisme le résultat d'une identité immédiatement postulée ; ou de faire dépendre la transformation de cette objectivité de l'existence du prolétariat en une réalité concrète et agissante d'une prise de conscience par les sujets individuels de leur propre appartenance de classe, c'est précisément avec cette conception qu'entend rompre l'analyse de Merleau-Ponty. Il n'y a de prolétariat que comme agencement politique de nos propres différences *en tant que différences* ; et c'est en cet agencement que consiste l'élément révolutionnaire : il n'y aura en effet de révolution que si l'on réussit à construire – le constructivisme est ici patent – la classe des

---

1. M. Merleau-Ponty, « La guerre a eu lieu », art. cit., p. 304-305.

prolétaires. La construction, qui est le contraire de la donation, de la présupposition identitaire et unifiée d'une co-appartenance *de principe*, nous place d'emblée dans une histoire *de fait*, tissée de « pesées concordantes » et de « rencontres », c'est-à-dire aussi dans une histoire en train de se faire. Pour Merleau-Ponty, la révolution, c'est précisément la participation à ce *faire*-là.

La seconde conclusion à laquelle parvient Merleau-Ponty est, paradoxalement, un optimisme à l'égard des possibilités offertes par le temps présent. Quand il écrit *La guerre a eu lieu*, en juin 1945, le conflit vient de s'achever, et les atrocités commises commencent à être révélées au monde. Mais ici encore, au lieu de postuler que toute histoire est désormais impossible, que toute confiance en les hommes est désormais interdite, que tout espoir doit porter le deuil de sa propre aspiration – comme beaucoup l'ont déclaré au lendemain de la guerre –, ou bien au contraire de postuler que seule l'acquisition d'une conscience réflexive permettra aux hommes de prendre finalement la mesure de leur propre situation et, partant, du plan objectif dont ils participent, Merleau-Ponty repart encore une fois de la vie telle qu'elle se construit au quotidien, dans les gestes et dans les relations des hommes et des femmes. C'est cette vie-là qu'il s'agit de faire devenir l'espace du politique, parce que c'est elle qui tisse inéluctablement la trame de l'histoire ; et qu'il nous appartient à nous, vivants, d'en construire les paysages futurs.

> Nous n'avions pas tort, en 1939, de vouloir la liberté, la vérité, le bonheur, des rapports transparents entre les hommes, et nous ne renonçons pas à l'humanisme. La guerre et l'occupation nous ont seulement appris que les valeurs restent nominales, et ne valent pas même sans une infrastructure économique et politique qui les fasse entrer dans l'existence – davantage : *que les valeurs ne sont rien, dans l'histoire concrète, qu'une autre manière de désigner les relations entre les hommes telles qu'elles s'établissent selon le mode de leur travail, de leurs amours, de leurs espoirs, et, en un mot, de leur coexistence*[1].

---

1. *Ibid.*, p. 308 (nous soulignons).

Rien n'est en dehors de l'histoire : celle-ci impose des effets de détermination dont il est essentiel de comprendre la dynamique – cette fameuse « histoire déjà faite » à laquelle les hommes d'avant-guerre avaient si peu prêté attention, et qui aurait pourtant dû alerter leur vigilance. Mais elle est également ce qui est produit par les hommes eux-mêmes : non qu'il s'agisse de réaliser des principes ou des desseins donnés en dehors de l'histoire, ni qu'il faille s'inscrire dans un devenir téléologiquement orienté depuis le fond de l'histoire elle-même, mais parce que c'est cette puissance d'invention, au croisement des causalités historiques et de la liberté des hommes, qui désigne précisément l'histoire *de fait*[1].

Si nous nous sommes attardés sur ce point – et sur un texte, qui précède de huit ans la rupture avec Sartre –, c'est que semble déjà s'y préfigurer quelque chose comme la racine d'un désaccord de fond. Ce désaccord est philosophique en ce qu'il mobilise deux différentes manières de penser l'histoire, la liberté et la responsabilité des hommes, à partir de références distinctes. Il est politique aussi, en ce qu'il engage immédiatement une certaine idée de ce qu'est le champ de la compréhension, du jugement et de l'action. Or c'est précisément à partir de ces points que Merleau-Ponty construit, au moment de la dispute de 1953, sa réponse à la première lettre de Sartre : tout d'abord, de manière purement réactive, en réponse aux reproches qui lui sont faits ; puis, de façon beaucoup plus articulée, sous la forme d'une théorisation complexe dont il faut tenter d'esquisser ici les éléments de nouveauté.

---

1. L'opposition entre ce qui est « de principe » et ce qui est « de fait » revient à plusieurs reprises chez Merleau-Ponty de manière explicite : voir par exemple la distinction entre « le prolétariat mondial, tant qu'il n'existe qu'objectivement » et « les prolétariats de fait » (M. Merleau-Ponty, « La guerre a eu lieu », art. cit., p. 304-305).

CHAPITRE V

UNE RÉPONSE

PHILOSOPHIE ET POLITIQUE : LE PROBLÈME
DU RAPPORT À L'ÉVÉNEMENT

En réalité, la réponse de Merleau-Ponty commence par le point en apparence le plus excentré de la dispute : non pas « l'affaire » des *Temps Modernes*, c'est-à-dire la polémique incluant également Pierre Naville et Claude Lefort, mais la conférence sur *Philosophie et politique* qu'il avait donnée quelques semaines auparavant, le 29 mai, et dont Sartre lui faisait grief. Le reproche de Sartre, dans la première lettre, était cinglant : « Il est donc absolument impossible de critiquer mon attitude, comme tu l'as fait dans la conférence que *L'Express* résume, au nom de cette pseudo-essence philosophique qui n'est à mon avis qu'une extrapolation de ta propre psychologie et sa projection dans le domaine des valeurs et des principes »[1]. On l'a vu, l'argumentation obéissait de fait au jeu d'oppositions que l'on allait retrouver dans toute la lettre : le domaine de la « pseudo-essence philosophique » (opposée à la certitude du diagnostic politique) n'était en effet pour Sartre qu'affaire de « psychologie », c'est-à-dire d'instabilité personnelle, là où il s'agissait au contraire de faire valoir les « valeurs » et les « principes » du jugement et de l'action. Or la réponse de Merleau-Ponty n'entend pas défendre sa propre position

---

1. « Première lettre de J.-P. Sartre à M. Merleau-Ponty », cit., p. 137.

dans les termes imposés par Sartre, ni même les renverser. Elle part en revanche d'une position de principe qui est que le terrain qui est le sien est, précisément, celui de la politique.

Contrairement à ce qu'en dit Sartre lui-même – qui ne connaît la conférence du 29 mai que par les quelques lignes de résumé qu'en a publiées *L'Express*[1] –, Merleau-Ponty n'a pas choisi la philosophie *contre* la politique. Tout au contraire, c'est parce qu'il se place lui-même sur le terrain de la politique qu'il croit nécessaire d'évaluer l'efficacité des modes d'action possibles, de poser le problème des différentes formes d'engagement, de jauger la nécessité d'intervenir publiquement – ou pas – sur les événements qui se produisent : non pas parce qu'il faudrait se construire un refuge hors du monde, mais parce que la politique doit précisément formuler la question de ses moyens, de sa stratégie, de ses instruments, y compris quand il s'agit des concepts que l'on utilise pour étayer l'analyse. C'est sur le fond de cette analyse que la remise en cause de l'« interventionnisme public » systématique de Sartre intervient. Et si le compte-rendu de *L'Express* a pour titre *Meeting ou cours de philosophie* ?, c'est bien moins parce qu'il s'agirait pour Merleau-Ponty de faire valoir les droits de la philosophie contre ceux de la politique que parce qu'il importe d'interroger politiquement l'efficacité de la forme-meeting, et qu'il n'est pas acquis que ce soit toujours, en toutes circonstances, la seule ni la meilleure. La pratique de la réflexion philosophique n'est donc pas non plus exclusive – ni, de droit, meilleure que les autres –, mais elle appartient à l'arsenal des actions politiques possibles. Par ailleurs, c'est également sur ce terrain politique que se pose pour Merleau-Ponty la question des catégories que Sartre utilise, et qui ne sont jamais interrogées en tant que telles. Comme le souligne Merleau-Ponty : « je n'ai pas dit le dixième de ce que j'aurais pu dire à propos de tes récentes études politiques, et par exemple ne suis nullement entré dans la discussion des notions de classe, de parti, etc. »[2]. En somme : tout est simplement histoire de diagnostic

---

1. *L'Express*, 6 juin 1953. Voir à cet égard M. Merleau-Ponty, *Parcours deux*, *op. cit.*, p. 135, note 12.

2. M. Merleau-Ponty, « Lettre du 8 juillet 1953 », cit., p. 141-142.

politique, d'une part, et de réflexion sur les formes d'intervention et d'analyse, de l'autre.

Dès lors, il devient essentiel pour Merleau-Ponty de retourner l'opposition entre la prétendue objectivité de l'analyse politique sartrienne et la décision purement subjective que ce dernier, au contraire, lui attribue. Puisque rien, dans la discussion, n'est en réalité sorti du champ du politique, et que tout tourne autour de la contestation d'une réduction du politique à la sphère de l'intervention publique immédiate, la prétention de Sartre à ignorer tout ce qui ne renverrait pas à sa propre position, ou à le « blâmer » comme non-politique au nom d'une prétendue objectivité de ses raisons, est en réalité un jeu de dupes. À un double titre. Sartre n'a jamais rendu de comptes à personne, et l'individualisme non négociable de ses positions est chez lui une constante : ses choix politiques, comme ses virages théoriques, ont toujours été définis par lui seul, indépendamment des autres (« comment aurais-je été lié par des positions qui étaient si jalousement tiennes ? »[1]) – et, comme Merleau-Ponty le résume finalement d'une formule très dure, « tu es enfoncé en toi »[2]. Surtout, le « subjectivisme » que Sartre reproche à Merleau-Ponty vient en réalité du constat de l'impossibilité à tenir une position d'objectivisme absolu qui est précisément celle de Sartre : « Ce que tu appelles "ma mutation brusque" est surtout un brusque réveil de ton attention, et ma décision "subjective" une petite fissure dans le monde "objectif" que tu te construis depuis quelque temps »[3]. En somme : l'accusation de subjectivisme peut être comprise comme un leurre destiné à masquer la fragilité théorique du propre rapport de

---

1. *Ibid.*, p. 143.

2. *Ibid.*, p. 151. Dans les deux lettres de Sartre, le passage du « nous » (le Parti communiste) au « je » est en effet permanent. Par exemple : « Ton attitude exploitée par la droite agit nécessairement sur ces intellectuels qui t'estiment comme un frein. Il va sans dire qu'il importe bien peu qu'on ait écrit ceci ou cela dans *L'Express*, ce qui compte, c'est que tu *agis contre moi* » (« Deuxième lettre de Sartre », dans M. Merleau-Ponty, *Parcours deux, op. cit.*, p. 168, c'est Sartre qui souligne).

3. L'idée de cette inversion des rôles revient à plusieurs reprises dans la réponse de Merleau-Ponty : « Quant au rapport avec le monde "objectif" et avec l'histoire, dont tu fais le seul critère, il ne m'a pas si mal servi » (M. Merleau-Ponty, « Lettre du 8 juillet 1953 », cit., p. 155).

Sartre à l'histoire et à la politique, une sorte de dramatisation qui se réduit finalement à une psychologisation extrême du conflit, c'est-à-dire à l'exact inverse de la manière dont Sartre présente la dispute. Et Merleau-Ponty de conclure : « Mais il faut tout de même que tu sentes que ta conduite, vue du dehors, est hautement "psychologique", que justement ta présomption d'agir selon des principes objectifs est la forme la plus arrogante de la "loi du cœur" et qu'enfin ta subjectivité est pour beaucoup dans l'image lamentable que tu as de moi depuis 1950 » [1].

Le second versant de la lettre aborde alors ce qui fait la spécificité de la position politique et philosophique de Merleau-Ponty. Le texte, cessant d'être une réponse au sens strict, se constitue en proposition et s'articule autour de deux points qui concernent le rapport que l'on peut établir tout à la fois à l'histoire et à son propre présent. Le premier consiste à distinguer entre une « mauvaise » et une « bonne » conception de l'actualité. Les termes de l'analyse sont étrangement proches de ce qu'en dira Foucault en 1984, dans les textes sur Kant que nous avons précédemment commentés, sinon que leur valeur est inversée : pour Merleau-Ponty, l'*actualité* est un rapport de trop grande proximité à ce qui advient, une chronique non problématisée des faits, une sorte de « journalisme » aveuglé par le flux continu de l'information tel qu'il nous est livré quotidiennement ; alors que le rapport au *présent* implique une distance critique qui permet tout à la fois un diagnostic et une déprise, une cartographie de l'état présent des choses et la construction d'hypothèses d'intervention politique. En réalité, l'inversion des termes n'est sans doute pas ce qui importe ici – l'essentiel est que ce dédoublement du rapport à ce qui est soit déjà en partie en place en 1953.

Dans le cas de Merleau-Ponty, le « mauvais » rapport à l'actualité implique immédiatement une sorte de réactivité permanente, une logorrhée de commentaires et de prises de position ponctuelles, la dispersion sans recul dans une infinité d'engagements dont aucun ne cherche en réalité jamais à questionner sa propre efficacité politique

---

1. M. Merleau-Ponty, « Lettre du 8 juillet 1953 », cit., p. 152. Quelques lignes plus bas : « c'est le cœur, ta façon la plus personnelle de sentir tes rapports avec le monde et avec le temps qui sont ici intervenus » (*ibid.*, p. 153).

au-delà du très court terme. C'est, en partie, ce à quoi il a été lui-même contraint lorsqu'il écrivait les éditoriaux non-signés des *Temps Modernes* : mais « ce n'était jamais sans malaise, l'à-peu-près étant inévitable sur ces sujets ; ils étaient d'habitude fort courts et je les faisais parce qu'ils allaient avec le reste »[1]. C'est en réalité la « réactivité » extrême de Sartre qui est ici visée, ou plutôt l'idée que seule la méthode de ce que Merleau-Ponty appelle « l'engagement continué (au sens cartésien) »[2] peut définir véritablement le rapport politique au présent. Pour Merleau-Ponty, Sartre se fait simplement piéger par l'événement : il en est sans cesse fasciné, ébloui, et cet aveuglement l'empêche de prendre en considération tout ce qui n'est pas directement impliqué dans cette considération rapprochée de l'immédiat. Or le revers de cette passion pour la pure chronique des événements, c'est qu'elle exige, pour ne pas abdiquer sa prétention à produire de l'intelligibilité, une théorie générale qui en justifie *a priori* l'analyse. La distance entre ce qui se produit effectivement et les raisons du jugement que l'on formule à propos des faits devient paradoxalement démesurée : la ponctualité de la référence aux faits s'appuie littéralement sur une représentation générale de l'histoire telle qu'elle ne peut pas ne pas se dérouler – et qui, on s'en souvient, nous appelle du « fond » où elle était en réalité déjà parvenue.

Il en résulte au moins deux conséquences. La première est qu'à trop considérer l'actualité à partir du « fond de l'histoire », on en perd l'urgence de penser précisément le présent pour lui-même : « Quand on est trop net sur l'avenir, on ne l'est pas dans le présent. [...] Tu as une facilité à construire et à habiter l'avenir qui t'es toute personnelle »[3]. La seconde, en revanche, tient à l'impossibilité de rectifier jamais ses propres positions ponctuelles, puisque celles-ci sont « adossées » à un schéma bien plus large et impliquant l'histoire tout entière. Mais l'erreur de jugement fait partie de la politique et celle-ci exige que l'on admette s'être trompé – précisément parce que la politique n'est ni la morale, ni la mathématique, et qu'elle tâtonne parfois dans le dédale des choses qui adviennent. Or à « s'engager sur

1. *Ibid.*, p. 144.
2. *Ibid.*, p. 148.
3. *Ibid.*, p. 154.

chaque événement, comme s'il était un test de moralité, à faire tienne, sans t'en rendre compte ou sans le dire à tes lecteurs, une politique, tu te refuses de gaieté de cœur *un droit de rectification* auquel aucune action sérieuse ne renonce »[1].

Au rebours de cela, ce que Merleau-Ponty appelle « le présent » se définit par un autre rapport à l'événement. Cela ne veut pas dire qu'il faille abandonner la référence aux faits devant lesquelles l'actualité nous place, ni même que l'on doive abdiquer toute curiosité – non plus que tout sentiment d'urgence – devant la chronique politique. Mais entre ce qui se produit et l'analyse qu'on en livre, un type de problématisation plus complexe, une mise à distance est nécessaire, qui doit permettre de construire de véritables hypothèses – des évaluations, des interprétations, des interventions. La politique s'identifie, pour Merleau-Ponty, à cet espace d'interrogation ménagé entre le fait brut et l'évaluation dont il doit faire l'objet : une sorte d'interstice, de « jeu » entre les éléments du jugement politique (les faits, d'une part ; ce que l'on croit y reconnaître ou que l'on décide d'en penser, de l'autre). Nous reviendrons sur l'introduction de cette thématique de l'interstice, ou de l'entre-deux, puisque Merleau-Ponty s'y arrête longuement, exactement au même moment, à l'occasion d'un travail qui semble pourtant de nature tout à fait différente et qui concerne le langage. Ce qui est dans tous les cas au cœur de la posture politique de Merleau-Ponty, c'est le refus de se laisser prendre par la litanie des faits égrenés par la chronique. Pour trois raisons essentielles : à prendre la partie pour le tout, on fausse inévitablement le jugement politique qu'on en tire ; de manière plus générale, une évaluation politique est toujours stratégique et requiert une vue d'ensemble où plusieurs éléments dynamiques – liés par des causalités plus ou moins visibles, par des rapports de force inégalement explicites – sont en jeu ; enfin, la seule manière de comprendre et de juger un fait historique est de restituer le plus complètement possible le faisceau de déterminations au croisement desquelles il s'inscrit, et qu'il relance tout autant qu'il en est, à l'origine, le produit.

---

1. M. Merleau-Ponty, « Lettre du 8 juillet 1953 », cit., p. 147. C'est Merleau-Ponty qui souligne.

Tout événement ne peut donc se comprendre sans l'accumulation des choses faites – ce *déjà-là* historique qui en détermine tout à la fois la possibilité et la consistance. Mais, de la même manière, tout événement ne peut pas ne pas, en tant que tel (et parce qu'il est, en lui-même, le point de départ absolument singulier d'un nouvel équilibre des forces, d'une nouvelle ligne causale, de nouveaux effets politiques), rouvrir l'histoire dans laquelle il se situe.

> J'ai décidé, depuis la guerre de Corée, et c'est tout autre chose, de ne plus écrire sur les événements à mesure qu'ils se présentent. […] L'engagement sur *chaque* événement pris à part devient, en période de tension, un système de «mauvaise foi»… Il y a des événements qui permettent ou plutôt exigent qu'on les juge immédiatement et en eux-mêmes : par exemple la condamnation et l'exécution des Rosenberg… Mais la plupart du temps, l'événement ne peut être apprécié que dans le tout d'une politique qui en change le sens, et il y aurait artifice et ruse à provoquer le jugement sur chaque point d'une politique au lieu de la considérer dans sa suite et dans son rapport avec celle de son adversaire : cela permettrait de faire avaler en détail ce qui ne serait pas accepté en gros, ou au contraire de rendre odieux à coup de petits faits vrais ce qui, vu comme ensemble, est dans la logique de la lutte [1].

Merleau-Ponty rappelle au passage, en bon lecteur de Machiavel, l'importance d'être sensible à la logique complexe du conflit [2]; mais

---

1. *Ibid.*, p. 145-146. C'est Merleau-Ponty qui souligne.
2. Après la guerre, Merleau-Ponty avait été l'un des premiers à dédouaner Machiavel des lectures «fascisantes» qui en avaient entaché les textes. Voir à ce propos le texte qu'il prononce à Milan, en septembre 1949, lors d'un colloque sur l'humanisme et la science politique, où il insiste longuement sur la centralité du conflit dans la vie politique : «Note sur Machiavel», repris dans *Signes*, *op. cit.* «Ce qu'on réprouve chez lui, c'est l'idée que l'histoire est une lutte et la politique rapport avec des hommes plutôt qu'avec des principes» (p. 354); et encore : «Il y a une manière de désavouer Machiavel qui est machiavélique, c'est la pieuse ruse de ceux qui dirigent leurs yeux et les nôtres vers le ciel des principes pour les détourner de ce qu'ils font» (p. 364). Par ailleurs, la conception de l'histoire qu'il analyse chez Machiavel est très proche de celle qu'il expose lui-même à Sartre quatre ans plus tard : «Ce qui fait qu'on ne comprend pas Machiavel, c'est qu'il unit le sentiment le plus aigu de la contingence ou de l'irrationnel dans le monde avec le goût de la conscience ou de la liberté dans l'homme. Considérant cette histoire où il y a tant de désordres, tant d'oppressions, tant d'inattendu et de

ce caractère dynamique de la politique, qui n'est en aucun cas réductible à un jugement de type moral et ne peut être évalué simplement en vertu de principes, suppose une histoire que rien n'assigne par avance à la réalisation d'un *telos*. Ce refus d'une histoire téléologique, extrêmement marqué chez Merleau-Ponty, donne précisément sa valeur au présent. Le présent, c'est encore une fois le produit d'une « histoire déjà faite »[1]. On se souvient que l'expression apparaissait déjà en 1945 dans *La guerre a eu lieu* : l'une des causes de la guerre a précisément été le manque d'attention à cette histoire entendue comme accumulation des actions des hommes – une histoire dont il importe donc de restituer les différentes lignes causales, de produire l'analyse complexe, de dessiner la cartographie en un moment donné. Mais le présent, c'est aussi, à tout instant, la possibilité, pour cette histoire sédimentée et que pourtant rien n'oriente *a priori*, de bifurquer, de s'ouvrir à la différence, de sortir des traces qu'on croyait avoir reconnues, de se frayer de nouveaux sillons. L'histoire comme faisceau de déterminations complexes *et* comme ouverture à la différence – en somme, comme une première formulation des thématiques qui seront plus tard développées par Foucault :

> Je vis plutôt dans le présent, en le laissant indécis et ouvert, comme il est. [...] Mon rapport avec le temps se fait surtout par le présent, voilà tout. Je ne songe pas à te l'imposer. Je dis seulement qu'il a sa valeur et je n'admets pas qu'on en fasse une faute[2].

Encore une fois, cela ne signifie ni choisir l'aléatoire et l'indétermination, ni vouer l'histoire à l'irrationalité : il existe bien des lignes causales et des rapports de force, des effets de réalité et des agencements complexes qui requièrent l'analyse – et, de ce point de vue, le refus de Merleau-Ponty de se focaliser sur les événements en tant que tels signifie aussi la volonté de dire que jamais un fait ne suffit en lui-même à exprimer sa propre vérité. En somme : un

---

retournements, il ne voit rien qui la prédestine à une consonance finale » (p. 354). Sur la « redécouverte » de Machiavel après-guerre, voir plus généralement S. Audier, *Machiavel, conflit et liberté*, Paris, Vrin-Éditions de l'EHESS, 2005.

1. M. Merleau-Ponty, « La guerre a eu lieu », art. cit., p. 282.
2. M. Merleau-Ponty, « Lettre du 8 juillet 1953 », cit., p. 154.

événement n'est jamais une épiphanie, et il faut précisément le passage à une dimension plus large – une perspective d'ensemble, une périodisation de moyen ou de long terme – pour en discerner l'importance et le sens. « J'entrevoyais là une action d'écrivain qui consiste à faire le va-et-vient entre l'événement et la ligne générale, et non pas à affronter (dans l'imaginaire) chaque événement comme s'il était décisif, unique et irréparable »[1], argumente alors Merleau-Ponty à Sartre : il s'agit bien d'opposer aux « prises de position hâtives » des « études d'ensemble »[2]. Le débat est au fond tout entier dans cette divergence : là où l'attention exclusive de Sartre pour les événements au fur et à mesure qu'ils se présentent, et l'exigence qui est la sienne de s'engager ponctuellement à chaque occasion, reposent paradoxalement sur une conception de l'histoire qui en rende possible par avance (par « principe ») le jugement, et qui en fournisse dès à présent le principe téléologique d'intelligibilité, Merleau-Ponty formule à la fois le refus de l'événement en tant que tel (parce qu'il y a de la causalité complexe dans l'histoire) et celui d'une représentation téléologique, non ouverte, de l'histoire se faisant.

« HISTOIRE DÉJÀ FAITE », HISTOIRE SE FAISANT

C'est en réalité ce qui émerge de la fameuse conférence de mai 1953 dont Merleau-Ponty joint le schéma développé à sa réponse à Sartre. Toute la partie innitiale y est en effet consacrée à la conception que Merleau-Ponty qualifie de « classique » des rapports entre philosophie et politique : la première y est décrite comme la « possession de l'universel »[3] censé envelopper la seconde et en rendre raison. Cet enveloppement de la politique par la philosophie – mieux encore, cette manière de considérer « l'histoire comme un déguisement de la philosophie »[4] – repose de fait sur la conviction que la philosophie possède le pouvoir de totaliser en permanence

1. *Ibid.*, p. 148.
2. *Ibid.*, p. 147.
3. *Ibid.*, p. 158.
4. *Ibid.*

l'histoire à partir d'une conscience aigüe de son achèvement – et c'est, dans l'analyse de Merleau-Ponty, à Hegel qu'il faut avant tout penser. Or, précisément, dit Merleau-Ponty, c'est à Marx que revient de briser l'idée que seule la reconnaissance du tout de l'histoire (son achèvement) est la condition de la perception du mouvement de sa totalisation. La fin de l'histoire (son *telos*) cesse d'être ce à partir de quoi il faut penser le mouvement de sa réalisation. Le tout et la totalisation sont en quelque sorte dissociés.

Dans la seconde partie de la conférence, consacrée à « aujourd'hui » et à la crise de l'idée de révolution, c'est alors, parmi d'autres, l'apparition de la référence à Lukács qui retient l'attention : la dissociation que nous venons de mentionner n'est-elle pas précisément au cœur des analyses de certaines des pages les plus importantes d'*Histoire et conscience de classe*[1] ? Sans doute, la citation « entre les

---

1. G. Lukács, *Histoire et conscience de classe*, trad. fr. K. Axelos et J. Bois, Paris, Éditions de Minuit, 1960. Voir en particulier « Qu'est-ce que le marxisme orthodoxe ? », p. 17-45. Au moment où Merleau-Ponty le cite, le livre n'est pas encore traduit en français – il le sera tardivement. Mais Merleau-Ponty l'a sans doute lu dès avant la guerre ; de fait, la référence au livre existe déjà chez lui en 1949, et elle deviendra explicitement centrale dans *Les aventures de la dialectique*, en 1955, précisément quand il s'agira de formuler la critique articulée de l'« ultra-bolchévisme de Sartre » – nous y reviendrons. Plus largement, Lukács est, depuis la fin des années 1940, au centre de nombreuses discussions et polémiques en France. En 1948 avait été traduit en français *Existentialisme ou marxisme ?* (trad. fr. E. Kelemen, Paris, Nagel, 1948) ; toute une série d'articles et d'interviews avaient été publiés dans *Combat* et dans *Les Temps Modernes*, à la fois autour des thèses du livre et plus généralement de l'« autocritique » lukacsienne (qui portait précisément sur *Histoire et conscience de classe*) : « L'existentialisme fait une apologie indirecte du capitalisme » (interview de Lukács par F. Erval, *Combat*, 13 janvier 1949) ; « Jean-Paul Sartre reproche à Georges Lukács de ne pas être marxiste » (interview de Sartre par F. Erval, *Combat*, 20 janvier 1949) ; G. Lukács, « Sartre pèche contre la probité intellectuelle » (*Combat*, 3 février 1949) ; « Pour Lukács, la terre ne tourne pas » (interview de Sartre par F. Erval, *Combat*, 3 février 1949) ; M. Merleau-Ponty, « Lukács et l'autocritique » (*Les Temps Modernes*, n° 50, 1949 ; repris comme « Marxisme et superstition », dans M. Merleau-Ponty, *Signes*, *op. cit.*). Pour avoir une idée de la manière dont la pensée de Lukács a alors été accueillie en France, voir la recension assassine d'Alphonse De Waelhens à *Existentialisme ou marxisme ?*, dans la *Revue philosophique de Louvain*, n° 12, vol. 46, 1948, p. 500-504. De Waelhens, malgré la violence du ton, formule avec une très grande perspicacité ce qui fera précisément l'intérêt de Lukács pour Merleau-Ponty dans les années 1950, c'est-à-dire le passage d'un « matérialisme mécaniciste » à un « matérialisme dialectique » ouvert : « […] un matérialisme est non-mécaniciste sitôt qu'il affirme que

lignes » d'une autre manière de considérer l'histoire – de manière causale et pourtant ouverte, totalisante et pourtant sans qu'un tout final soit considéré comme jamais acquis, dialectique et pourtant non téléologique – n'est-elle pas encore totalement assumée par Merleau-Ponty. De fait, Lukács est ici cité à propos de ses travaux sur « l'art et la littérature »[1], et non pas, comme cela sera le cas dans *Les aventures de la dialectique*, deux ans plus tard, en tant que référence politique à l'intérieur d'une discussion plus large sur les lectures de Marx. Il n'en reste pas moins que, si l'on renonce à considérer l'histoire comme un tout dont il faudrait dévoiler le mouvement de réalisation inéluctable, et si, au contraire, on en fait cette trame épaisse de la geste humaine, alors il faut bien y réintroduire *à la fois* une causalité non téléologique et une ouverture permanente. Sartre est précisément encore du côté de la velléité de « dévoilement »[2], là où la position de Merleau-Ponty se situe « dans la couche épaisse » de ce qui, n'étant ni pure pensée, ni pure factualité, tresse ensemble les événements et les lignes causales que nous y discernons, l'histoire en train de se faire et la possibilité toujours présente d'une bifurcation.

L'idée de l'ouverture des déterminations historiques à une différence possible est en réalité un motif que Merleau-Ponty réussit à formuler, dans un contexte totalement différent, dès le tout début des années 1950. Ce contexte, c'est celui de ses travaux sur le langage et la littérature, puis sur la peinture – et plus généralement la formulation de ce qui deviendra rapidement une véritable pensée de l'expression. Pour comprendre comment le virage « politique » de la pensée de Merleau-Ponty s'accomplit alors, et de quelle manière il engage la pensée de l'histoire que nous venons d'esquisser, il convient par conséquent de revenir un peu en arrière. Trois éléments essentiels nous semblent devoir être pris en compte ici.

---

l'essence des réalités est non pas statique et donnée d'emblée mais, au contraire, toujours en formation […] ». Et De Waelhens de conclure, peut-être un peu rapidement : « On ne voit d'ailleurs pas ce que cet évolutionnisme change au débat » (p. 502).

1. M. Merleau-Ponty, « Lettre du 8 juillet 1953 », cit., p. 161.

2. Le mot est employé par Merleau-Ponty : « L'action même politique de Sartre reste une "action de dévoilement" » (*ibid.*, p. 163).

Un modèle linguistique

Le premier concerne la manière dont la référence à la linguistique saussurienne a permis à Merleau-Ponty de construire à la fois une conception de la *différence* qui lui soit propre et une certaine idée de ce que *produire* signifie. Au lendemain de la guerre, l'œuvre et l'importance théorique de Saussure restaient encore très peu connues en dehors d'un cercle restreint de linguistes. On n'en prendra, à vrai dire, la mesure qu'à la fin des années 1950 et dans les années 1960. Merleau-Ponty est l'un des premiers à s'être intéressé à Saussure, à commenter certains de ses textes dans ses cours à la Sorbonne dès la fin des années 1940[1], et à en explorer les possibilités d'usage *en philosophe*[2]. En philosophe : parce que la démarche merleau-pontienne fonctionne au rebours de ce que les linguistes tentent de faire à la même époque. Il ne s'agit pas pour lui d'affirmer que « si la conciliation des linguistiques – structurale et historique – est possible, c'est bien dans le domaine des recherches visant

1. Voir à ce propos la reconstitution des cours de Merleau-Ponty à la Sorbonne faite à partir des notes des auditeurs : *Merleau-Ponty à la Sorbonne, résumé des cours, 1949-1952*, Paris, Éditions Cynara, 1988.

2. La reconnaissance de ce caractère « pionnier » de l'intérêt de Merleau-Ponty pour la linguistique saussurienne est par exemple soulignée, dès le milieu des années 1950, par A.-J. Greimas, « Actualité du saussurisme », *Le français moderne*, n° 24, 1956, p. 191-203 : « Il serait inexact de dire que le nom de Ferdinand de Saussure est inconnu dans les milieux des linguistes français. Il n'est pas moins vrai cependant que la théorie saussurienne reste presque ignorée de la "philologie française" fidèlement attachée, du moins dans ses principales contributions, à l'esprit de la grammaire historique du XIXᵉ siècle. Reflétant la conviction à peu près unanime de ses maîtres, un jeune linguiste de 1935 avait encore tendance à considérer avec dédain les travaux des écoles de Genève et de Prague, dont l'ésotérisme, disait-on, cachait mal les spéculations purement théoriques, contraires aux faits linguistiques positifs et au bon sens le plus élémentaire. Et cependant, quand ce même linguiste est amené à lire, une vingtaine d'années plus tard, la confession d'un sociologue qui reproche à ses maîtres de l'entre-deux-guerres d'avoir été "plus occupés sans doute à méditer l'*Essai sur les données immédiates de la conscience* que le *Cours de linguistique générale* de F. de Saussure", ou cette affirmation d'un philosophe que "Saussure pourrait bien avoir esquissé une nouvelle philosophie de l'Histoire"; quand il se voit obligé de réviser son attitude à l'égard du saussurisme grâce, en partie du moins, à cette "redécouverte" de Saussure par des sciences de l'homme autres que la linguistique, il se trouve devant la situation pour le moins paradoxale de l'héritage saussurien en France ».

l'exploration de la dimension historique de l'espace linguistique qu'elle se produira»[1], mais d'explorer ce que la linguistique peut fournir au philosophe comme éléments pour construire une nouvelle conception de l'histoire. En réalité, dès la publication de la *Phénoménologie de la perception*, en 1945, Merleau-Ponty avait exprimé un intérêt explicite pour Saussure[2]. Algirdas-Julien Greimas ne s'y trompera pas :

> C'est dans cette perspective que la linguistique saussurienne saluera avec reconnaissance les efforts de M. Merleau-Ponty tendant à élaborer une psychologie du langage où la dichotomie de la pensée et du langage est abandonnée au profit d'une conception du langage où le sens est immanent à la forme linguistique et qui, compte tenu du ton tout personnel de l'auteur et de convergences de pensée multiples, paraît, à bien des égards, comme le prolongement naturel de la pensée saussurienne[3].

Mais de manière significative, rendant également hommage à Lévi-Strauss dans le même texte[4] et lui attribuant – à juste titre – le recentrement des analyses sociologiques et anthropologiques autour de la notion de *signifiant*, Greimas renvoie Merleau-Ponty à une démarche marxiste qui tente de construire la compossibilité de deux termes opposés : «L'application du postulat saussurien lui permet, au contraire, d'opposer valablement, […] pour appliquer la

---

1. *Ibid.*, p. 203.

2. *Cf.* M. Merleau-Ponty, *Phénoménologie de la perception*, Paris, Gallimard, 1945, en particulier le chapitre intitulé «Le corps comme expression et la parole», p. 203-232.

3. A.-J. Greimas, «Actualité du saussurisme», art. cit., p. 193.

4. «Plus importante encore sera l'extension de la théorie saussurienne à la sociologie, extension dont le mérite revient à Claude Lévi-Strauss […]. L'importance de la tâche, entreprise ainsi parallèlement par C. Lévi-Strauss et M. Merleau-Ponty, n'échappe à personne. Car il ne s'agit ni plus ni moins que de réaffirmer, en partant du postulat saussurien, et en l'appliquant aussi bien à l'"ordre pensé" qu'à l'"ordre vécu", l'autonomie et la réalité de la dimension sociale, de l'objet social. À travers les différences de terminologie : Lévi-Strauss préférant peut-être *l'inconscient collectif*, Merleau-Ponty *l'espace social* autonome, et malgré les divergences de présuppositions métaphysiques, apparaît cependant la *réalité sociale*, intelligible, comme le morceau de cire de Descartes, dans la transparence de son réseau relationnel, et totale» (*ibid.*).

terminologie marxiste que préfère M. Merleau-Ponty – ménageant ainsi une ouverture possible de la sociologie à l'histoire –, les forces productives aux formes de la production » [1].

Notre propos n'est pas d'établir ici si la lecture qu'en fait Merleau-Ponty rend effectivement justice à la linguistique saussurienne, ni même si la manière dont il utilise Saussure en 1945 est exactement la même que celle qui est à l'œuvre en 1952, dans la leçon inaugurale au Collège de France – et par la suite dans les cours postérieurs. La question qui nous retient est plutôt : qu'est-ce qui, chez Saussure, intéresse Merleau-Ponty ? Quel type d'emprunt effectue-t-il pour construire l'histoire dont il a besoin, pour ouvrir à la possibilité d'une histoire qui insiste autant – et *en même temps* – sur les « forces productives » et sur les « formes de la production » ou, pour le dire autrement, sur les subjectivités se faisant dans l'histoire et sur le « *déjà-là* » des déterminations historiques ?

On se souvient que, pour Merleau-Ponty, le sujet de l'expérience perceptive est à la fois celui qui est amené à gérer du donné – dans la mesure où il y a une accumulation de savoir perceptif au sein du monde dans lequel il est enraciné –, et celui qui ne cesse de découvrir un monde qui ne préexiste pas à sa propre incarnation mais lui est au contraire exactement contemporain. Voilà donc qu'émerge le double statut du sujet :

> Le sujet de la perception n'est pas ce penseur absolu, il fonctionne en application d'un pacte passé à notre naissance entre notre corps et le monde, entre nous-même et notre corps, il est comme une *naissance continuée*, celui a qui une situation physique et historique est donnée à gérer, et l'est à chaque instant de nouveau. Chaque sujet incarné *est comme un registre ouvert dont on ne sait ce qui s'y inscrira – ou comme un nouveau langage dont on ne sait quelles œuvres il produira, mais qui, une fois apparu, ne saurait manquer de dire peu ou beaucoup, d'avoir une histoire ou un sens. La productivité même ou*

---

1. A.-J. Greimas, « Actualité du saussurisme », art. cit.,

*la liberté humaine, loin de nier notre situation, l'utilisent et la
tournent en moyen d'expression*[1].

L'homologie avec le statut du langage naît de cette évidence : nous sommes à la fois les gérants d'une « situation physique et historique » – ce qui signifie que nous n'échappons pas aux déterminations naturelles et culturelles de notre « situation » dans le monde – ; mais nous sommes également dans la position d'inaugurer à chaque instant le monde (l'expression « naissance continuée » est, de ce point de vue, tout à fait remarquable). On aurait tort de croire que la métaphore du « registre ouvert » n'implique que l'attente passive d'un texte devant nécessairement s'y inscrire, un peu comme s'il s'agissait de revenir à une conception du comportement humain comme pur enregistrement de stimuli externes et comme réaction à ceux-ci. La position que formule Merleau-Ponty est tout autre : ce sur quoi il faut insister, c'est au contraire « la productivité même ou la liberté humaine », c'est-à-dire la capacité des hommes à inaugurer de l'intérieur même du monde historique où ils sont « plantés ». Les hommes sont à la fois déterminés et déterminants, en situation et créateurs, gestionnaires de l'existant et producteurs.

C'est précisément ici que le parallélisme avec le langage s'impose, puisque celui-ci suppose tout à la fois l'utilisation de règles et de significations déjà disponibles, et l'invention sans cesse relancée – « comme une naissance continuée » – du sens. Quand Merleau-Ponty parle d'un « nouveau langage », il parle en réalité de cela : de la possibilité d'inaugurer au sein de ce qui est déjà là, d'instituer là où déjà des institutions se donnent ; de la possibilité, aussi, que cette inauguration devienne à son tour institution.

Par ailleurs, la référence au langage est redoublée à partir d'une seconde question formulée par Merleau-Ponty – qui est en réalité la conséquence du point que nous venons d'examiner. Le problème est

---

1. M. Merleau-Ponty, « Un inédit de Maurice Merleau-Ponty » (texte remis à Martial Guéroult, rapporteur de sa candidature au Collège de France, vraisemblablement fin 1951 – l'élection eut lieu en février 1952), et publié de manière posthume, avec une note introductive de Guéroult, dans la *Revue de métaphysique et de morale*, n° 4, octobre 1962, p. 401-409. Désormais repris dans M. Merleau-Ponty, *Parcours deux*, *op. cit.*, p. 36-48. La citation est aux p. 40-41 (nous soulignons).

le suivant : « Nous qui sommes insérés par notre naissance dans un flux de pensée auquel personne d'autre n'aura jamais le même accès immédiat, comment pouvons-nous cependant nouer avec autrui des relations de réciprocité qui le supposent notre égal ? »[1]. Devant l'énigme que pose l'articulation d'une singularité absolue – mon être perceptif, mon corps, mon expérience, mon histoire : mon rapport au monde – avec celle d'autrui et la possibilité d'une compréhension réciproque, nous sommes en réalité exposés à une double tentation. La première consiste à replacer notre propre flux de pensée dans une réalité plus grande, qui le contiendrait et en rendrait raison dans la mesure exacte où elle le précèderait et le fonderait ; or, bien évidemment, pour Merleau-Ponty, « [i]l ne s'agit pas pour nous de superposer aux feux de l'expérience perceptive une Pensée Universelle, supposée donnée en chacun de nous »[2]. Le recours à une « Pensée Universelle » déjà présente en deçà de chaque singularité est une manière de résoudre le problème, mais c'est aussi recourir à un artifice qui non seulement ramène la philosophie vers la métaphysique mais se retrouve devoir affronter un écueil plus grand encore. Si nous sommes tous par avance inscrits dans une pensée qui nous précède, le problème de la compréhension et de la communication se trouve certes singulièrement simplifié ; mais on voit mal en revanche comment continuer à faire du sujet de perception un « livre ouvert » et non encore écrit, et de son expérience perceptive une « naissance continuée ». En somme : si l'avantage d'un universel fondateur de ce genre est qu'il garantit la possibilité de l'intersubjectivité, en contrepartie, il faut bien qu'il hypothèque la liberté de l'homme. À l'inverse (c'est la seconde tentation), si l'on accorde au sujet de l'expérience perceptive une singularité totale – puisque l'expérience perceptive est avant toute chose *une expérience*, un corps inséré dans le monde, et peut-être même *un monde*, le monde de *mon* rapport au monde –, alors on risque l'enfermement dans une sorte de solipsisme perceptif et rien ne nous garantit de pouvoir accéder à autrui ou de pouvoir être atteint par lui.

---

1. M. Merleau-Ponty, « Titres et travaux, projet d'enseignement », dans *Parcours deux*, *op. cit.*, p. 23.
2. *Ibid.*, p. 24.

C'est précisément à ce moment-là de son raisonnement, afin de montrer que nul universel – ni naturel, ni linguistique – ne précède l'expérience perceptive, c'est-à-dire également l'expérience de la perception d'autrui, et qu'en même temps chaque expérience perceptive peut « circuler » d'une singularité à l'autre et que toute parole est transparente à autrui, que Merleau-Ponty prend pour exemple le langage : « Ici le fait [de langage] […] n'est pas l'expression d'une loi antérieure à lui-même »[1]. Et c'est ce parallélisme explicite que Merleau-Ponty choisit précisément de construire à partir de sa lecture de Saussure.

Nous l'avons déjà rappelé, Saussure est l'une des références explicites des cours de Merleau-Ponty à la Sorbonne à la toute fin des années 1940 – cours auxquels Foucault, jeune normalien assistait, comme il a tenu à le rappeler en 1983 :

> Le passage s'est fait de la phénoménologie au structuralisme, et essentiellement autour du problème du langage. Il y aurait là, je pense, un moment assez important, le moment où Merleau-Ponty a rencontré le problème du langage. Et vous savez que les efforts du dernier Merleau-Ponty ont porté là-dessus ; je me souviens très bien des cours où Merleau-Ponty a commencé à parler de Saussure qui, bien que mort il y avait environ cinquante ans, était tout à fait ignoré, je ne dis pas des philologues et des linguistes français, mais du public cultivé[2].

À partir de ce « tournant », le linguiste deviendra l'un des pivots autour desquels se construit la pensée merleau-pontienne : souvent convoqué dès les premières lignes de certains textes, comme s'il s'agissait de se placer explicitement sous l'ombre portée de son travail – c'est par exemple le cas de l'étude sur *Le langage indirect et les voix du silence*[3] ou encore du texte de la conférence *Sur la*

---

1. *Ibid.*, p. 25.
2. M. Foucault, « Structuralisme et poststructuralisme », art. cit., p. 434. Le fait est confirmé par Claude Lefort dans la chronologie qu'il a établie pour l'édition des *Œuvres* de Merleau-Ponty (Paris, Gallimard, 2010).
3. M. Merleau-Ponty, « Le langage indirect et les voix du silence », dans *Signes*, *op. cit.* Le texte commence de la manière suivante : « Ce que nous avons appris de Saussure, c'est que les signes un à un ne signifient rien, que chacun d'eux exprime

phénoménologie du langage[1]; parfois encore au bout de quelques pages, comme dans *Science et expérience de l'expression*[2]; ou, de manière plus oblique, comme dans *Le langage indirect*[3]. Mais Saussure hante aussi des textes qui ne portent pas directement sur le langage : c'est le cas de la leçon inaugurale au Collège de France, *Éloge de la philosophie*; ce sera encore le cas des « Notes de travail » que Claude Lefort a publiées en même temps que le dernier manuscrit – inachevé – de Merleau-Ponty, *Le visible et l'invisible*[4]. À toutes ces citations, un élément commun : une lecture de Saussure qui tourne entièrement autour d'un point – certes crucial dans l'économie de la

moins un sens qu'il ne marque un écart de sens entre lui-même et les autres. Comme on peut en dire autant de ceux-ci, la langue est faite de différences sans termes, ou plus exactement, les termes en elle ne sont engendrés que par les différences qui apparaissent en eux. Idée difficile [...] » (p. 49).

1. M. Merleau-Ponty, « Sur la phénoménologie du langage », communication faite au premier *Colloque International de Phénoménologie*, Bruxelles, 1951 ; reprise dans *Signes, op. cit.*, p. 108 : « Si donc, considéré selon une coupe transversale, le langage est système, il faut aussi qu'il le soit dans son développement. Saussure a beau maintenir la dualité des perspectives, ses successeurs sont obligés de concevoir avec le *schème sublinguistique* (Gustave Guillaume) un principe médiateur ».

2. M. Merleau-Ponty, « Science et expérience de l'expression », dans *La prose du monde, op. cit.*, p. 33-34 : « [...] Saussure inaugure à côté de la linguistique de la langue qui la ferait apparaître, à la limite, comme un chaos d'événements une linguistique de la parole, qui doit montrer en elle, à chaque moment, un ordre, un système, une totalité sans lesquels la communication et la communauté linguistique seraient impossibles ».

3. M. Merleau-Ponty, « Le langage indirect », dans *La prose du monde, op. cit.*, p. 145 : « Nous disions plus haut avec Saussure qu'un acte singulier n'est pas de soi signifiant et ne le devient que comme modulation d'un système général d'expression, et en tant qu'il se *différencie* des autres gestes linguistiques qui composent la langue, si bien que le langage ne peut en somme porter que des différences de significations [...] ». Les italiques sont ceux de Merleau-Ponty.

4. M. Merleau-Ponty, *Le visible et l'invisible*, suivi de « Notes de travail », *op. cit.* Parfois, la référence est explicite sans que le nom de Saussure n'apparaisse directement : « Les mots ne renvoient pas à des significations positives et finalement au flux des *Erlebnisse* comme *Selbstgegeben*. Mythologie d'une conscience de soi à laquelle renverrait le mot "conscience" – Il n'y a que des *différences* de significations » (« Janvier 1959 », p. 223, les italiques sont ceux de Merleau-Ponty). Parfois encore, Saussure est ouvertement convoqué : « L'analyse saussurienne des rapports entre signifiants et des rapports de signifiant à signifié et des significations comme différences de significations, confirme et retrouve l'idée de la perception comme écart par rapport à un *niveau*... » (« Septembre 1959 », p. 252, c'est Merleau-Ponty qui souligne).

linguistique saussurienne, mais qui ne saurait en représenter la totalité complexe –, celui de la dimension diacritique à la fois des signes et du sens, c'est-à-dire celui de l'introduction du concept de *différence* comme clef d'analyse du système de la langue.

Le concept de différence apparaît en réalité à plusieurs niveaux, et sous des formes qui ne sont pas exactement identiques. La première d'entre elles passe à travers le caractère constitutif de la notion de *rapport* que l'on trouve directement impliquée dans la définition saussurienne de l'arbitraire du signe. L'affirmation de cet arbitraire est évidemment essentielle : là se trouve l'innovation principale de Saussure et sa modernité. Mais elle n'est pas sans conséquences : l'idée que le signe soit un *rapport* entre le signifiant et le signifié implique en effet qu'à la base de la langue se trouve non une série d'unités élémentaires – des sortes d'« atomes » linguistiques qui en représenteraient la condition de possibilité – mais une structure duelle, la mise en relation de deux éléments qui, pris séparément, n'auraient aucune valeur linguistique propre[1]. Le rapport est par ailleurs reproduit à un niveau supérieur lorsque, devant rendre compte de la constitution de la chaîne linguistique et de la production de sens qui en dérive, Saussure fait précisément surgir le sens de la *mise en rapport* de différents signes : non pas, donc, en vertu de leur simple addition ou juxtaposition – ce qui reviendrait à penser chaque signe comme détenteur d'une portion de sens, que la phrase sommerait en une sorte de récollection générale et réussirait à fondre en un sens plus vaste –, mais au contraire en vertu de leur « mise en contact » sur fond d'hétérogénéité. L'alchimie sémantique qui se produit au moment où deux signes que rien ne prédisposait à se côtoyer se rencontrent et *produisent*, dans l'espace de leur relation, ce

---

1. Voir à ce propos F. de Saussure, *Cours de linguistique générale*, Paris, Payot, 1995, p. 166 : « Tout ce qui précède revient à dire que *dans la langue, il n'y a que des différences.* Bien plus : une différence suppose en général des termes positifs entre lesquels elle s'établit ; mais dans la langue, il n'y a que des différences sans termes positifs. [...] Un système linguistique est une série de différences de sons combinés avec une série de différences d'idées ; mais cette mise en regard d'un certain nombre de signes acoustiques avec autant de découpures faites dans la masse de la pensée engendre un système de valeurs [...] ».

que nous appelons le sens, impose donc que l'on pense ce dernier comme un rapport de rapports : ce qui est à la lettre produit par la mise en rapport de signes qui sont eux-mêmes le produit de rapports arbitraires entre signifiant et signifié. Voilà donc en quoi consiste la dimension diacritique de la langue[1].

Le troisième emploi saussurien de cette idée constitutive du « rapport » comme matrice productive du sens est enfin celui qui fait toujours jouer un signe sur le fond de tous les autres. La valeur d'un signe n'est pas intrinsèque : elle est produite par le rapport avec les autres signes participant à la même chaîne linguistique, mais elle est également tributaire de ce rapport, moins visible mais non moins important, qui la lie à tous les autres signes qui auraient pu être

1. Dans un manuscrit retrouvé en 1996 et publié avec un ensemble d'autres textes sous le titre *Écrits de linguistique générale* (Paris, Gallimard, 2000), Saussure insiste plus encore que dans le *Cours de linguistique générale* sur cet aspect essentiel de sa pensée et sur ses implications philosophiques. L'idée d'un principe d'opposition intra-systémique (qu'il nomme tour à tour négativité, différence, kénôme) devient le fondement même de la possibilité d'une grammaire générale. Nous reviendrons plus avant sur l'appellation « négativité ». Au tout début du texte intitulé *De l'essence double du langage*, Saussure écrit ainsi : « Les éléments premiers sur lesquels portent l'activité et l'attention du linguiste sont donc non seulement d'une part des éléments complexes, qu'il est faux de vouloir simplifier, mais d'autre part des éléments *destitués* dans leur complexité d'une unité naturelle, non comparables à un corps simple chimique, ni davantage à une combinaison chimique, très comparables si l'on veut en revanche à un *mélange chimique*, tel que le mélange de l'azote et de l'oxygène dans l'air respirable ; de façon que l'air n'est plus l'air si on en retire l'azote ou l'oxygène, que cependant rien ne lie la masse d'azote répandue dans l'air à la masse d'oxygène, que troisièmement chacun de ces éléments n'est sujet à classification que vis-à-vis d'autres éléments du même ordre, mais qu'il n'est plus question d'air si l'on passe à cette classification et que quatrièmement leur mélange n'est pas impossible à classer de son côté » (*ibid.*, « 2a. [De l'essence double : Principe "premier et dernier" de la dualité] », p. 18). Et quelques pages plus loin : « *Forme* implique : Non pas une certaine entité *positive* d'un ordre quelconque, et d'un ordre simple ; mais l'entité à la fois *négative* et *complexe* : résultant (sans aucune espèce de base matérielle) de la *différence* avec d'autres formes COMBINÉE avec la différence de signification d'autres formes » (*ibid.*, « 6c. [Forme] », p. 36). Cette définition de la « forme » est, de fait, étonnamment proche de celle que Merleau-Ponty donne dans les « Notes de travail » du *Visible et l'invisible* : « Qu'est-ce qu'une *Gestalt* ? Un tout qui ne se réduit pas à la somme de ses parties, définition négative, extérieure […]. C'est un système diacritique, oppositif, relatif, dont le pivot est le *Etwas*, la chose, le monde, et non l'idée » (« Gestalt », septembre 1959, dans M. Merleau-Ponty, *Le visible et l'invisible, op. cit.*, p. 255-256).

convoqués à sa place et qui ne l'ont pas été[1]. Là encore, l'idée
du rapport est susceptible de deux lectures complémentaires et
opposées : il implique l'idée d'une mise en contact d'éléments
hétérogènes – une hétérogénéité d'autant plus grande que la structure
du signe est elle-même un rapport arbitraire –, mais il fait aussi valoir
celle de l'*écart* qui les sépare et qui, loin de se combler à la suite de
leur mise en rapport, se creuse et s'étire jusqu'à ce que quelque chose
surgisse que nous appelons le sens.

Rapport, écart : les termes nous semblent de prime abord
antithétiques – l'écart semble marquer la distance définitive entre
deux éléments irréconciliables alors que le rapport implique par
définition une mise en relation. Et pourtant, ce qui s'impose avec les
théorisations saussuriennes, c'est bien cette vérité en forme de paradoxe : un rapport n'existe que parce que les éléments qu'il met en
contact ne seront jamais réductibles l'un à l'autre ; et inversement,
l'hétérogénéité de chacun des éléments n'est reconnaissable que
parce qu'elle s'est un jour mesurée à celle d'un autre. Le concept de
différence, que Saussure utilise souvent de préférence à la notion
d'écart, est en réalité à la croisée de ces deux lignes. Une différence
suppose à la fois deux termes radicalement singuliers et un rapport
qui, précisément parce qu'il les met en contact, permet de reconnaître
cette singularité qui est la leur. La différence est à la fois le nom de
l'écart qui les sépare et celui du rapport qui permet de prendre la
mesure de leur singularité ; et comme chaque signe est à son tour un
rapport, il arrive que Saussure nomme *différence* tout à la fois le signe
lui-même, la relation différentielle entre deux ou plusieurs signes,
l'impossibilité à assigner une valeur quelconque à un élément simple,
et la complexité qui est au contraire la condition de possibilité de la
langue[2].

---

1. F. de Saussure, *Écrits de linguistique générale*, *op. cit.*, « 12. [Vie du langage] »,
p. 54 : « Tout ce qui représente pour l'esprit le signal maritime d'un drapeau rouge ou
bleu procède, non de ce qu'il est, non de ce qu'on est disposé à y associer, mais
exclusivement de ces deux choses : 1) de sa différence avec les autres signes figurant au
même moment, 2) de sa différence avec les signes qui auraient pu être hissés à sa place,
et à la place des signes qui l'accompagnent ».

2. *Ibid.*, « 7. Capital », p. 42-43 : « Il y a *des* formes et *des* significations possibles
(nullement correspondantes) ; il y a même seulement en réalité des *différences* de

On retrouve en permanence ces éléments dans les analyses de Merleau-Ponty. En effet, ce qui fascine visiblement le philosophe, c'est que la mise en rapport soit fondatrice. L'accent semble donc systématiquement ramené à cette « structure de rapport » qui fait en sorte que l'analyse linguistique, au lieu de se fonder sur des termes premiers, entiers et positifs, se construit à partir de la relation entre des éléments hétérogènes; c'est-à-dire qu'elle renonce à penser la différence comme un reste, comme un manque ou comme une soustraction, mais la considère au contraire comme une matrice productive. Entendons bien: productive parce que duelle, positive parce que différentielle. Or, si chez Saussure – et parfois chez Merleau-Ponty –, le terme de « négativité » est souvent synonyme de « différence »[1], cela n'implique pourtant pas que le langage soit marqué par le sceau du négatif. Dire du sens qu'il est diacritique – c'est-à-dire affirmer que le sens surgit non pas à partir d'éléments simples mais toujours sur fond de mise en rapport complexe d'éléments hétérogènes –, ou dire qu'à la base de la production du sens on peut trouver une « négativité » fondamentale, cela ne signifie par conséquent pas que le langage soit marqué par un manque d'être ou par une finitude qui en limiterait la puissance. Bien au contraire, cette négativité présente la forme d'un oxymore: puisqu'elle permet un

formes et des *différences* de significations; d'autre part chacun de ces ordres de *différences* (par conséquent de choses déjà négatives en elles-mêmes) n'existe comme différences que grâce à l'union avec l'autre ». Le concept de différence est donc en lui-même pluriel puisqu'il implique différents ordres de différences (« nullement correspondantes »), et pourtant il n'exclut pas l'union. C'est l'union – c'est-à-dire la mise en rapport – qui permet la reconnaissance des différences: mais bien loin d'en réduire l'hétérogénéité, elle en exalte au contraire la radicalité. L'union n'est pas une réduction à l'unité mais la reconnaissance différentielle des différences.

1. *Ibid.*, « 22b. [Principe fondamental de la sémiologie] », p. 70-71: « D'où l'on peut immédiatement conclure: que tout, dans les deux domaines (non séparables d'ailleurs), est NÉGATIF dans la langue – repose sur une opposition *compliquée*, mais uniquement sur une opposition, sans intervention nécessaire d'aucune espèce de donnée positive. Le principe de la négativité des signes ou des significations […] se vérifie dès les plus élémentaires substructions de la langue ». Merleau-Ponty écrit quant à lui: « Cet écart qui, en première approximation, fait sens, n'est pas un non dont je *m'*affecte, un manque que je constitue comme manque par le surgissement d'une *fin* que je me donne – c'est une négativité *naturelle*, une institution première, toujours déjà là » (« Novembre 1959 », dans M. Merleau-Ponty, *Le visible et l'invisible, op. cit.*, p. 266).

surgissement, c'est en quelque sorte, et de manière étonnante, une *négativité positive*, qui produit quelque chose là où il n'y avait rien – puisque avant de composer par leur assemblage arbitraire la double « différence » qui fonde tout à la fois le signe et, dans l'écart entre les signes, le sens, aucun des termes mis en rapport n'avait de valeur intrinsèque.

Et Merleau-Ponty de commenter, dans *Le langage indirect et les voix du silence* :

> [L]es signes un à un ne signifient rien, [...] chacun d'eux exprime moins un sens qu'il ne marque un écart de sens entre lui-même et les autres. Comme on peut en dire autant de ceux-ci, la langue est faite de différences sans termes, ou plus exactement les termes en elle ne sont engendrés que par les différences qui apparaissent entre eux. Idée difficile, car le bon sens répond que si le terme A et le terme B n'avaient pas du tout de sens, on ne voit pas comment il y aurait contraste de sens entre eux, et si vraiment la communication allait du tout de la langue parlée au tout de la langue entendue, il faudrait savoir la langue pour l'apprendre [1]...

En réalité, le philosophe pointe ici deux problèmes différents. Le premier consiste à dire qu'une différence considérée en tant que telle, c'est-à-dire ancrée dans une hétérogénéité non réductible, non seulement n'exclut pas sa mise en rapport avec une autre différence tout aussi hétérogène, mais doit précisément faire l'expérience de cette hétérogénéité – ce que Merleau-Ponty appelle l'*écart* – pour devenir productive. Un signe en lui-même n'est rien : dans le texte que nous venons de citer, le philosophe va jusqu'à faire l'hypothèse que le rapport (la différenciation) est ce qui fonde les termes différenciés (« les termes [...] ne sont engendrés que par les différences qui apparaissent entre eux »). Or si le danger est de lire dans cette phrase la thèse d'une sorte d'antériorité logique et chronologique de la différence – ce qui ramènerait en réalité à la description d'une relation de causalité où les effets seraient nécessairement distincts et postérieurs à leur cause –, il faut bien comprendre que les termes A et B, dans l'exemple pris par Merleau-Ponty, n'ont de sens qu'à

---

1. M. Merleau-Ponty, « Le langage indirect et les voix du silence », art. cit., p. 49.

partir du moment où l'un se définit par différenciation vis-à-vis de l'autre et réciproquement, et où ce double mouvement de différenciation fait surgir en creux, à la jointure, à l'« intersection et comme dans l'intervalle des mots »[1], le sens des mots eux-mêmes.

Essayons donc d'inverser la formulation : toute tentative pour construire un modèle de production du sens à partir d'unités en elles-mêmes déjà signifiantes et dont la sommation, à la manière de perles enfilées sur un fil, prétendrait produire le sens total de la chaîne linguistique en vertu de l'addition de celui de ses parties, est vouée à l'échec. Cela pour deux raisons : d'une part, parce qu'il faut bien expliquer pourquoi, en passant d'une langue historique à une autre, pour *une même phrase* – c'est-à-dire un sens global identique –, il arrive pourtant que le nombre des signes varie. Et Merleau-Ponty de reprendre à Saussure un exemple célèbre :

> Le rapport du sens à la parole ne peut plus être cette correspondance point par point que nous avons toujours en vue. Saussure encore remarque que l'anglais disant *The man I love* s'exprime aussi complètement que le français disant L'homme *que* j'aime. Le relatif, dira-t-on, n'est pas exprimé par l'anglais. La vérité est qu'au lieu de l'être par un mot, c'est par un blanc entre les mots qu'il passe dans le langage[2].

Il ne s'agit donc pas de quantifier le tout de la phrase à partir de ses parties, tout comme il ne s'agit pas de composer par addition le sens total de la phrase à partir de celui des mots qui la forment – ou alors, pour reprendre l'exemple à peine cité, *The man I love* dit quantitativement moins que *L'homme que j'aime*.

D'autre part – deuxième raison –, parce que si la production de sens n'était le fait que d'une sommation d'éléments en eux-mêmes dotés de sens et représentant autant d'unités positives, alors il s'agirait de penser le fonctionnement du langage comme une grande combinatoire d'éléments définis une fois pour toutes, selon des règles tout aussi définies. On retrouve là un thème cher à Merleau-Ponty, et les textes sont très nombreux chez lui qui dénoncent et déconstruisent

---

1. M. Merleau-Ponty, « Le langage indirect et les voix du silence », art. cit., p. 53.
2. *Ibid.*, p. 53-54.

le rêve d'une axiomatique parfaite du langage, dans la mesure où cela reviendrait à réduire les possibilités de production du sens à un nombre certes très élevé mais malgré tout fini de configurations. En somme, une sorte de version algorithmique du vieux rêve des hommes d'une bibliothèque de Babel qui contiendrait, non seulement tous les livres écrits, mais également par avance tous les livres à venir[1] : un conventionnalisme poussé à l'extrême, qui reviendrait de fait à exclure toute idée de création linguistique au profit de celle, à la fois plus générale et plus limitée, d'une combinatoire d'éléments simples.

On touche alors en ce point le second problème posé par Merleau-Ponty, celui du « tout de la langue ». Si la langue est un ensemble fini, celle-ci peut s'apprendre « partie par partie » jusqu'à permettre la connaissance totale de chacun de ses éléments. Mais cette connaissance exclut du même coup que quelque chose de nouveau puisse intégrer la totalité fermée qu'elle dessine une fois pour toutes : nulle invention, donc, mais une stabilité qui repose au contraire sur la permanence du même, une transparence garantie par le partage sans reste de celui-ci par tous les sujets parlants. Quand je parle à autrui, nous nous comprenons immédiatement parce que chacun d'entre nous n'utilise que des significations communes dont l'autre possède déjà, bien avant de m'avoir entendu parler, l'usage et la maîtrise. Le « même » est ici un ensemble fini dont les éléments, fixes et définis, sont donnés une fois pour toutes.

Si la langue est au contraire un ensemble ouvert dont le mouvement seul fait naître à l'interstice des signes le sens d'une parole, non seulement on ne finira jamais de l'apprendre, mais la transparence linguistique n'est plus assurée : pour me comprendre, autrui devrait connaître par avance non seulement les mots que je prononcerai bientôt mais le choix qui présidera à leur usage, l'ordre que je leur imposerai, et l'intention de signifier qui en traversera entièrement la profération. Si les signes, aussi bien que le sens, ne

1. Voir par exemple à ce propos *ibid.*, p. 102-104 ; de la même manière : certains passages du texte « Le fantôme d'un langage pur », dans *La prose du monde, op. cit.*, par exemple p. 9-10 ; les pages consacrées à Mauss dans « Le langage indirect », *ibid.*, p. 149-150 ; et plus encore « L'algorithme et le mystère du langage », *ibid.*, p. 161-181.

sont pensables que comme rapports différentiels, alors la perspective d'un contrôle total des éléments du langage est vaine, puisque ces éléments sont par définition pris dans un rapport qui en remodèle constamment la valeur. La différence garantit par conséquent la possibilité d'une science du langage – et d'une philosophie du langage – qui échappent au réductionnisme combinatoire; elle permet de réintégrer l'idée d'une infinité de la puissance expressive de la langue – puisque celle-ci dépend non d'un nombre fini d'éléments mais d'un nombre infini de rapports –, c'est-à-dire en réalité celle d'une invention illimitée; elle ouvre l'idée de la structure totalisante du langage à une hétérogénéité qui est d'autant plus forte qu'elle se présente au fondement même du système de la langue. En revanche, il devient bien plus difficile de rendre compte de l'inter-subjectivité linguistique, c'est-à-dire de la possibilité de l'inter-compréhension : l'absence de totalité close du langage semble défaire par avance la possibilité de toute communauté linguistique.

En somme, l'alternative semble être la suivante : considérer la langue comme un tout fini et assurer du même coup la possibilité de l'intercompréhension des parlants à partir du partage sans ombre de la même boîte à outils expressive, mais exclure également l'idée d'une création de sens sans cesse relancée au cœur de la langue; ou bien ouvrir au contraire la langue à un devenir créateur et la faire sortir du cadre contraignant d'un conventionnalisme qui la réduirait à la simple somme de ses termes, mais perdre la garantie de l'inter-compréhension, hypothéquer donc l'idée même d'une communauté linguistique homogène, pour ne pas parler d'une science du langage elle-même[1].

---

1. Le problème n'est bien évidemment pas seulement présent chez Merleau-Ponty : on le rencontre chez de très nombreux linguistes, théoriciens et philosophes à partir des années 1950, et il continue dans une certaine mesure à hanter la réflexion contemporaine aujourd'hui. Qu'on pense à l'ambiguïté de la notion de grammaire générative chez Chomsky, et à la tentative pour concilier l'idée d'un système linguistique entièrement structuré à partir d'invariants à l'idée paradoxale de création – ou, ce qui revient au même, une linguistique *sans histoire* à un *devenir* créatif de la parole. Chez Saussure, la perception de la difficulté est déjà très claire : « *Item*. Les réalités sémiologiques ne peuvent à aucun moment se composer [] De sorte que vous êtes placé depuis le début devant ce dilemme : – ou bien vous vous occuperez seulement du mouvement de

Les réponses de Saussure et de Merleau-Ponty divergent sensiblement. Le premier semble en effet contourner le problème par l'établissement d'une disjonction entre la langue et la parole[1]. En assignant exclusivement comme fonction à la linguistique de décrire le système général de la langue, et en faisant de la parole une sorte d'espace où repousser à la fois la dimension subjective – non plus le système général de la langue mais le sujet investissant la langue et se l'appropriant –, Saussure donne l'impression de rejeter dans les marges de son propre discours tout ce qui pourrait compromettre la cohésion et l'unité de sa description. Si ce n'est que c'est précisément à l'intérieur de son essai de nouvelle grammaire générale qu'il retrouve immédiatement la figure de l'hétérogène : non pas la simple variation du même – qui présenterait l'avantage indubitable d'être à la fois la confirmation du même et l'une de ses sous-espèces, logiquement et chronologiquement postérieure à lui –, mais une différence irréductible; plus encore, une différence marquant de son écart deux termes radicalement hétérogènes et pourtant non-préexistants à cette mise en rapport différentielle. La linguistique saussurienne semble ainsi rejeter tout ce qui menace l'unité de son analyse en dehors de l'objet qu'elle se reconnaît; mais c'est pour retrouver devant elle – au fondement même de son discours : dans la définition technique du signe, dans la description du surgissement du sens, dans le mouvement de la chaîne linguistique – ce qu'elle avait précisément voulu évacuer : l'ouverture, l'écart, la singularité, le devenir. D'où certains propos tenus par le grand linguiste, et qui peuvent sembler surprenants : alors même qu'il affirme par exemple que « [l]e mécanisme de

l'index, ce dont vous êtes libre, mais alors il n'y a ni sémiologie ni langue dans ce que vous explorez; – ou bien, si vous voulez faire de la sémiologie, vous serez obligé non seulement [] mais, ce qui est autrement difficile, de *constituer vos premières unités* (irréductibles) au moyen d'une combinaison » (F. de Saussure, « Nouveaux Item. Fonds BPU 1966 », dans *Écrits de linguistique générale*, *op. cit.*, p. 96-97).

1. Voir à ce propos F. de Saussure, « Linguistique de la langue et linguistique de la parole », dans *Cours de linguistique générale*, *op. cit.*, p. 36-39. Voir aussi « Méthode et principe des deux linguistiques », *ibid.*, p. 127-129. La possibilité d'une linguistique panchronique est certes envisagée par Saussure, mais c'est aussitôt pour noter qu'un « point de vue panchronique n'atteint jamais les faits particuliers de la langue » (*ibid.*, p. 134-135).

la langue – prise partout à un moment DONNÉ, ce qui est la seule manière d'en étudier le mécanisme – sera un jour, nous en sommes persuadé, réduit à des formules relativement simples »[1], il n'hésite pas à reconnaître également qu'« il est à craindre que la vue exacte de ce qu'est la langue ne conduise à douter de l'avenir de la linguistique »[2]. En effet, « dans chaque signe vient donc S'INTÉGRER, se post-élaborer une valeur déterminée [], qui n'est jamais déterminée que par l'ensemble de signes présents ou absents au même moment; et comme le nombre et l'aspect réciproque et relatif de ces signes changent de moment en moment d'une manière infinie, le résultat de cette activité, pour chaque signe, et pour l'ensemble, change aussi de moment en moment dans une mesure non calculable »[3]. C'est là une manière de reconnaître que la distinction nette entre synchronie et diachronie, sur laquelle reposent largement les ambitions du projet linguistique, ne suffit pas à écarter le double problème d'un changement qui s'effectue « de manière infinie » et « dans une mesure non calculable ».

Chez Merleau-Ponty, la réponse est différente, même si cela conduit celui-ci, dans une sorte de mouvement rétrospectif, à attribuer à Saussure une position qu'il aimerait pouvoir considérer comme identique à la sienne. Cette réponse repose sur quatre points.

Le premier consiste à réintégrer la parole dans une théorie générale du langage, dans la mesure où l'affirmation saussurienne du caractère « diacritique, oppositif et négatif » du signe oblige à prendre en considération non seulement la nature du signe en lui-même mais également son rapport avec les autres signes, c'est-à-dire l'ensemble complexe d'une chaîne linguistique, et que celle-ci n'est jamais indépendante d'un sujet parlant. Dans le résumé qu'il rédige pour le cours du jeudi dans le cadre de son enseignement au Collège de France en 1953-1954, Merleau-Ponty note ainsi que

---

1. F. de Saussure, « De l'essence double du langage », dans *Écrits de linguistique générale*, *op. cit.*, p. 43.

2. *Ibid.*, p. 87.

3. *Ibid.*, p. 88.

la parole ne réalise pas simplement les possibilités inscrites dans la langue. Déjà, chez Saussure, en dépit de définitions restrictives, elle est loin d'être un simple effet, elle modifie et soutient la langue tout autant qu'elle est portée par elle. [...] [L]a fameuse définition du signe comme « diacritique, oppositif et négatif » veut dire que la langue est présente au sujet parlant comme un système d'écarts entre signes et significations, que la parole opère d'un seul geste la différenciation dans les deux ordres, et que finalement, à des significations qui ne sont pas closes et des signes qui n'existent que dans leur rapport, on ne peut appliquer la distinction de la *res extensa* et de la *res cogitans*. Le cours cherchait à illustrer et à étendre cette notion saussurienne de la parole comme fonction positive et conquérante [1].

Le problème de savoir s'il y a effectivement chez Saussure, malgré le caractère fondamental de la distinction entre langue et parole, un réinvestissement de la parole au cœur de l'analyse linguistique est une question difficile à laquelle il ne nous appartient pas de répondre ici. Il n'en reste pas moins que la réarticulation que propose Merleau-Ponty des « deux ordres » – c'est-à-dire aussi du diachronique et du synchronique – en « un seul geste » de différenciation attribue à la parole une fonction essentielle : celle de rendre visible le système général de la langue tout autant que le sens en train de se faire, la grammaire générale tout autant que l'intention de signifier, la langue instituée tout autant que l'invention ; et que la description de cette double différenciation simultanée en termes de « geste » n'est pas indifférente – nous reviendrons dans un instant sur la manière dont l'analyse linguistique croise, chez Merleau-Ponty, le thème fondamental du corps.

Le second présupposé merleau-pontien consiste précisément en une réintroduction de la subjectivité au cœur de l'analyse du langage. Une perspective linguistique se limitant à la description d'une histoire objective, c'est-à-dire à celle de différents moments considérés comme préservés de toute contamination subjective, est pour Merleau-Ponty vouée au scepticisme : « L'histoire objective était – toute histoire reste pour Saussure –, une analyse qui décompose le

---

1. M. Merleau-Ponty, « Le problème de la parole », dans *Résumés de cours (Collège de France, 1952-1960)*, Paris, Gallimard, 1968 ; rééd. « Tel », 1982, p. 33-34.

langage et en général les institutions et les sociétés en un nombre infini de hasards. Mais elle ne peut pas être notre seule approche vers le langage. Alors le langage deviendrait une prison… »[1]. Il ne s'agit pas, bien entendu, d'opposer à cette infinité de hasards la vieille idée d'une détermination d'autant plus rassurante qu'elle restaurerait la finitude à l'intérieur du langage et permettrait d'en faire un objet d'autant plus facile à cerner qu'il serait strictement limité. Tout au contraire : chez Merleau-Ponty, l'infinité doit être intégrée en tant que telle et non pas rejetée aux marges d'un système dont elle n'a de cesse de failler l'assise.

Le troisième point représente une conséquence directe de tout ce qui précède. Redéfinir le langage comme *expérience du langage*, c'est, nous l'avons vu, réintroduire le sujet parlant au cœur de la linguistique. Mais un tel déplacement implique du même coup que l'on rende compte de la possibilité d'une communication entre différents sujets parlants : ce qui vaut pour une subjectivité ne peut pas ne pas valoir pour toutes les autres, à moins de revenir à un solipsisme absolu qui évite de se poser le problème d'autrui. Et à nouveau, le problème se pose de comprendre comment cette communication est envisageable. Ou bien l'on décide que la compréhension est rendue possible par un langage absolument commun dont tous les hommes auraient dès le départ les éléments en partage – mais on abandonne du même coup l'idée d'une création continuée du sens dans la parole –; ou bien l'on essaie de tenir ensemble langue et parole, mais il faut alors affronter cette autre question épineuse de la compréhension de la parole d'autrui. En somme : ou bien la langue est un tout donné une fois pour toutes, mais on ne sait plus comment la rendre à nouveau inventive; ou bien encore la langue est créatrice, mais alors elle n'est plus transparente. Soit la philosophie s'enferme dans une sorte de solipsisme linguistique pour ne pas avoir à penser l'expérience du langage comme expérience d'autrui, soit la linguistique intègre au contraire la parole de l'autre mais ne sait plus comment en rendre la compréhension possible, à moins de cerner et de clore

---

1. M. Merleau-Ponty, « Science et expérience de l'expression », dans *La prose du monde*, *op. cit.*, p. 34-35.

définitivement cet *autre de moi-même* sur la figure d'un *autre moi-même*. C'est à partir de cette série de difficultés que Merleau-Ponty définit les deux directions de ses recherches à partir des années 1950. D'une part, l'étude du langage se présente comme celle d'un cas particulièrement remarquable à l'intérieur d'une problématisation plus générale de l'expérience perceptive, qui oblige à chercher la manière d'articuler la singularité (subjective) aux conditions de sa communication ou de son partage; de l'autre, le cas particulier de l'écriture littéraire et plus largement de toute expression créatrice, qu'elle soit linguistique ou gestuelle, permet d'étudier la manière dont il s'agit d'installer « une signification neuve dans une machine de langage construite avec des signes anciens »[1].

Enfin, dernier point remarquable, l'analyse d'un usage du langage qui soit à la fois prosaïque et expressif, circulant et innovateur, instrumental et créateur, commun et singulier – commun parce qu'il a été un jour singulier, singulier parce qu'il déforme de manière cohérente l'ensemble commun du langage disponible –, représente pour Merleau-Ponty un passage nécessaire dans un projet de travail plus vaste.

Nous avons déjà mentionné plus haut la conviction qui est celle du philosophe – et que soulignait à juste titre Greimas dès le milieu des années 1950 –, que la linguistique était appelée à devenir le fil conducteur de la sociologie, dans la mesure où, si la première se pose le problème du partage, de l'échange et de la réciprocité, alors la seconde peut en tirer des enseignements précieux. En réalité, l'élargissement du questionnement merleau-pontien à partir du langage est bien plus conséquent, et c'est sans doute ce qui justifie ce long détour que nous venons de faire à partir de la référence revendiquée à Saussure. Comme le note, par exemple, Merleau-Ponty dans le *Projet d'enseignement* qui accompagne sa candidature au Collège de France, au tout début des années 1950, « [u]ne théorie de la vérité serait donc superficielle si elle ne prenait en considération, outre le sujet parlant et la communauté linguistique, le sujet *vivant, voulant,*

---

1. M. Merleau-Ponty, « Recherches sur l'usage littéraire du langage », dans *Résumés de cours (Collège de France, 1952-1960)*, *op. cit.*, p. 22 (année 1952-1953, cours du lundi).

évaluant, créant et travaillant dans la communauté historique, et les rapports de vérité qu'il peut et pourra nouer avec elle »[1]. Le projet d'une « histoire intégrale », pour reprendre la belle expression utilisée dans ce texte, peut donc être compris comme une tentative pour formuler une analyse de ce genre : ce que l'étude du langage – c'est-à-dire en particulier celle de l'expérience subjective de la parole, ou de l'usage littéraire du langage – nous apprend, c'est que l'analyse de l'histoire nous place devant des difficultés du même ordre : penser ensemble les déterminations du *déjà-là* de l'histoire et le devenir des différences possibles, « l'histoire déjà faite » et l'histoire se faisant, ce qui nous produit comme objets historiques et ce dont nous sommes les acteurs – l'histoire elle-même.

Le point, on l'a souligné à maintes reprises, est éminemment politique : il engage une certaine conception de la liberté et de l'action humaines, il implique aussi une manière de penser toujours l'engagement sur fond de diagnostic historique. À l'inverse, il postule, au sein d'une cartographie des déterminations historiques qu'il donne à voir, la présence toujours tangible de l'ouverture à la nouveauté radicale, à ce que nous avons souvent appelé une « bifurcation » de l'histoire. On est dans une toute autre représentation de l'histoire que celle qu'on trouve au même moment chez Sartre ; mais on peut identifier également une toute autre conception de ce que peut être, dès lors, l'action politique.

Le tournant est encore plus visible dans les toutes dernières lignes de l'essai sur *Le langage indirect et les voix du silence*. Après avoir provisoirement conclu à propos du langage, Merleau-Ponty y note en effet : « La pensée politique elle-même est de cet ordre [...]. La vie personnelle, l'expression, la connaissance et l'histoire avancent obliquement, et non pas droit vers des fins ou vers des concepts »[2]. Or

1. M. Merleau-Ponty, « Titres et travaux, projet d'enseignement », art. cit., p. 32 (nous soulignons).

2. M. Merleau-Ponty, « Le langage indirect et les voix du silence », art. cit., p. 104. Voir également M. Merleau-Ponty, « Un inédit de Maurice Merleau-Ponty », art. cit., p. 45 : « Car ces recherches sur l'expression et la vérité approchent par son versant épistémologique le problème général des rapports de l'homme avec l'homme qui fera l'objet de nos recherches ultérieures. La relation linguistique des hommes doit nous aider à comprendre un ordre plus général de relations symboliques et d'institutions qui

le déplacement d'une réflexion sur le langage à une réflexion à la fois épistémologique (la connaissance), historique (l'histoire) et politique (la communauté) ne peut manquer d'évoquer pour nous le mouvement qu'effectuera la pensée de Foucault quelques années plus tard, et il s'accomplit selon la même articulation problématique entre ce qui est de l'ordre de la détermination historique (et qu'il importe d'analyser épistémologiquement) et ce qui est de l'ordre de l'intransitivité de la liberté, ou de la possibilité de la création depuis l'intérieur même de l'histoire (dont il faut politiquement cerner l'ouverture toujours virtuellement présente)[1].

assurent, non plus seulement l'échange des pensées, mais celui des valeurs de toute espèce, la coexistence des hommes dans une culture et, au-delà de ses limites, dans une seule histoire ».

1. Sur le parallélisme des parcours de Merleau-Ponty et de Foucault, et le passage du littéraire au politique, je me permets de renvoyer à mon étude « Prose du monde ou ordre du discours ? La littérature, un enjeu politique », dans D. Lorenzini et A. Revel (dir.), *Le travail de la littérature. Usages du littéraire en philosophie*, Rennes, P.U.R., 2012.

CHAPITRE VI

LE CHIASME DE L'HISTOIRE

DÉTERMINATIONS HISTORIQUES ET OUVERTURE DE L'HISTOIRE

Un examen un peu attentif des cours donnés par Merleau-Ponty au Collège de France dans ces mêmes années confirme de fait tout à la fois ce passage du linguistique au politique, et la centralité de ce « chiasme » de la détermination et de la création dans l'un et l'autre espace d'enquête. Plus que d'un passage, c'est en effet de deux lignes d'analyses parallèles qu'il s'agit désormais de lire la progression. Si, en 1952-1953, les leçons semblent encore très fortement centrées sur les rapports entre perception et langage[1], le cours du lundi sur *L'usage littéraire du langage* introduit déjà de manière parfaitement claire l'idée que la création littéraire et le langage disponible, l'invention et le déjà-là, sont à prendre ensemble, même s'il s'agit de comprendre quel lien ontologique établir entre eux : « Peut-être devrait-on considérer le langage constitué comme une forme secondaire, dérivée de l'opération initiale qui installe une significa-tion neuve dans une machine de langage construite avec des signes anciens »[2]. Plus troublantes encore, les dernières lignes du résumé du cours que Merleau-Ponty rédige pour l'annuaire du Collège de

---

1. Le cours du jeudi porte en effet sur « Le monde sensible et le monde de l'expression », et celui du lundi sur « Recherches sur l'usage littéraire du langage ».

2. M. Merleau-Ponty, « Recherches sur l'usage littéraire du langage », art. cit., p. 22.

France proposent une étrange opération : d'une part, un portrait politique de Stendhal qui pourrait bien être aussi le portrait de Merleau-Ponty lui-même ; de l'autre, l'idée qu'encore une fois, ce que nous apprend l'usage littéraire du langage pourrait bien être plus largement ce que nous devons apprendre de notre propre condition d'hommes dans l'histoire.

Dans le premier cas, l'autoportrait que l'on peut déchiffrer, caché dans l'hommage rendu à Stendhal, sonne comme un écho par anticipation de l'argumentation développée dans la lettre à Sartre du 8 juillet 1953 :

> Pourtant, à travers tant d'oscillations du cynisme à la candeur, il y a une ligne de Stendhal : il n'a pas varié dans son refus absolu d'accepter l'ignorance et la misère, et dans cette pensée qu'un homme n'est pas formé tant qu'il ne s'est pas «colleté avec la réalité», tant qu'il n'est pas sorti des relations de politesse que lui ménageait sa classe. Ces négations n'engagent pas moins qu'une adhésion. Être humain est un parti aussi, dit à peu près Stendhal. Peut-être cette fonction de critique est-elle l'engagement de l'écrivain[1].

Dans le second, c'est bien un saut du langage à la vie tout entière qu'il s'agit d'effectuer. «Peut-être le langage chez tous est-il la fonction centrale *qui construit une vie comme une œuvre*, et qui transforme en motifs de vie jusqu'à nos difficultés d'être»[2] : faire de sa vie une œuvre, sans pour cela renoncer à la considérer en dehors d'une histoire dont elle est aussi le produit, cela ressemble en réalité à cette déformation cohérente qui permet à l'écrivain, s'emparant de l'ensemble des significations disponibles, d'y inventer son propre langage[3]. On n'invente jamais à partir de rien, et pourtant jamais

---

1. M. Merleau-Ponty, «Recherches sur l'usage littéraire du langage», art. cit., p. 29-30.

2. *Ibid.*, p. 30.

3. Le thème est central chez Merleau-Ponty : «Chez l'écrivain la pensée ne dirige pas le langage du dehors : *l'écrivain est lui-même comme un nouvel idiome qui se construit, s'invente des moyens d'expression et se diversifie selon son propre sens*. Ce qu'on appelle poésie n'est peut-être que la partie de la littérature où *cette autonomie s'affirme avec ostentation*. Toute grande prose est aussi une *recréation* de l'instrument signifiant, désormais manié selon *une syntaxe neuve*. Le prosaïque se borne à toucher

invention n'a été plus inaugurale que celle-là – de l'intérieur même de ce qui devrait la réduire à l'état présent des choses – ; et cette invention sur fond de détermination (ou à l'inverse : cette détermination en permanence tordue et rouverte ailleurs) est précisément ce qui fait de notre vie, et de notre histoire, un enjeu tout à la fois esthétique (« une vie comme une œuvre » : l'expression de Merleau-Ponty ne peut manquer d'évoquer pour nous le « faire de sa vie une œuvre d'art » que l'on trouvera bien plus tard chez Foucault) et politique.

C'est ce que Foucault nommera précisément production, *êthos*, attitude, expérimentation de la différence possible ; c'est ce que Merleau-Ponty nomme quant à lui *expression*. Il faut se souvenir que l'*expression* est pour le philosophe ce qui réussit à dépasser l'usage conventionnel du langage par un processus d'invention en vertu duquel le mouvement même d'une langue (c'est-à-dire en réalité l'expérience expressive d'un sujet parlant) inaugure et fixe les significations. D'où la distinction entre deux types d'expériences : celle d'une « langue prosaïque » (instrumentale) et celle d'une « prose » expressive, ou bien encore celle d'un « langage constitué » et celle d'un « langage constituant ». L'*expression* est le nom que Merleau-Ponty attribue à la seconde, c'est-à-dire « non pas ce travail dérivé qui substitue à l'exprimé des signes donnés par ailleurs avec leur sens et leur règle d'emploi, mais l'opération première qui d'abord constitue les signes en signes, fait habiter en eux l'exprimé par la seule éloquence de leur arrangement et de leur configuration, implante un sens dans ce qui n'en avait pas, et qui donc, loin de s'épuiser dans l'instant où elle a lieu, inaugure un ordre, fonde une institution ou une tradition »[1]. L'expression, c'est la possibilité de rendre compossibles l'innovation et la tradition.

L'année suivante, en 1953-1954, Merleau-Ponty consacre ses deux cours au *Problème de la parole*, d'une part, et aux *Matériaux pour une théorie de l'histoire*, de l'autre. Et il suffit précisément de

par des signes convenus des significations déjà installées dans la culture. La grande prose est l'art de capter un sens qui n'avait jamais été objectivé jusque-là et de le rendre accessible à tous ceux qui parlent la même langue » (M. Merleau-Ponty, « Un inédit de Maurice Merleau-Ponty », art. cit., p. 44-45, nous soulignons).

1. M. Merleau-Ponty, « Le langage indirect et les voix du silence », art. cit., p. 84.

remplacer par les mots *événement* et *histoire* ce qu'il dit, au tout début du résumé du premier cours, de la parole dans son rapport à la langue, pour avoir l'idée du problème double autour duquel il tourne désormais. Lisons le début du résumé : « La parole ne réalise pas seulement les possibilités inscrites dans la langue. Déjà chez Saussure, en dépit des définitions restrictives, elle est loin d'être un simple effet, elle modifie et soutient la langue tout autant qu'elle est portée par elle »[1]. Mais ce pourrait être aussi : *l'événement ne réalise pas seulement les possibilités inscrites dans l'histoire. Il est loin d'être un simple effet, il modifie et soutient l'histoire tout autant qu'il est porté par elle.* Le problème de la théorie de l'histoire que Merleau-Ponty essaie de produire au même moment tient précisément à cela : refusant de choisir entre une vision purement déterministe de l'histoire et une conception, au contraire, totalement « aléatoire » et contingente[2], entre une représentation postulant en réalité l'immobilité d'une histoire d'autant plus figée qu'elle est saturée de déterminations et une événementialité dispersée, entendue comme contrepartie de la totale liberté des hommes, il s'agit moins d'indiquer une « troisième voie » que de tenter de penser les polarités opposées *ensemble*.

Il est significatif que Merleau-Ponty replace d'emblée le problème à l'intérieur d'une argumentation qui touche avant toute chose « les discussions traditionnelles du matérialisme historique ». La question de la compossibilité des déterminations et de

1. M. Merleau-Ponty, « Le problème de la parole », dans *Résumés de cours (Collège de France, 1952-1960)*, *op. cit.*, p. 33 (année 1953-1954, cours du jeudi).

2. « Le concept d'histoire doit être dégagé de beaucoup de confusions. On raisonne souvent comme s'il y avait, face à face, une philosophie qui met dans l'homme des valeurs déterminables hors du temps, une conscience déliée de tout intérêt pour l'événement – et des « philosophies de l'histoire », qui au contraire placent dans le cours des choses une logique occulte dont nous n'aurions qu'à recevoir le verdict. Le choix serait alors entre une sagesse de l'entendement, qui ne se flatte pas de trouver un sens à l'histoire et tente seulement de l'infléchir continuellement selon nos valeurs, et un fanatisme qui, au nom d'un secret de l'histoire, renverserait à plaisir nos évaluations les plus évidentes. Mais ce clivage est artificiel : il n'y a pas à choisir entre l'événement et l'homme intérieur, entre l'histoire et l'intemporel » (M. Merleau-Ponty, « Matériaux pour une théorie de l'histoire », dans *Résumés de cours (Collège de France, 1952-1960)*, *op. cit.*, p. 43 (année 1953-1954, cours du lundi)).

l'événement est précisément ce dont il s'agit de faire la pierre de touche d'un nouveau matérialisme qui refuse toute téléologie et qui, s'il conserve la référence à la dialectique, la conçoive dans son ouverture permanente. Nous reviendrons bien entendu sur ce point essentiel – parce qu'à bien des égards, *Matériaux pour une théorie de l'histoire* anticipe les thèmes abordés un an plus tard dans *Les aventures de la dialectique*. Mais avant d'y venir, trois remarques ponctuelles nous paraissent ici utiles.

La compossibilité des déterminations historiques et de l'événement comme *différence dans l'histoire* est pensée par Merleau-Ponty moins selon la simple modalité de la simultanéité que selon celle de l'interaction, de l'incitation réciproque. Les déterminations produisent des configurations dans lesquelles s'inscrivent nécessairement les événements ; inversement, les événements, en ce qu'ils ouvrent ces déterminations à ce qu'elles ne comprennent pas déjà, les déplacent et en modifient l'équilibre constitué. En somme : la différence est produite par l'histoire ; en retour, elle modifie l'histoire elle-même. Or ce qui sert à Merleau-Ponty pour penser ce va-et-vient entre le déjà-là historique et l'expérimentation, sur le bord de l'« histoire déjà faite », c'est la notion de *milieu*. « Le vrai départ à faire n'est pas entre l'entendement et l'histoire ou entre l'esprit et la matière, mais entre l'histoire comme dieu inconnu – bon ou malin génie – et l'histoire comme milieu de vie. Elle est un milieu de vie s'il y a entre la théorie et la pratique, entre la culture et le travail de l'homme, entre les époques, entre les vies, entre les actions délibérées et le temps où elles apparaissent, une affinité qui ne soit ni fortuite, ni appuyée sur une logique toute-puissante. [...] C'est au réseau des significations ouvertes et inachevées livrées par le présent que l'invention s'applique »[1], écrit-il alors ; et même si la comparaison « ne doit pas être comprise comme un organicisme ou un finalisme honteux »[2], il s'agit bien de souligner le mouvement d'un renvoi sans fin au regard duquel la simple question de la cause première – qui vient en premier : l'histoire déjà faite ou l'inauguration sur les bords

1. *Ibid.*, p. 45.
2. *Ibid.*, p. 46.

de l'histoire ? – est dépourvue de sens. On identifie ici une reprise de l'idée saussurienne de la structure diacritique – un rapport *sans termes premiers* –, sinon qu'elle est déplacée hors du domaine linguistique, et appliquée à une pensée de l'histoire : l'histoire, c'est précisément ce qui est produit par le *rapport* entre les déterminations historiques et la puissance d'inauguration des hommes.

La critique d'une vision linéaire de la causalité en vertu de laquelle l'ordre ontologique, l'ordre logique et l'ordre chronologique se correspondraient nécessairement, et sur laquelle nous devrions fonder toute analyse, est une constante dans les derniers écrits de Merleau-Ponty, en particulier dans les « Notes de travail » du *Visible et l'invisible*[1]. Il est impératif pour lui de déconstruire toute causalité de type simple – A en tant que cause produit B en tant qu'effet –, dans la mesure où celle-ci élimine de fait l'idée du rapport diacritique et réintroduit immédiatement l'identification de termes premiers (les causes) et de termes seconds (les effets). La notion de « milieu » est donc la traduction historique, matérielle, de la diacriticité saussurienne. Et de fait, le renvoi permanent de la tentative pour penser l'histoire tout à la fois comme déjà-là et comme inauguration à l'analyse du langage est patent jusque dans les derniers textes du philosophe : ainsi, dans la Préface de *Signes*, datée « février et septembre 1960 », il s'agit bien de réaffirmer que c'est

> sur ce modèle qu'il faudrait penser le monde historique. À quoi bon se demander si l'histoire est faite par les hommes ou par les choses, puisque de toute évidence les initiatives humaines n'annulent pas le poids des choses, et que la « force des choses » opère toujours à travers les hommes ? C'est justement cet échec de l'analyse, quand elle veut tout rabattre sur un seul plan, qui dévoile le vrai milieu de l'histoire. Il n'y a pas d'analyse qui soit dernière, parce qu'il y a une chair de l'histoire, qu'en elle comme dans notre corps, tout porte, tout

1. Voir par exemple la note du 20 janvier 1960 (dans M. Merleau-Ponty, *Le visible et l'invisible*, *op. cit.*, p. 276) : « Il faut supprimer la pensée causale qui est toujours vue du monde du dehors, du point de vue d'un Kosmotheoros… ». Voir également « Leibniz – Décembre 1959 », *ibid.*, p. 271 : « En niant la conception de la perception-reproduction (sur mon corps en soi de la chose extérieure en soi), j'ouvre l'accès à un Être brut avec lequel je ne serai pas dans le rapport du *sujet et de l'objet*, et encore moins dans le rapport de l'effet avec la cause ».

compte – et l'infrastructure, et l'idée que nous nous en faisons, et surtout les échanges perpétuels entre l'une et l'autre où le poids des choses devient signes aussi, les pensées forces, le bilan événement. [...] Nous sommes dans le champ de l'histoire comme dans le champ du langage ou de l'être [1].

En somme : nous n'échappons pas à l'histoire mais nous y sommes puissants – voilà donc le « milieu » qui est le nôtre, le rapport diacritique qui nous constitue, le chiasme qui nous caractérise.

Deuxième remarque : cette simultanéité des déterminations historiques et de la différence dans l'histoire, ou plutôt ce renvoi permanent des unes à l'autre et inversement, anticipe de façon remarquable la manière dont Foucault, presque vingt ans plus tard, pensera le rapport entre le pouvoir et la liberté des hommes. Chez Foucault, la question de l'antériorité du pouvoir à la liberté (ou, à l'inverse, du caractère premier de la liberté humaine) n'a pas de sens. Ici encore, c'est précisément un *rapport*, c'est-à-dire, à la manière de Saussure, ce qui ne saurait être renvoyé à des termes premiers ; ou encore, ce qui est produit par le rapport lui-même, dans un jeu d'implication réciproque qui n'exclut ni la dissymétrie des deux pôles du rapport (le pouvoir et la liberté ne sont pas de même nature), ni leur irréductibilité l'un à l'autre, mais qui fait de cette structure différentielle une matrice à laquelle, paradoxalement, ils ne préexistent pas en tant que tels.

Foucault l'énonce clairement au début des années 1980 :

Il n'y a donc pas un face-à-face de pouvoir et de liberté, avec entre eux un rapport d'exclusion (partout où le pouvoir s'exerce, la liberté disparaît) ; mais un jeu beaucoup plus complexe : dans ce jeu la liberté va bien apparaître comme condition d'existence du pouvoir (à la fois son préalable, puisqu'il faut qu'il y ait de la liberté pour que le pouvoir s'exerce, et aussi son support permanent puisque, si elle se dérobait entièrement au pouvoir qui s'exerce sur elle, celui-ci disparaîtrait du fait même et devrait se trouver un substitut dans la coercition pure et simple de la violence) ; [...] au cœur de la relation de pouvoir, la « provoquant » sans cesse, il y a la rétivité du vouloir et l'intransitivité de la liberté. Plutôt que d'un « antagonisme » essentiel, il vaudrait mieux parler d'un « agonisme » – *d'un rapport*

1. M. Merleau-Ponty, « Préface », dans *Signes*, *op. cit.*, p. 36-37.

> *qui est à la fois d'incitation réciproque et de lutte; moins d'une*
> *opposition terme à terme qui les bloque l'un en face de l'autre que*
> *d'une provocation permanente*[1].

Cet agonisme ne consiste pas seulement en un rapport de co-implication réciproque (chacun des deux termes étant la condition de possibilité de l'autre) en vertu duquel tout serait comme suspendu à un paradoxal état d'équilibre, mais il engage une dimension dynamique, productive. Le pouvoir se nourrit de la liberté des hommes, et inversement la liberté creuse sa différence radicale par rapport au pouvoir, son irréductibilité par rapport à lui. Chez Merleau-Ponty, trente ans plus tôt, en ce début des années 1950, le rapport entre le déjà-là des déterminations historiques (qui doit s'appliquer aux conduites, aux vies, aux pratiques, aux savoirs, aux décisions politiques, etc., et en cela les *détermine*) et la liberté d'agir dans l'histoire est de même nature : nulle action n'échappe à l'histoire, et pourtant, ce sont les actions des hommes qui construisent l'histoire en inaugurant sans cesse, au cœur de l'histoire déjà faite, une histoire se faisant.

Troisième remarque : ce qui empêche la compossiblité de l'histoire et de l'événement (ou celle du pouvoir et de la liberté) d'être simplement un état d'équilibre entre deux termes opposés, c'est cette dimension d'inauguration, de création – de *production*, dira Foucault quelques années plus tard. Le rapport, en tant que structure différentielle, *produit*. Telle était la leçon de la linguistique saussurienne ; tel est à présent le point central de la manière dont Merleau-Ponty tente de concevoir différemment l'histoire ; tel sera également le cas chez Foucault, à la fois dans l'analyse du pouvoir et dans celle d'une histoire ouverte à la virtualité permanente de la différence. Or le paradoxe est que l'un des noms que Saussure donne à cette productivité diacritique est, nous l'avons déjà rappelé, celui de *négativité*. L'idée de négativité, que reprend dès lors Merleau-Ponty, ce n'est par conséquent ni le négatif hégélien (le moment qui précède la synthèse), ni, dans une sorte d'heideggérisme littérarisé, le manque (l'absence, la lacune), mais leur exact contraire : ce qui, ne cessant jamais de produire de la différence en avant de soi, n'est jamais

---

1. M. Foucault, « Le sujet et le pouvoir », art. cit., p. 238 (nous soulignons).

susceptible d'aucune synthèse, d'aucune *Aufhebung*; ce qui, parce qu'un rapport est toujours productif, c'est-à-dire inauguratif, affirme positivement de nouvelles formes d'être. L'ontologie, dont on sait qu'elle est au cœur des derniers écrits de Merleau-Ponty, et qui apparaît également de façon répétée dans les écrits de Foucault des années 1980, est précisément l'enregistrement de cette puissance d'invention, de l'intérieur même du monde historique déjà « installé ». Il ne s'agit à l'évidence pas de réintroduire quelque chose comme une dimension métaphysique[1].

Pour Merleau-Ponty, l'ontologie n'est donc, du point de vue philosophique, rien d'autre que le projet d'une pensée de l'institution – thème auquel il consacre l'un de ses deux cours au Collège de France en 1954-1955 –, à condition d'entendre par institution « ces événements d'une expérience qui la dotent de dimensions durables, par rapport auxquelles toute une série d'autres expériences auront sens, *formeront une suite pensable ou une histoire* – ou encore les événements qui déposent en moi un sens, non pas à titre de survivance et de résidu, mais comme *appel à une suite, exigence d'un avenir* »[2].

---

1. À moins de réinvestir différemment le terme (ce qui est, de fait, le cas, chez Merleau-Ponty comme chez Foucault, pour la notion d'*ontologie*; mais qui l'est aussi, dans le cas de Merleau-Ponty, pour la notion de métaphysique elle-même). La revendication d'une dimension métaphysique de l'analyse est par exemple patente dans *Le visible et l'invisible* – explicitement qualifié comme un essai d'ontologie –, à condition que l'on déplace radicalement le sens que la philosophie attribue traditionnellement au mot : « L'infinité de l'Être dont il peut être question pour moi est finitude opérante, militante : l'ouverture d'*Umwelt*. – Je suis contre la finitude au sens empirique, existence de fait qui a des limites, et c'est pourquoi je suis pour la métaphysique. Mais elle n'est pas plus dans l'infini que dans la finitude de fait » (M. Merleau-Ponty, « Métaphysique – Infini – Monde – *Offenheit* », mai 1960, dans *Le visible et l'invisible*, *op. cit.*, p. 300). Ce refus de la « finitude au sens empirique, existence de fait qui a des limites » est en réalité très proche de ce que Foucault indique dans l'un des deux commentaires de *Qu'est-ce que les Lumières?*, quand il insiste sur l'idée, que nous avons longuement commentée, du « franchissement possible ». Cinq ans avant l'écriture du *Visible et l'invisible*, le résumé du cours sur « L'"institution" » se termine précisément par la volonté de transformer la phénoménologie en « métaphysique de l'histoire ».

2. M. Merleau-Ponty, « L'"institution" dans l'histoire personnelle et publique », dans *Résumés de cours (Collège de France, 1952-1960)*, *op. cit.*, p. 61 (année 1954-1955, cours du jeudi).

L'institution est, de l'intérieur même de l'entrecroisement des causalités complexes qui traversent notre présent (et dont, rétrospectivement, nous projetons les lignes sur notre passé), l'introduction de « points de détermination » inédits, l'émergence de séries causales nouvelles, qui ouvrent à des configurations possibles. Le regard rétrospectif sur le passé, qu'il soit celui de l'historien [1] ou celui du philosophe, ne peut jamais prétendre à la vérité absolue (au sens où le récit présent restituerait parfaitement ce qui a *réellement* eu lieu ; ou bien parce que la considération du passé aboutirait à une histoire universelle possédée en totalité, dominée par la pensée). Le va-et-vient entre le présent et le passé que l'on nomme *histoire* n'est que le tableau provisoire des « diverses possibilités complexes, toujours liées à des circonstances locales, grevées d'un coefficient de facticité, et dont nous ne pouvons pas dire que l'une soit *plus vraie* que l'autre » [2] – comme si se jouait ici une démultiplication des configurations possibles de l'histoire [3]. En même temps, ce qui permet de discriminer, de choisir entre ces différentes configurations possibles, c'est précisément l'ouverture à l'avenir qu'elles permettent, l'espace d'inauguration qu'elles rendent *possible* – alors même que cette possibilité d'inauguration n'est pas, au sens strict, contenue par avance dans le passé sur fond duquel elle émerge. Aucune n'est donc, au sens strict, plus *vraie*, insiste Merleau-Ponty, mais nous pouvons malgré tout « dire que l'une est plus fausse, plus artificieuse, et a

1. De manière intéressante, Merleau-Ponty cite alors l'historien Lucien Febvre.

2. M. Merleau-Ponty, « L'"institution" dans l'histoire personnelle et publique », art. cit., p. 65. C'est Merleau-Ponty qui souligne.

3. Très étonnamment, l'idée de Merleau-Ponty semble anticiper ce que Foucault, commentant son travail sur Raymond Roussel, formulera sept ans plus tard : « L'énigme de Roussel, c'est que chaque élément de son langage soit pris dans une série non dénombrable de *configurations éventuelles.* Secret beaucoup plus manifeste, mais beaucoup plus difficile que celui suggéré par Breton : il ne réside pas dans une ruse du sens ni dans le jeu des dévoilements, mais dans *une incertitude concertée de la morphologie*, ou plutôt dans la certitude que *plusieurs constructions peuvent articuler le même texte, autorisant des systèmes de lecture incompatibles, mais tous possibles* : une *polyvalence rigoureuse et incontrôlable des formes* » (M. Foucault, « Dire et voir chez Raymond Roussel », *Lettre ouverte*, n° 4, été 1962 ; repris dans *Dits et écrits*, *op. cit.*, vol. 1, texte n° 10, p. 211, nous soulignons). Le parallélisme des argumentations concernant l'histoire et la littérature est, d'un philosophe à l'autre, troublant.

moins d'ouverture sur un avenir moins riche »[1]. L'ontologie est donc bien une pensée de la production – de l'inauguration, de la création – *dans l'histoire*.

LES AVENTURES DE LA DIALECTIQUE

En 1955, Merleau-Ponty publie *Les aventures de la dialectique*. Le livre est complexe : tout à la fois essai philosophique et texte politique, il développe toute une série de points théoriques ayant émergé depuis le début des années 1950, en particulier dans les cours au Collège de France ; mais il répond aussi très longuement à Sartre – deux ans après la rupture – ; et il s'appuie enfin tout à la fois sur une chronique politique et sur une actualité éditoriale récentes. C'est donc d'une oscillation permanente entre le registre théorique et le commentaire presque journalistique qu'il s'agit ; et le balancement entre la discussion de tel concept et la référence à tel événement de politique internationale, loin d'imposer des « sauts » internes à la problématisation merleau-pontienne, dit à sa manière la volonté du philosophe de considérer l'un et l'autre niveau d'intervention comme un seul et même type de réflexion. On se souvient de la critique de Sartre, qui reprochait à Merleau-Ponty d'avoir choisi la philosophie *contre* la politique : ici, tout le livre est par conséquent comme un démenti radical de l'alternative construite par Sartre.

Il ne s'agit bien entendu pas ici de commenter le livre dans son entier, mais de comprendre dans quelle mesure s'y retrouvent tous les thèmes élaborés autour de l'épisode de la rupture, et comment Merleau-Ponty les présente ensemble, dans un agencement complexe qui dessine en filigrane tout à la fois une théorie de l'histoire et une manière de penser le politique qui ont désormais trouvé leur pleine formulation. De ce point de vue, quatre points en structurent particulièrement l'argumentation.

---

1. M. Merleau-Ponty, « L'"institution" dans l'histoire personnelle et publique », art. cit., p. 65.

Les trois premiers sont purement négatifs, ils disent de fait ce que l'histoire *n'est pas* : elle n'est pas réductible à une série causale simple ; elle n'est pas téléologique ; elle n'est jamais susceptible de synthèse ; elle est dialectique si, par dialectique, on entend précisément ce que Merleau-Ponty définira quelques années plus tard, dans *Le visible et l'invisible*, comme une *hyperdialectique*. Le quatrième est positif : il propose la représentation d'une histoire conçue comme devenir productif, et en fait l'un des axes de réinterprétation du marxisme. En marge de cela, la référence à Sartre, qui, loin de n'apparaître que dans le chapitre qui lui est explicitement consacré, court tout au long du livre, joue comme une sorte de contrepoint permanent – pour chacun des quatre points que nous venons de mentionner, la position sartrienne est décrite comme l'inverse exact de ce qu'il s'agit d'essayer de défendre. Reprenons donc ces quatre points dans l'ordre.

La critique de la causalité est probablement pour Merleau-Ponty la première manière d'arracher l'histoire à une représentation linéaire et presque mécanique ; mais elle concerne en réalité, et plus généralement, un modèle de lecture du réel qui ne s'applique pas seulement aux « affaires humaines » mais s'étend également à la nature. La distinction entre expliquer et comprendre, dont la reprise est patente dans l'argumentation merleau-pontienne[1], semble ici largement tirée du côté de la compréhension : « ces problèmes de causalité, qui n'ont déjà guère de sens dans la nature, en ont encore moins quand il s'agit de la société »[2]. De manière intéressante, c'est alors à Marx qu'est

---

1. En réalité, si la référence à Weber et à Lukács est permanente dans le livre, celle à Dilthey est beaucoup moins visible. Voir à cet égard le début du chapitre II des *Aventures de la dialectique*, « Le marxisme "occidental" ». Chez Merleau-Ponty, l'opposition entre expliquer et comprendre est largement lue, à partir de Weber, comme nécessité de construire des modèles de causalité complexe requis par l'articulation entre « l'histoire déjà faite » et l'histoire se faisant, entre les effets de détermination d'un déjà-là historique et l'action libre – ou pour le moins souvent en partie indéterminée –, des hommes. C'est cette « complexité » qui est la texture même de l'histoire. Voir aussi les toutes premières pages du chap. I, « La crise de l'entendement », p. 18-20.

2. M. Merleau-Ponty, *Les aventures de la dialectique, op. cit.*, p. 173. L'affirmation prend place dans un passage ouvertement politique du livre : il s'agit, contre la pensée sartrienne, de démonter la fonction du Parti par rapport à celle de la classe ; ce qui ne signifie pas qu'il faille renverser la proposition de Sartre selon laquelle le Parti

directement attribuée l'idée que l'histoire représente en réalité un
« ordre mixte », un « milieu mixte »[1]. Or le point, loin d'être seulement un objet de débat épistémologique, a des conséquences politiques immédiates. C'est en effet le même argument que l'on retrouve
dans le chapitre que Merleau-Ponty consacre à la « réaction » très
violente du léninisme à l'égard du marxisme « occidental »[2] : comme
il le note alors, si le Lukács d'*Histoire et conscience de classe* a
rouvert des pistes que le jeune Marx avait inaugurées (avant de
liquider lui-même sa première période « philosophique »), il
manquait à l'histoire qu'il décrivait l'épaisseur de la complexité, et ce
que Merleau-Ponty qualifie de « lenteur des médiations ».

> Pour comprendre à la fois la logique de l'histoire et ses détours, son
> sens et ce qui, en elle, résiste à son sens, il leur restait [au jeune Marx,
> puis à Lukács] à concevoir *son milieu propre, l'institution, qui se
> développe non pas selon des lois causales, comme une autre nature,
> mais toujours dépendamment de ce qu'elle signifie, et non pas selon
> des idées éternelles, mais en ramenant plus ou moins sous la loi des
> événements fortuits à son égard, en se laissant changer selon leur
> suggestion.* Déchirée par toutes les contingences, réparée par le geste
> involontaire des hommes qui sont pris en elle et veulent vivre, *la
> trame ne mérite ni le nom d'esprit ni celui de matière, mais justement
> celui d'histoire*[3].

L'histoire est donc un *milieu* échappant à la causalité, ou
obéissant pour le moins à une causalité non linéaire : si causalité
il doit y avoir, c'est au contraire sous la forme de configurations

représente l'existence politique des masses, et affirmer au contraire, en une sorte de
spontanéisme naïf, la nature déjà politique d'un prolétariat dont Claude Lefort, dans son
texte de réponse, au moment de la dispute de 1953, avait effectivement souligné qu'il
« n'a jamais à faire qu'à lui-même, qu'à sa propre activité » (Cl. Lefort, « Le marxisme
de Sartre », art. cit., p. 1555), mais que, précisément, la question « n'est pas de savoir
qui, de la classe ou du Parti, fait l'histoire politique du prolétariat » (M. Merleau-Ponty,
Les aventures de la dialectique, op. cit., p. 173).

1. M. Merleau-Ponty, *Les aventures de la dialectique, op. cit.*, p. 175.

2. *Ibid.*, chap. III : « Pravda », p. 86-105. Le chapitre II s'intitule au contraire
« Le marxisme "occidental" » et prolonge, en un jeu d'écho avoué, le premier texte
d'*Histoire et conscience de classe*, de Lukács, « Qu'est-ce que le marxisme
orthodoxe ? ».

3. *Ibid.*, p. 93-94 (nous soulignons).

changeantes, mixtes, incluant toujours aussi l'aléatoire, et où la reprise incessante du passé par le présent vaut sans doute autant que l'effet sur le présent de l'accumulation des faits passés. En somme, comme le résume Merleau-Ponty d'une expression extraordinaire, « le monde est un système à plusieurs entrées »[1]. À moins de changer radicalement le sens de ce que l'on entend traditionnellement par *causalité* (ce que, de fait, a tenté de faire Weber[2]), l'histoire n'est jamais réductible à des relations simples de causes et d'effets.

Deuxième point : l'histoire n'est jamais téléologiquement déterminée, elle ne reçoit aucune orientation *a priori* et ne va pas *quelque part*, au sens où elle ne *tend* vers rien et elle n'est appelée par rien qui soit déjà donné. Mais cela ne signifie aucunement qu'elle soit dépourvue de signification ou que, dans une sorte de sur-place épuisant, elle doive renoncer au devenir et à la métamorphose. Elle est en réalité tout entière dans un mouvement double d'accumulation de passé, et de reprise et torsion de ce passé sous la forme d'une invention présente : « L'histoire n'est pas un dieu extérieur, une raison cachée dont nous n'aurions qu'à enregistrer les conclusions ; c'est ce fait métaphysique que la même vie, la nôtre, se joue en nous et hors de nous, dans notre présent et dans notre passé »[3]. C'est précisé-ment cette reprise en forme de torsion déterminée *et* créative qui constitue l'histoire en devenir ; et là encore il en va avant toute chose de la lecture de Marx, puisque si le marxisme trouve un sens à l'histoire, il ne faut pas « entendre par là une orientation irrésistible vers certaines fins, mais l'immanence à l'histoire d'un problème ou d'une interrogation par rapport auxquels ce qui arrive à chaque moment peut être classé, situé, apprécié comme progrès ou régres-sion, comparé avec ce qui arrive à d'autres moments [...], bref

---

1. M. Merleau-Ponty, *Les aventures de la dialectique, op. cit.*, p. 35. *A contrario*, chez Sartre, « [l]e monde et l'histoire ne sont plus un système à plusieurs entrées mais un faisceau de perspectives inconciliables, qui ne coexistent jamais, et que seul maintient ensemble l'héroïsme sans espoir du Je » (*ibid.*, p. 284).

2. De manière étonnante, il n'y a, dans *Les aventures de la dialectique*, aucune référence aux travaux historiographiques de l'époque. Mais comme nous l'avons déjà signalé, dans le cours au Collège de France de 1954-1955 consacré à « L'"institution" dans l'histoire personnelle et publique », les travaux de Lucien Febvre sont évoqués.

3. M. Merleau-Ponty, *Les aventures de la dialectique, op. cit.*, p. 35.

s'accumule avec les autres résultats du passé pour constituer un seul tout signifiant »[1]. Le devenir qu'il s'agit de décrire ressemble étonnamment à cette figure, utilisée par Deleuze des années plus tard pour expliquer sa propre conception du devenir, d'un bateau dont la « route » ne serait perceptible qu'en se retournant pour regarder le sillage effectivement laissé sur l'eau. Le *tout signifiant* n'est en réalité qu'une accumulation sédimentée, retravaillée à chaque instant en une sorte d'empilement vertical, c'est-à-dire le processus d'une totalisation se ressaisissant elle-même en permanence.

C'est à Lukács que cette idée du tout comme totalisation dans l'histoire renvoie directement – c'est précisément l'idée de *totalité* lukacsienne, qui décrit l'histoire comme processus ouvert[2], et dont Merleau-Ponty fait la base de sa propre formulation. Le même terme réapparaîtra, quelques années plus tard, dans les « Notes de travail » du *Visible et l'invisible*, quand il s'agira de formuler – contre une conception de l'histoire comme Tout déjà donné – à la fois la récapitulation permanente de l'histoire sur elle-même et son ouverture sans cesse relancée, c'est-à-dire aussi l'impossibilité de sa synthèse[3]. La question de ce que Merleau-Ponty doit à Lukács est complexe, d'autant plus, sans doute, que les références sont essentiellement limitées à *Histoire et conscience de classe* – et, plus rarement, au « premier » Lukács de *La théorie du roman*[4]. Et, dans la mesure où le philosophe hongrois a, dès les années 1930, lui-même largement renié le livre « hérétique » sur lequel Merleau-Ponty construit grande part de sa propre analyse, ce n'est pas tant de la pensée de Lukács en

---

1. *Ibid.*, p. 57.

2. « Car le but final n'est pas un état qui attend le prolétariat au bout du mouvement, indépendamment de ce mouvement, et du chemin qu'il parcourt, un "État de l'avenir" […]. Le but final est bien plutôt cette *relation à la totalité* (à la totalité de la société considérée comme processus) par laquelle chaque moment de la lutte acquiert son sens révolutionnaire. […] Une situation dans laquelle les "faits" parlent sans ambiguïté, pour ou contre une direction déterminée de l'action, cela n'a jamais existé, ne peut exister, n'existera jamais » (G. Lukács, *Histoire et conscience de classe, op. cit.*, p. 43-44).

3. M. Merleau-Ponty, « Dimanche 10 octobre 1959 », dans *Le visible et l'invisible, op. cit.*, p. 261 : « Ce qu'il faut, c'est expliciter cette totalité d'horizon sans synthèse ».

4. G. Lukács, *Die Theorie des Romans*. La traduction française du livre sera extrêmement tardive (Merleau-Ponty a donc lu, à l'époque, le texte en allemand) : *La théorie du roman*, Paris, Denoël, 1968 ; rééd. Paris, Gallimard, 1989.

général qu'il faut parler ici que de ses écrits politiques de 1919-1923. De cela, Merleau-Ponty est lui-même largement conscient, puisqu'il pointe, dès 1949, la difficulté à ne pas tenir compte de la profonde rupture interne qui marque le parcours de son homologue hongrois. On se souviendra qu'au moment de la publication en français d'*Existentialisme ou marxisme*, en 1948, Lukács avait été au centre d'une attention assez grande en France, publié des interventions et accordé une série d'interviews par l'intermédiaire du journaliste, critique et éditeur François Erval, lui-même d'origine hongroise[1]; et que Sartre s'était lui-même largement exprimé en retour – le livre de Lukács étant essentiellement une manière de répondre polémiquement à *L'existentialisme est un humanisme*, le texte de la conférence à la Sorbonne que Sartre avait faite en 1946, et qui avait été immédiatement publiée sous la forme de petit livre par les éditions Nagel. Si le débat semblait avoir pris une tournure plutôt vive, c'est que Lukács s'en prenait en particulier à « l'idéalisme » de la pensée sartrienne de la liberté, à la manière dont elle reposait sur une morale de la pure intention et dont elle menait immédiatement à une totale paralysie politique. À dire vrai, dans le livre de Lukács, Merleau-Ponty était lui aussi égratigné, bien qu'il lui soit reconnu une connaissance approfondie des textes marxiens; mais c'était, de manière assez révélatrice, à partir de critiques qui correspondaient en réalité à celles que Lukács adressait désormais à ses propres textes d'*Histoire et conscience de classe* – trop grande mythification de l'histoire, « subjectivisme historique » insoutenable[2]. Merleau-Ponty finit donc lui aussi par

1. À l'époque, François Erval était journaliste à *Combat*; il était également éditeur chez Nagel (qui avait publié *Sens et non-sens* de Merleau-Ponty et *L'existentialisme est un humanisme* de Sartre en 1946, et qui s'apprêtait à publier *Le deuxième sexe*, de Beauvoir, en 1949); il était enfin collaborateur régulier des *Temps Modernes*.

2. De fait, le parallélisme des analyses est souvent fascinant. Ainsi, à propos de la totalité: « La totalité dont Lukács parle, c'est, dans ses propres termes, "la totalité de l'empirie", non pas tous les êtres possibles et actuels, mais l'assemblage cohérent de tous les faits connus de nous. Quand le sujet se reconnaît dans l'histoire et reconnaît l'histoire en lui-même, il ne domine pas le tout comme le philosophe hégélien, mais du moins il est engagé dans une tâche de totalisation, il sait qu'aucun fait historique n'aura pour nous tout son sens à moins d'avoir été relié à tous ceux que nous pouvons connaître, reporté à titre de moment dans une seule grande entreprise qui les réunit, inscrit dans une histoire verticale, registre des tentatives qui avaient un sens, de leurs

répondre, dans un texte publié en 1949 dans *Les Temps Modernes:
Marxisme et superstition*[1]. Or le texte de Merleau-Ponty s'ouvre
précisément par la mention de la difficulté à se référer à la pensée
lukacsienne dans son ensemble, alors qu'elle est traversée par un
travail d'autocritique qui la scinde littéralement en deux. Le Lukács
du début des années 1920 semble, dans ce contexte, infiniment plus
utile du point de vue philosophique et politique que le Lukács de
l'«auto-reniement» successif, et plus encore de l'après-guerre[2]. En
somme: le Lukács dont il s'agit de tirer des enseignements est
exclusivement pour Merleau-Ponty celui qui réfléchit, à partir de
l'expérience hongroise de la République des conseils de 1919, à une
autre manière de lire Marx et de penser l'histoire – de fait, le reste du
travail lukacsien n'est (mis à part quelques allusions aux travaux sur
la littérature) jamais cité.

implications, de leurs suites recevables» (M. Merleau-Ponty, *Les aventures de la
dialectique*, *op. cit.*, p. 48).

1. Le texte ayant été repris dans *Signes*, en 1960, nous citons à partir de la
pagination du livre.

2. «En 1946, Lukács défendait sa conception de l'autocritique en termes de
culture: c'était son droit, dont les écrivains, les philosophes et les savants ont toujours
usé, de dépasser ce qu'ils avaient précédemment dit ou écrit, de comprendre ou de juger
leur propre passé, de mûrir et de grandir sans craindre les contradictions apparentes,
sans ce souci de rester formellement d'accord avec soi-même qui est en réalité une
prétention décadente […]. Pour tout dire, nous ne sommes pas sûr que cette théorie de
l'autocritique pût justifier les autocritiques que Lukács pratiquait dès 1946: nous avons
peine à croire que, de l'hégélianisme de *Geschichte und Klassenbewusstsein* à la théorie
de la connaissance réaliste des ouvrages récents, il y ait maturation, croissance»
(M. Merleau-Ponty, «Marxisme et superstition», dans *Signes*, *op. cit.*, p. 423). En
réalité, l'autocritique lukacsienne avait commencé bien auparavant: non seulement
Histoire et conscience de classe avait immédiatement été qualifié d'ouvrage gravement
hérétique – par Zinoviev du haut de la tribune du 5e congrès de l'Internationale, par les
dirigeants du Parti communiste hongrois Béla Kun (pourtant central dans l'expérience
«conseilliste» hongroise de 1919 à partir de laquelle Lukács réfléchissait) et par László
Rudas, par la *Pravda*, par des philosophes communistes comme Deborine –, mais
Lukács lui-même, après une courte période de silence, s'était très rapidement opposé à
sa réédition et l'avait littéralement renié, désavouant son propre «subjectivisme
révolutionnaire» et professant sa «réconciliation avec la réalité objective». Sur la
période complexe qui s'étend entre la publication d'*Histoire et conscience de classe*, en
1923, et la fin des années 1920, voir par exemple M. Löwy, *Pour une sociologie des
intellectuels hongrois. L'évolution politique de Lukács, 1909-1929*, Paris, P.U.F., 1976.

Le troisième point est en réalité une conséquence directe du second. Qu'on ne veuille assigner à l'histoire aucun *telos* est une chose; qu'on se refuse à lui reconnaître un mouvement sans cesse relancé est une autre. L'un des reproches faits à Sartre par Merleau-Ponty est précisément de s'être débarrassé de la dialectique, à la fois parce qu'il ne savait en réalité que faire de l'histoire, et parce que, ayant par ailleurs une conception «mythologique»[1] de la lutte, il n'avait aucun besoin d'une véritable analyse de la matérialité des rapports de force et de la puissance du conflit social. Sartre aurait pu ne pas «manquer» l'histoire: après tout, comme le remarque Merleau-Ponty, l'histoire était précisément ce milieu qui, dès *L'Être et le néant*, s'ouvrait entre la conscience et les choses; mais elle a été immédiatement pour lui recouverte par l'écœurement, un arrière-plan placé derrière la liberté totale des hommes – un arrière-plan qui, «du fond de l'histoire», en appelait les gestes. En somme: la liberté totale (qui est essentiellement chez Sartre, Merleau-Ponty y insiste longuement, une liberté individuelle[2]) va étonnamment de pair avec une histoire immobilisée – une histoire qui n'est conçue comme telle que parce qu'on l'a par avance débarrassée de tout devenir. C'est pour cette raison que le prix à payer par Sartre à sa propre pensée est celui de la dialectique – pas de dialectique, pas de processus. Et c'est

---

1. Le qualificatif revient à plusieurs reprises. Ainsi, à propos de la manière dont Sartre pense la révolution: «Ce n'est plus la vérité de la société existante et de toute société, c'est un rêve qui se fait passer pour vérité, mais qui, pour la vie quotidienne, n'est qu'un au-delà consolant. D'un mot, c'est un mythe» (M. Merleau-Ponty, *Les aventures de la dialectique*, *op. cit.*, p. 189). Et encore, quelques pages plus loin, commentant la façon dont Sartre analyse la société de manière binaire, «avec les yeux du plus défavorisé»: «De là la nécessité d'une lecture mythologique, qui rassemble en un seul faisceau des volontés éparpillées à travers le monde [...]; l'intention ne varie pas, c'est la vertu ou c'est le crime, c'est l'émancipation ou c'est l'exploitation» (*ibid.*, p. 205).

2. Nous ne nous y attardons pas ici, mais le décalage entre la centralité de *ce qu'est la conscience* chez Sartre et l'importance de *ce que font les hommes* chez Merleau-Ponty est évident: chez le premier, l'engagement (comme théorie de l'action) repose entièrement sur le statut de la conscience; alors que, chez le second, l'action des hommes est en elle-même ce dont il s'agit de partir (parce que la perception, et plus généralement la vie, posent immédiatement le problème de l'*institution*) afin de faire émerger la figure de l'histoire comme chiasme.

probablement pour cette raison que l'un des arguments qui reviennent en permanence, chez Merleau-Ponty, est qu'il y a chez Sartre un communisme sans marxisme. La rigidité politique de Sartre et la violence de son jugement sur les autres – son « ultra-bolché-visme », pour reprendre le mot de Merleau-Ponty – sont construites dans *Les aventures de la dialectique* par un jeu d'oppositions qui repose en général sur les deux polarités incarnées respectivement par Lénine et par Marx. Or, au-delà du bien fondé de cette opposition (et des hésitations que Merleau-Ponty semble parfois lui-même exprimer à son propos), c'est en réalité une opposition entre communisme et marxisme, ou plus exactement entre communisme non-marxiste et marxisme, plus strictement liée à l'histoire effective de la politisation de Sartre, qu'il s'agit de faire émerger. Pas de devenir politique sans histoire, pas de processus des luttes sans l'épaisseur historique de l'« histoire déjà faite », disions-nous :

> Quand les hommes veulent recréer *ex nihilo* les choses, alors reparaît le surnaturel. De là les formules religieuses de Sartre : le Parti et la classe sont idéalement « la pure liaison, la relation qui surgit partout où deux ouvriers sont ensemble ». Mais du coup le communisme passe du côté de l'imaginaire, c'est un cas limite du tête-à-tête verti-gineux des personnes, c'est l'imaginaire devenu institution, ou le mythe. Et il y a tête-à-tête, non action commune, parce que le social reste pour Sartre le rapport de « deux consciences individuelles » qui se regardent. Nous sommes loin du marxisme [1].

Ce que Merleau-Ponty appelle « le communisme de Sartre », c'est une certaine manière d'évacuer l'histoire hors de l'analyse politique ; mais c'est aussi, de fait, le rappel de sa lecture tardive de Marx après-guerre, cette politisation qui ne passe pas par les textes marxiens mais qui s'enracine bien davantage dans la double lecture de Hegel et de Kierkegaard, et qui aboutit en réalité à une étrange conception de

---

1. M. Merleau-Ponty, *Les aventures de la dialectique*, *op. cit.*, p. 211-212. Les citations de Sartre sont empruntées au texte des « Communistes et la paix », art. cit., II, p. 761, et III, p. 1812. Plus loin, Merleau-Ponty note : « Les "raisons" de Sartre sont à l'opposé de celles du marxisme, et c'est parce que la dialectique est en panne qu'il défend la politique communiste » (M. Merleau-Ponty, *Les aventures de la dialectique*, *op. cit.*, p. 229).

l'« histoire comme déchet »[1] : « Hier, la littérature était la conscience de la société révolutionnaire; aujourd'hui, c'est le Parti qui joue ce rôle; dans les deux cas, l'histoire, pour tout ce qu'elle a de vivant, est une histoire de projets. Elle se comprend par la visée de l'avenir qui n'appartient qu'aux consciences, et non, comme chez Marx, par ce point, dit révolution, où le passé se creuse, s'élève sur lui-même, est saisi par l'avenir »[2], écrit alors Merleau-Ponty, en soulignant explicitement le point sur lequel leurs deux pensées divergent radicalement.

HYPERDIALECTIQUE ET ÉPAISSEUR DU PRÉSENT

Dès lors, c'est la dialectique qu'il s'agit de réintroduire, afin de permettre à l'épaisseur du processus historique de redevenir tout à la fois l'effet et la condition de possibilité de l'action des hommes – et c'est le quatrième point fondamental de l'analyse qui nous est proposée. Dans *Les aventures de la dialectique*, le point de départ en est très certainement la conviction qu'il faut reconsidérer la dialectique avant toute chose comme un *rapport* afin de pouvoir en dire la puissance créative, la fonction de « genèse perpétuelle » : il faut décentrer l'analyse de la dialectique afin de la renouveler, la « détacher » de la considération de sa fin pour la restituer bien davantage à sa valeur de matrice productive, de processus. Or ce rapport est décrit par Merleau-Ponty très exactement dans les termes dans lesquels se donnait le *rapport* saussurien entre signifiant et signifié, et plus généralement la structure diacritique de la langue : non seulement il n'est pas composé de termes premiers, mais c'est parce qu'il n'est jamais « résolu », unifié, réconcilié, qu'il est précisément susceptible de produire. C'est ainsi que dans l'Epilogue du livre, Merleau-Ponty écrit :

> La dialectique, ce n'est ni l'idée de l'action réciproque, ni celle de la solidarité des contraires et de leur dépassement, ni celle d'un développement qui se relance lui-même, ni la transcroissance d'une

---

1. M. Merleau-Ponty, *Les aventures de la dialectique*, *op. cit.*, p. 220.
2. *Ibid.*, p. 220-221.

qualité, qui installe dans un ordre nouveau un changement quantitatif […]. La dialectique se donne, non pas, comme le dit Sartre, une finalité, c'est-à-dire la présence du tout dans ce qui, de sa nature, existe en parties séparées, mais la cohésion globale, primordiale, d'un champ d'expérience où chaque élément ouvre sur les autres. […] Elle a un passé et un avenir, qui ne sont pas la simple négation d'elle-même, elle est inachevée tant qu'elle ne passe pas dans d'autres perspectives et dans les perspectives des autres [1].

La dialectique, telle qu'il la comprend, dessine par conséquent une épaisseur en mouvement qui est celle du champ de l'expérience humaine dans l'histoire [2] – elle y est située et elle la modifie en retour. Elle ne synthétise pas plus qu'elle n'est destinée à se terminer un jour : elle prend place dans un monde qu'elle contribue pourtant elle-même à produire ; elle n'est pas séparée de l'être (chargée de le *réaliser*) et ne cesse au contraire de l'inaugurer tout en y prenant place. C'est cette condition apparemment paradoxale – celle d'une dialectique historique sans synthèse ni fin, se situant dans le tout d'une histoire tout en y frayant des ouvertures inédites, se donnant à la fois comme « maturation » et comme « rupture », comme sédimentation et comme inauguration – qu'il s'agit donc de penser. Du point de vue philosophique, cela implique une prise de distance évidente avec toutes les pensées de la fin de l'histoire – Kojève, au séminaire duquel Merleau-Ponty avait assisté à la fin des années 1930, est de

---

1. *Ibid.*, p. 281-282.
2. Nous insistons ici sur l'expression « champ d'expérience » en ce qu'elle rappelle l'*expérimentation* foucaldienne, mais il y a en réalité chez Merleau-Ponty une indistinction entre « monde naturel » et « monde humain » : dans le monde naturel comme dans le monde humain, c'est la réversibilité permanente des rapports qui fait qu'il y a précisément quelque chose comme « un monde ». L'étonnante proximité des analyses de Merleau-Ponty et de Foucault, à propos de cette expérience *dans l'histoire* qui est toujours aussi expérimentation d'une *histoire ouverte*, avec celles de Koselleck mériterait d'être davantage étudiée : on est là très près des notions de « champ d'expérience » et d'« horizon d'attente ». *Cf.* R. Koselleck, *Vergangene Zukunft. Zur Semantik geschichtlicher Zeiten*, Frankfurt am Main, Suhrkamp, 1979 (trad. fr. J. et M.-C. Hoock, *Le futur passé. Contribution à la sémantique des temps historiques*, Paris, Éditions de l'EHESS, 1990) ; *L'expérience de l'histoire*, éd. M. Werner, Paris, Gallimard-Seuil, 1997 ; et F. Hartog, *Régimes d'historicité : présentisme et expériences du temps*, Paris, Seuil, 2003.

fait évoqué[1]. Du point de vue politique, cela signifie que l'histoire est en elle-même, *simultanément*, détermination et révolution, et que dès lors l'idée même de révolution s'en trouve totalement reformulée. La révolution, pour Merleau-Ponty, c'est le mouvement même de l'histoire en tant qu'il fait émerger, de l'intérieur même de « l'histoire déjà faite », des bifurcations et des expérimentations – et non pas sa suspension, son interruption, encore moins son achèvement. En somme, si les révolutions sont « vraies comme mouvements et fausses comme régimes »[2], s'il s'agit de les décrire dans le mouvement par lequel elles instituent plutôt que comme des institutions, elles n'en sont pas moins toujours données sur fond d'histoire – et c'est précisément autour de cette double dimension que la pensée marxiste n'a cessé de tourner. Le problème tient sans doute au fait que l'on a jusqu'à présent tenté de les articuler l'une à l'autre sous la forme d'une synthèse :

> La synthèse est cherchée dans un point de maturité de l'histoire où le développement historique et objectif apporterait au mécanisme interne de la révolution un tel appui que la révolution permanente pourrait s'installer au pouvoir. L'histoire comme maturation et l'histoire comme rupture continuée coïncideraient : *ce serait justement le cours des choses qui produirait comme son fruit le plus accompli la négation de toute inertie historique*[3].

Or, pour Merleau-Ponty, ce n'est pas d'une telle *coïncidence finalement réalisée dans l'histoire* qu'il faut faire dépendre la créativité de l'histoire elle-même, parce que la créativité est bien plutôt ce qui se donne toujours simultanément aux déterminations historiques – et c'est précisément en cela que l'histoire consiste. Le « déséquilibre créateur » – pour reprendre l'extraordinaire expression de Merleau-Ponty[4] – de l'histoire n'en exclut pas les déterminations, mais il n'en représente pas non plus un stade, un état

---

1. M. Merleau-Ponty, *Les aventures de la dialectique*, *op. cit.*, p. 285.
2. *Ibid.*, p. 287.
3. *Ibid.*, p. 290 (nous soulignons).
4. *Ibid.*, p. 285.

d'accomplissement : simplement, il s'y *situe* et, en retour, y *produit*, c'est-à-dire y inaugure.

Une dernière remarque sur cette étrange « dialectique » historique et créative sans synthèse ni fin. Dans *Les aventures de la dialectique*, l'argumentation de Merleau-Ponty est bien entendu théorique, mais elle prend place dans un débat – qu'elle mentionne explicitement – qui s'est engagé autour des différentes lectures de Marx et, en particulier, de sa composante trotskyste[1]. La pensée politique exige une autre manière de penser l'histoire ; et, à l'inverse, cette autre

1. Alors qu'une grande partie du livre est structurée – parfois de manière assez artificielle, à tel point que Merleau-Ponty lui-même en corrige à plusieurs reprises le caractère binaire – entre communisme et marxisme, toute la fin de l'ouvrage, qui porte sur le thème de la dialectique sans synthèse possible (en tant que processus de création continuée de l'intérieur même des déterminations historiques), se mesure à l'idée de « révolution permanente ». Il y aurait ici à analyser plus longuement la manière dont ces thèmes émergent sans doute au moins en partie chez Merleau-Ponty à partir de discussions avec Claude Lefort, et à confronter par exemple la fin des *Aventures de la dialectique* avec les analyses développées dans la revue *Socialisme ou barbarie* de la même période. Chez Merleau-Ponty, l'insistance sur la *simultanéité* des déterminations historiques et de la possibilité d'un devenir créatif – dont nous avons cherché à montrer qu'elle doit son modèle à l'analyse de la langue – est en réalité une manière de marquer sa propre différence d'avec le trotskysme, qui saisit parfaitement la simultanéité, mais qui finit par la réduire à « la simple description d'un état de maturité de l'histoire où les conditions subjectives et les conditions objectives concordent » (*ibid.*, p. 291). De la même manière, le long commentaire, qui clôt l'Épilogue, de l'ouvrage de Daniel Guérin, *La lutte des classes sous la Première République, 1793-1797* (Paris, Gallimard, 1946), propose à la fois un éloge de la manière dont Guérin a montré comment une révolution ne peut pas être « l'installation au pouvoir d'une classe », la perte du dynamisme constituant du mouvement révolutionnaire, et la critique de la manière dont, du même coup, Guérin est amené à raisonner à ce que la révolution *aurait dû être* en dépit de l'histoire elle-même : « On remplace l'histoire qui fut par celle qui aurait pu être en un autre temps, et la Révolution française tout entière disparaît alors dans l'avenir qu'elle a couvé et étouffé, la révolution prolétarienne » (*ibid.*, p. 297). Entre trotskysme et anhistoricité, il faut précisément réaffirmer l'histoire simultanément comme détermination *et* création – ou alors, le prix à payer est politiquement et théoriquement exorbitant : « Les deux perspectives historiques que la pensée marxiste voulait assembler se disjoignent : si l'histoire est maturation, développement objectif, c'est Robespierre qui a raison et les Bras Nus ont raison pour plus tard, c'est-à-dire qu'ils ont tort pour le moment. Et si l'histoire est révolution permanente, il n'y a pas de temps, pas de passé, l'histoire n'est tout entière que la veille d'un lendemain toujours différé, la privation d'un être qui ne sera jamais, l'attente d'une révolution pure dans laquelle elle se dépasserait » (*ibid.*).

manière de penser l'histoire accouche immédiatement d'une conception de la politique qui n'est pas seulement celle d'un certain attentisme, ou d'un acommunisme de principe, mais qui propose une autre manière de penser l'action des hommes. C'est précisément ce double jeu de renvoi, ou d'implication réciproque, que ne veut pas voir Raymond Aron quand, en 1956, il signe un compte-rendu du livre de Merleau-Ponty dans la revue *Preuves*[1] – les formules « attentisme marxiste » et « acommunisme » sont les siennes. Étrangement aligné sur Sartre, dont il produit une très étonnante défense, Aron refuse à Merleau-Ponty l'idée que les impasses politiques dans lesquelles Sartre s'est engagé soient en réalité enracinées dans une impossibilité à se détacher d'une pensée philosophique – celle de *L'Être et le néant* – sur laquelle il s'est agit, de manière postérieure, de construire une pensée de l'engagement. Ce n'est donc qu'en détachant le Sartre de *L'Être et le néant* du Sartre compagnon de route qu'on rend justice à son marxisme (c'est-à-dire, ajoute alors Aron : qu'on peut réellement le critiquer). En somme : politiquement, la position de Sartre est faible, mais philosophiquement, elle doit être préservée. Et on ne sait, du même coup, si Merleau-Ponty est davantage coupable d'avoir voulu montrer l'inconséquence des effets politiques de la philosophie sartrienne ou d'avoir lui-même « écrit la moitié de son livre comme s'il était encore marxiste, l'autre moitié comme s'il ne l'était plus »[2]. Or, comme on a cherché à le montrer,

1. R. Aron, « Aventures et mésaventures de la dialectique », *Preuves*, n° 59, janvier 1956, p. 3-20.

2. *Ibid.*, p. 19. La présupposition que, n'étant pas communiste et ayant dénoncé la situation en Union soviétique, Merleau-Ponty doit nécessairement avoir cessé d'être marxiste est l'une des constantes de l'argumentation d'Aron – qui mentionne à plusieurs reprises *Humanisme et terreur* comme un texte avisé, alors que *Les aventures de la dialectique* lui apparaît au contraire comme un texte politiquement incertain et flou. Il n'y a pas de place, dans le commentaire d'Aron, pour la confrontation entre les différentes lectures de Marx. Chez Merleau-Ponty, au contraire, la critique *interne* au marxisme n'est pas un reniement du marxisme lui-même. Le thème est permanent dans *Les aventures de la dialectique* ; il est également repris de manière explicite dans la Préface que le philosophe, quelques mois avant sa disparition, écrit pour *Signes*, et dans laquelle la critique de l'Union soviétique n'empêche pas le maintien de la référence à Marx. Merleau-Ponty écrit alors – nous sommes en 1960, et le ton est très dur : « Quant à la politique communiste, on sait à travers combien de filtres l'air de la déstalinisation a

chez Merleau-Ponty, politique et philosophie ne se distinguent pas : c'est la construction philosophique d'un autre rapport à l'histoire qui permet par exemple de relire Marx – et de s'en servir – autrement que sur le mode du « vrai » et du « faux », sans ignorer les erreurs de ceux qui prétendaient incarner l'orthodoxie marxienne et l'appliquer à la politique, mais sans négliger non plus ce qui, dans la pensée de Marx, doit désormais valoir comme « classique » – puisqu'on reconnaît les classiques « à ceci que personne ne les prend à la lettre, et que pourtant les faits nouveaux ne sont jamais absolument hors de leur compétence, qu'ils tirent d'eux de nouveaux échos, qu'ils révèlent en eux de nouveaux reliefs »[1].

Merleau-Ponty apparaît donc bien du côté de ces marxistes hérétiques, de ces critiques qui parlent du dedans tant qu'ils peuvent « et du dehors quand il n'y a plus moyen »[2], mais qui ne renoncent pas pour autant à se servir de Marx ; du côté de tous ceux qui ont pris leurs distances avec le socialisme réel et produit une critique sans ambiguïté du stalinisme sans estimer devoir s'interdire la référence à Marx, et qui sont en réalité porteurs d'un autre rapport au politique parce que celui-ci est à son tour construit sur une autre conception

---

dû passer avant de parvenir à Paris ou à Rome. Après tant de désaveux du "révisionnisme", et surtout après Budapest, il faut de bons yeux pour voir que la société soviétique s'engage dans une autre époque, qu'elle liquide, avec le stalinisme, l'esprit de la guerre sociale et s'oriente vers les formes nouvelles de la puissance » (M. Merleau-Ponty, *Signes*, *op. cit.*, p. 12). Et pourtant : « Quand il s'agit de toute l'histoire intérieure du marxisme, et de ses rapports avec la philosophie et avec l'histoire pré- et post-marxistes, nous savons bien dès maintenant que la conclusion ne pourra jamais être une de ces platitudes qu'on entend trop souvent : qu'il est "toujours valable" ou qu'il est "démenti par les faits". Derrière les énoncés marxistes, vérifiés ou démentis, il y a toujours le marxisme comme matrice d'expériences intellectuelles et historiques » (*ibid.*, p. 20). Et enfin, à propos des marxistes qui ont quitté le Parti ou s'en sont laissés exclure : « […] l'ont-ils fait en marxistes ou en non-marxistes ? […] Ils ne se trompent pas, et ils ne nous trompent pas quand ils disent aujourd'hui qu'ils restent marxistes, mais à condition d'ajouter que leur marxisme ne s'identifie plus avec aucun appareil, *qu'il est une vue de l'histoire et non pas le mouvement en acte de l'histoire – bref qu'il est une philosophie* » (*ibid.*, p. 22, nous soulignons). On serait tenté d'ajouter : c'est une philosophie, certes, mais cette philosophie implique immédiatement une conception de la politique.

1. M. Merleau-Ponty, *Signes*, *op. cit.*, p. 21.
2. *Ibid.*, p. 23.

philosophique de l'histoire. Merleau-Ponty commente alors, en quelques lignes où le passage de l'analyse politique à l'analyse philosophique est absolument évident et pose de fait les deux plans dans une continuité de principe :

> On leur disait : toute initiative, toute recherche politique ou non politique s'apprécie selon les incidences politiques, la ligne politique selon l'intérêt du Parti, et l'intérêt du Parti selon les vues des dirigeants, en dernière analyse. Ils ont rejeté ces réductions en chaîne de toutes les instances, de tous les critères à un seul, *ils ont affirmé que le mouvement de l'histoire se fait par d'autres moyens, sur d'autres rythmes, au niveau de l'organisation politique et dans le prolétariat, et dans les syndicats, et dans l'art et dans la science, qu'il y a plus d'un foyer de l'histoire, ou plus d'une dimension, plus d'un plan de référence, plus d'une source du sens. Ils ont rejeté là une certaine idée de l'Être-objet, et de l'identité et de la différence. Adopté celle d'un Être cohérent à plusieurs foyers et à plusieurs dimensions.* Et ils disent qu'ils ne sont pas philosophes [1] ?

Il ne s'agit bien entendu pas pour lui de rétablir la philosophie comme vérité de l'histoire, mais de reprendre ce que, dans sa lettre à Sartre, le 8 juillet 1953, il décrivait déjà à la fois comme un va-et-vient (entre l'événement et la ligne générale) et un entre-deux, et qu'il caractérise, sept ans plus tard, comme un « empiètement ». La conclusion en est d'autant plus forte :

> Ce que nous défendons ici sous le nom de philosophie, c'est très précisément le genre de pensée auquel les marxistes ont été reconduits par les choses. [...] [Notre temps] n'a pas absorbé la philosophie, elle ne le surplombe pas. Elle n'est ni servante, ni maîtresse de l'histoire. Leurs rapports sont moins simples qu'on ne l'avait cru : c'est à la lettre une action à distance, chacune du fond de sa différence exigeant le mélange et la promiscuité [2].

Le philosophe ne construit pas l'histoire à son bureau, pas plus que l'histoire n'a avalé la réflexion philosophique. C'est le zigzag entre les deux dimensions qui déplace la pratique même de la

---

1. M. Merleau-Ponty, *Signes*, *op. cit.*, p. 23 (nous soulignons).
2. *Ibid.*, p. 26.

philosophie autant qu'elle esquisse, pour les hommes, la possibilité matérielle d'une *autre histoire*.

Dès lors, quand, aux analyses ouvertement politiques et polémiques des *Aventures de la dialectique* succèdent, quatre ans plus tard, celles du *Visible et l'invisible* – texte aride s'il en est, et résolument philosophique –, c'est encore sur la possibilité d'une dialectique « ouverte » qu'il s'agit de revenir. On se souviendra que le deuxième chapitre de ce qui devait être la première partie de l'ouvrage projeté par Merleau-Ponty[1] est consacré à « Interrogation et dialectique ». Or Merleau-Ponty, après y être revenu une fois encore sur Sartre – le Sartre de *L'Être et le néant* en qui Merleau-Ponty voit le point de départ de son impasse politique –, finit par établir une distinction entre la « mauvaise » et la « bonne dialectique ». La première est celle qui résout son propre mouvement dans la synthèse, alors que la seconde maintient ce mouvement ouvert, et laisse perdurer l'*ambiguïté* – le terme est de Merleau-Ponty lui-même – sans l'illusion d'une possible réconciliation dans une quelconque *Aufhebung*. Le dépassement n'en est donc pas un, ou plus exactement, il ne l'est qu'en tant qu'il sédimente par empilements successifs, dans une verticalité qui devient précisément l'un des thèmes porteurs de la réflexion de Merleau-Ponty, le déjà-là et l'ouverture de la différence.

Cette dialectique, c'est ce que le philosophe va appeler une *hyperdialectique*[2], parce que « dans la pensée et dans l'histoire comme dans la vie, nous ne connaissons de dépassements que concrets, partiels, encombrés de survivances, grevés de déficits; il n'y a pas de dépassement à tous égards qui garde tout ce que les phases précédentes avaient acquis, y ajouté mécaniquement quelque chose de plus, et permette de ranger les phases dialectiques dans un ordre hiérarchique du moins au plus réel, du moins au plus valable »[3].

---

1. Sur les différents plans projetés par Merleau-Ponty, et sur les choix éditoriaux effectués pour donner à lire le manuscrit inachevé du *Visible et l'invisible*, voir Cl. Lefort, « Avertissement », dans M. Merleau-Ponty, *Le visible et l'invisible*, *op. cit.*, p. 10-11.

2. *Ibid.*, p. 147.

3. *Ibid.*, p. 127-128.

Elle engage bien entendu le statut du négatif, qui n'est jamais « pur », comme le remarque Merleau-Ponty lui-même, ne participe pas plus d'une recomposition de l'être « par une pensée thétique, par un assemblage d'énoncés, par thèse, antithèse, synthèse »[1], qu'il ne représente un moment du processus, ou la condition de possibilité d'une nouvelle positivité. Le négatif est une puissance affirmative en tant que telle : il se survit à lui-même, vient s'ajouter à l'histoire déjà faite, à la série disparate, complexe – *ambiguë*, dirait Merleau-Ponty – des déterminations données et, s'y empilant littéralement, en déplace en partie les équilibres. La négativité, c'est donc ce qui donne de la profondeur au monde, mais ce n'est jamais une position, ni une étape[2]. C'est, au sens strict, une ouverture de monde, une ouverture dans le monde, simultanément un empilement et un basculement « dans le vide d'une nouvelle dimension ouverte »[3]. Et cette dimension ouverte, c'est le chiasme de l'histoire déjà faite et de l'histoire sur le point de se faire, des déterminations et de l'invention, de la matière du monde et de la possibilité de sa « prose » – ce que, dans la dernière note de travail qu'il a laissée, Merleau-Ponty indique explicitement comme une conception de l'histoire beaucoup plus proche de celle de Marx que de Sartre, et qu'il désigne de cette formule à la fois énigmatique et lumineuse : « Matière-ouvrée-hommes = chiasme »[4].

---

1. M. Merleau-Ponty, *Le visible et l'invisible*, *op. cit.*, p. 127.

2. Voir sur ce point la note de février 1960 (dans M. Merleau-Ponty, *Le visible et l'invisible*, *op. cit.*, p. 285) : « Le problème de la négativité, c'est le problème de la profondeur. Sartre parle d'un monde qui est, non pas vertical, mais en-soi, c'est-à-dire plat, et pour un néant qui est abîme absolu. Il n'y a finalement pas de profondeur chez lui, parce qu'elle est sans fond ». Et dans une note successive (« 16 novembre 1960 ») : « Position, négation, négation de la négation : ce côté, l'autre, l'autre que l'autre. Qu'est-ce que j'apporte au problème du même et l'autre ? Ceci : que le même soit l'autre que l'autre, et l'identité différence de différence – cela 1) ne réalise pas dépassement dialectique, dans le sens hégélien, 2) se réalise sur place, par empiètement, épaisseur, *spatialité* » (*ibid.*, p. 312, les italiques sont ceux de Merleau-Ponty).

3. M. Merleau-Ponty, « Novembre 1960 », *ibid.*, p. 313.

4. M. Merleau-Ponty, « Mars 1961 », *ibid.*, p. 322.

CONCLUSION

Conclure est un exercice difficile si l'on se refuse à faire de ce point d'arrivée la clôture d'un exercice de pensée que l'on considère désormais comme acquis dans son évidence, ou dont on croit devoir déclarer l'épuisement. Bien entendu, rien de tout cela ne ressemble à ce sur quoi il nous semble avoir débouché : une nouvelle cartographie à peine esquissée, demandant sans doute d'autres vérifications et se présentant comme le premier jalon d'un travail à venir. En ce sens, sans doute vaut-il mieux dire ici ce que ce parcours nous paraît appeler ; mais aussi les difficultés nouvelles qui ont surgi et qu'il faudra dès lors tenter d'affronter.

L'hypothèse qui était la nôtre au départ de ce travail consistait à faire jouer simultanément l'idée d'une *autre histoire* à deux niveaux.

De manière interne – chez Foucault d'abord, puis chez Merleau-Ponty –, celle-ci se présentait comme cette autre manière de penser l'histoire par-delà ce qui nous semblait se présenter comme la fausse alternative des *effets de détermination de l'histoire*, d'une part, ou de la *liberté dans l'histoire*, de l'autre ; ou, pour le dire autrement, comme le refus de s'inscrire soit du côté de l'« histoire déjà faite », soit du côté d'un à venir totalement indéterminé, et déclaré d'emblée comme un champ ouvert de possibles sans limitation aucune. La tenaille que représentait cet *aut aut* était non seulement extrêmement ancrée dans l'histoire de la pensée mais elle semblait se reproduire à d'autres niveaux de problématisation, dans le cadre d'autres questionnements où elle faisait jouer de la même manière la violence du choix qu'elle imposait : dans l'opposition entre le pouvoir et la liberté, dans celle qui pensait l'une *contre* l'autre la réalité de l'assujettissement et la possibilité de la subjectivation, il y avait en effet à lire la permanence d'un même dilemme. On était tenu de choisir – et choisir était impossible.

Dans l'histoire de la pensée qui nous a particulièrement occupé – celle du XXe siècle, et plus spécifiquement celle qui commence en 1945 –, l'une des solutions a parfois été de déraciner le problème. Puisqu'il était impossible de trancher à moins d'abandonner en route l'une des moitiés de l'alternative, certains ont tout simplement choisi d'en éliminer la source. On a donc vu fleurir, à côté des partisans d'un enregistrement des déterminations historiques devenu à ce point radical qu'il avait pris les apparences d'un déterminisme sans reste, ou bien au contraire à côté de ceux qui, pour sauver la possibilité d'une création libre dans l'histoire, niaient à ces mêmes détermi-nations – historiques, sociales, épistémiques, politiques, culturelles, démographiques, etc. – la moindre effectivité, des penseurs ayant décidé d'effacer purement et simplement le problème de l'histoire. De ce point de vue, il y aurait sans doute à reconstituer les aléas de ce rejet massif de l'histoire qui a semblé affecter pour un temps la réflexion en philosophie et en sciences humaines, et qui semble parfois se proposer à nouveau aujourd'hui comme la seule perspec-tive possible; et de la difficulté de certains à proposer, en marge d'une réflexion sur le temps qui incluait bien souvent la figure du devenir, une véritable réflexion sur l'histoire, dans l'histoire, et à partir de l'histoire[1].

De la même manière, face à l'indécidabilité d'un choix posant l'alternative entre la reconnaissance historique des multiples formes d'assujettissement et la volonté de préserver, ne serait-ce qu'*a*

---

1. J'ai développé ailleurs ce point à propos des pensées de Jacques Derrida et de Gilles Deleuze, et de la manière dont les lectures qui nourrissent leur travail – en particulier celle de Heidegger pour le premier, et celles de Spinoza et de Nietzsche pour le second – débouchent dans un premier temps sur des philosophies du devenir conçues hors de toute histoire. Le retour vers Marx de Derrida, dans les années 1990, semble, de ce point de vue, un infléchissement essentiel par rapport aux travaux antérieurs; chez Deleuze, en revanche, il n'est pas sûr que le problème de l'historicité ait jamais trouvé sa place.

minima, quelque chose comme un sujet grammatical, c'est-à-dire au sens strict un sujet d'action[1], on a vu se construire des pensées sans sujet à travers les infinies variantes de leurs expressions possibles, bien au-delà de ce que représenta, du strict point de vue de l'histoire des idées, le « moment structuraliste » : philosophies de la troisième personne, philosophies de l'impersonnel, philosophies de la désubjectivation[2].

Or précisément, l'*autre histoire* que nous avons cru reconnaître chez Foucault comme chez Merleau-Ponty consistait au contraire en une représentation de l'histoire refusant de choisir l'une des deux branches de l'alternative, mais ne renonçant pas pour autant au problème. L'*autre histoire*, c'était une conception de l'histoire affirmant la nécessité de penser ensemble, de manière à la fois indissociable et simultanée, les déterminations et la liberté, l'histoire déjà faite et l'ouverture du présent, l'assujettissement et la subjectivation, le « déjà-là » du monde et sa prose – en somme, l'état présent des choses et la « différence possible ». C'est donc à la construction de cette représentation « en chiasme » chez les deux philosophes, à partir de contextes et de références sans doute forts différents, que nous avons consacré ces pages.

Mais l'*autre histoire* pouvait aussi être lue, de manière « externe », comme cette autre manière de lire l'histoire récente de la pensée : comme un contre-chant par rapport à l'histoire dominante, comme un lignage mineur, étrangement passé sous silence, et qui donnait à voir un horizon de problématisation bien différent de ce que la lecture désormais traditionnelle du débat intellectuel des soixante-dix dernières années nous proposait – et dont l'opposition entre la

---

1. Je renvoie sur ce point, et en particulier sur le dédoublement du sujet en *subjectum* et *subjectus*, aux analyses éclairantes d'É. Balibar, *Citoyen sujet et autres essais d'anthropologie philosophique*, Paris, P.U.F., 2011.
2. On pense ici tout particulièrement aux travaux de Roberto Esposito et à ceux de Giorgio Agamben – travaux d'autant plus troublants qu'ils se réclament l'un et l'autre, au moins en partie, de la boîte à outils foucaldienne. Voir par exemple à ce sujet R. Esposito, *Terza persona. Politica della vita e filosofia dell'impersonale*, Torino, Einaudi, 2007 ; G. Agamben, *L'homme sans contenu*, trad. fr. C. Walter, Saulxures, Circé, 1996, ou *Profanations*, trad. fr. M. Rueff, Paris, Payot&Rivages, 2005.

phénoménologie et le structuralisme représentait trop souvent le visage simplifié. Dès lors, les deux figures auxquelles nous nous sommes attachés ne suffisaient bien entendu plus, et il s'agissait d'étendre cette généalogie souterraine à d'autres pensées, de repérer ailleurs, en amont comme en aval, d'autres tentatives de penser l'histoire comme simultanéité de la détermination et de la liberté. Nous nous bornerons ici à indiquer les trois grandes directions dans lesquelles l'analyse à venir nous semble devoir aller : il s'agit d'un chantier qui s'annonce, et qui est en quelque sorte le résultat le plus immédiat du premier jalon que représente ce livre.

Première direction : les réflexions qui, entre la fin du XIXe siècle et le début du XXe siècle, semblent avoir elles aussi posé le problème de ce « chiasme » – bien souvent, à partir d'une position qui était littéralement à cheval entre la sociologie et la philosophie de l'histoire. Les références, chez Merleau-Ponty, sont explicites : sans les travaux de Dilthey ou de Weber, sa propre réflexion ne pourrait pas être formulée comme elle l'est. Chez Foucault, les références à Weber sont rares et génériques ; Dilthey n'est pas mentionné. Bien entendu, dans les deux cas, cela nous semble poser le problème plus large de la réception d'une certaine pensée allemande en France durant la première moitié du XXe siècle : une question d'autant plus épineuse, sans doute, que si les travaux d'un philosophe comme Aron en portent à l'évidence la marque, elle a en réalité été relativement peu étudiée[1]. Et cela amène sans doute à poser la question de la manière dont une certaine redéfinition de la pratique de l'historicisation,

---

1. On renverra ici tout particulièrement aux analyses de Raymond Aron, ou, bien plus récemment et de manière différente, aux travaux de Catherine Colliot-Thélène ou de Pierre Bouretz : R. Aron, *La sociologie allemande contemporaine*, Paris, Alcan, 1935 ; *Introduction à la philosophie de l'histoire. Essai sur les limites de l'objectivité historique*, Paris, Gallimard, 1938 ; *Essai sur la théorie de l'histoire dans l'Allemagne contemporaine. La philosophie critique de l'histoire*, Paris, Vrin, 1938 ; *Les étapes de la pensée sociologique*, Paris, Gallimard, 1967 ; C. Colliot-Thélène, *Max Weber et l'histoire*, Paris, P.U.F., 1990 ; P. Bouretz, *Les promesses du monde. Philosophie de Max Weber*, Paris, Gallimard, 1996. On se référera également à S. Mesure, *Dilthey et la fondation des sciences historiques*, Paris, P.U.F., 1990 ; ou au « panorama » plus large que propose l'excellent ouvrage collectif coordonné par C. Bouton et B. Bégout, *Penser l'histoire. De Marx aux siècles des catastrophes*, Paris, Éditions de l'Éclat, 2011.

depuis les sciences humaines et sociales, s'est littéralement fichée dans ce que la philosophie avait elle-même défini comme un historicisme. Cette introduction de l'historicisation au cœur de la philosophie de l'histoire en a bien évidement transformé tout à la fois le sens et le projet. L'ébauche de discussion que nous avons restituée, en particulier chez Merleau-Ponty, Sartre et Aron, autour de la possibilité de penser une dialectique ouverte et non téléologique, nous semble de ce point de vue l'effet de cette tension, ou de ce « branchage », entre *Historismus* et historicisation.

De la même manière, il serait intéressant d'examiner plus précisément, cette fois-ci en aval de notre propre périodisation, les écrits d'un historien comme Reinhart Koselleck, et la proximité troublante entre les analyses que celui-ci développe à la fin des années 1970 et la manière dont Foucault cherche, dans les derniers cours au Collège de France, à penser le présent comme point de jonction – ou de réversibilité – de l'histoire et de l'actualité, du « déjà-là » du monde et de l'instauration d'une « différence possible ». Encore une fois, le problème n'est pas de savoir si Foucault a effectivement lu, au moment de sa publication en Allemagne, *Le futur passé*[1], mais de tenter de comprendre dans quelle mesure « l'espace d'expérience » et « l'horizon d'attente »[2] koselleckiens peuvent à leur manière donner forme à ce que Foucault, et avant lui Merleau-Ponty, ont tenté de penser comme le « chiasme de l'histoire » que nous avons essayé de décrire ici.

Seconde direction : une intensification de la description que nous avons donnée du débat autour de l'histoire dans les années 1950-1960. Bien entendu, celui-ci ne se réduit pas aux discussions entre Merleau-Ponty, Sartre et Aron ; tout comme il ne s'arrête pas en 1960 avec le changement de décennie. Nous sommes parfaitement conscients de la nature artificielle du découpage qui a été le nôtre – et qui, considérant la publication de *Signes*, ou la rédaction des « Notes de travail » du *Visible et l'invisible*, comme l'une des extrémités

---

1. R. Koselleck, *Le futur passé, op. cit.*
2. Voir également R. Koselleck, *L'expérience de l'histoire, op. cit.*, et F. Hartog, *Régimes d'historicité, op. cit.*

chronologiques que nous avions décidé de poser, nous a conduit à ne pas prendre en considération la réponse que Sartre formule aux *Aventures de la dialectique*, avec la *Critique de la raison dialectique*[1]. La décision était arbitraire – mais, à notre décharge, il aurait fallu pour cela un autre livre...

Troisième direction, enfin : la manière dont, souvent, tout s'est joué autour de lectures de Marx divergentes. Nous avons tenté d'esquisser une problématisation de ces différentes lectures, « orthodoxes » ou « hétérodoxes », en particulier à partir de la référence aux analyses du Lukács d'*Histoire et conscience de classe*, et dans la « dispute » philosophique et politique entre Sartre et Merleau-Ponty, en 1953 – mais il s'agit bien entendu seulement d'un premier élément de description ; sans doute devrait-il être prolongé à partir d'autres questionnements. Nous nous bornerons ici à en citer deux. D'une part, il y aurait à revenir sur la réflexion menée par Claude Lefort dans les années 1950, précisément à partir d'une lecture de Marx assez serrée, sur le triple thème de l'histoire, de la subjectivation et du politique (le problème de l'organisation, central dans les écrits de Lefort de l'époque, représentant en réalité l'exact point d'entrecroisement des trois thématiques) ; et, plus largement, sur les débats internes à la revue *Socialisme ou barbarie*, au moins entre sa fondation, en 1949, et 1958 – date de la sortie de Lefort de son comité de rédaction. De l'autre, il y aurait à examiner comment, ailleurs qu'en France, le même type de réflexion à partir de Marx – explicitement revendiquée comme « hétérodoxe » – sur cet objet complexe que nous venons de mentionner (celui du rapport à l'histoire, de la subjectivation et des formes du politique) a été construit : nous pensons ici tout particulièrement aux premiers écrits de Franco Fortini dans les années 1950, à ceux des sociologues Danilo Montaldi et Raniero Panzieri[2], et à l'expérience de la revue transalpine *Quaderni Rossi*, tout particulièrement dans ses trois premiers numéros (1960-1963). La plupart de ces textes, non traduits en français, sont inconnus en

---

1. J.-P. Sartre, *Critique de la raison dialectique*, Paris, Gallimard, 1960.
2. Montaldi et Panzieri, ce n'est sans doute pas un hasard, étaient l'un et l'autre en relation avec certains membres de la rédaction de *Socialisme ou barbarie*.

France; mais il y aurait sens à faire émerger, de l'intérieur du débat philosophique et politique des années 1950-1960, juste avant 1968, cet étrange continent franco-italien qui semble lier ensemble, précisément autour des questions que Merleau-Ponty énonce très clairement dans *Les aventures de la dialectique*, en 1955, une série de problématisations philosophiques et politiques que l'histoire des idées a bien souvent oubliées.

Deux problèmes ouverts, pour finir.

L'étendue des chantiers à venir est, nous en avons conscience, énorme. Mais leur complexité tient aussi au fait qu'ils mettent immédiatement en discussion deux points fixes à partir desquels nous avons au moins en partie construit notre propos. Ces « points fixes », qui sont des ancrages de méthode et des partis-pris de lecture, correspondent en effet au double découpage, tout à la fois historique et géographique, que nous avons adopté. Peut-on, dans la perspective qui est la nôtre, maintenir la césure que nous avons de fait adoptée – celle de la sortie de la guerre, en 1945 – sans en discuter la consistance? Peut-on continuer à parler d'une « philosophie des années 1950 » (Sartre, Aron, Merleau-Ponty, Lefort, *Socialisme ou barbarie*, etc.), ou d'une « philosophie post-1968 » (Foucault, Deleuze, Derrida, etc.), au moment même où nous tentons d'en lire non seulement la proximité étonnante mais les prémisses dans ce tournant du XIXe siècle au XXe siècle qui en a probablement posé les jalons? Ne faut-il pas plutôt une périodisation à la fois plus fine et moins continue, une histoire « passée à la rape » des problématisations, à la manière dont, à l'inverse, Foucault disait qu'il fallait passer les transcendantaux « à la rape de l'histoire » ?

Et peut-on encore parler de « philosophie française » quand tout semble se nouer dans un jeu de réceptions, de lectures et d'emprunts qui passent en permanence par le biais du changement des langues, par les intermédiaires parfois hasardeux de la traduction, par le déplacement au delà des traditionnelles limites disciplinaires, et bien entendu par delà les frontières? Dès lors, n'y a-t-il pas, dans les deux cas, la nécessité de repenser radicalement ce que peuvent être la cartographie et l'histoire de la pensée à partir de la ligne à la fois cohérente et discontinue des problèmes qui y circulent?

Une histoire des problèmes, et non pas des doctrines : une histoire de la pensée se faisant – et tissant sans cesse, à partir de l'empilement des questionnements déjà formulés, les conditions de possibilité d'une interrogation nouvelle.

Une autre manière, en somme, de pratiquer la « différence possible ».

BIBLIOGRAPHIE

AGAMBEN G., *L'homme sans contenu*, trad. fr. C. Walter, Saulxures, Circé, 1996.
– *Profanations*, trad. fr. M. Rueff, Paris, Payot&Rivages, 2005.
ARON R., *La sociologie allemande contemporaine*, Paris, Alcan, 1935.
– *Introduction à la philosophie de l'histoire. Essai sur les limites de l'objectivité historique*, Paris, Gallimard, 1938.
– *Essai sur la théorie de l'histoire dans l'Allemagne contemporaine. La philosophie critique de l'histoire*, Paris, Vrin, 1938.
– *L'opium des intellectuels*, Paris, Calmann-Lévy, 1955.
– « Aventures et mésaventures de la dialectique », *Preuves*, n° 59, janvier 1956, p. 3-20.
– *Les étapes de la pensée sociologique*, Paris, Gallimard, 1967.
– *Leçons sur l'histoire. Cours du Collège de France, 1972-1974*, Paris, Éditions de Fallois, 1989.
ARTIÈRES Ph. (dir.), *Michel Foucault, la littérature et les arts*, Paris, Kimé, 2004.
AUDIER S., *Machiavel, conflit et liberté*, Paris, Vrin-Éditions de l'EHESS, 2005.
BALIBAR É., *Citoyen sujet et autres essais d'anthropologie philosophique*, Paris, P.U.F., 2011.
BINSWANGER L., *Le rêve et l'existence*, trad. fr. J. Verdeaux (avec une introduction de M. Foucault), Paris, Desclée de Brouwer, 1954 ; trad. fr. F. Dastur, Paris, Vrin, 2013.
BOSCHETTI A., *Sartre et* Les Temps Modernes. *Une entreprise intellectuelle*, Paris, Éditions de Minuit, 1985.
BOURETZ P., *Les promesses du monde. Philosophie de Max Weber*, Paris, Gallimard, 1996.

– *D'un ton guerrier en philosophie. Habermas, Derrida & Co*, Paris, Gallimard, 2010.

BOUTON C. et BÉGOUT B. (dir.), *Penser l'histoire. De Marx aux siècles des catastrophes*, Paris, Éditions de l'Éclat, 2011.

CANGUILHEM G., « Commémoration à l'ORTF », dans *Vie et mort de Jean Cavaillès*, Paris, Alia, 1996.

CERTEAU M. de, « Les sciences humaines et la mort de l'homme », *Études*, n° 3, 1967, p. 344-360 ; republié sous le titre « Le noir soleil du langage : Michel Foucault », dans *Histoire et psychanalyse entre science et fiction*, Paris, Gallimard, 1987.

– « Une épistémologie de transition : Paul Veyne », *Annales E.S.C.*, Paris, Armand Colin, 1972, n° 6.

– *L'écriture de l'histoire*, Paris, Gallimard, 1975 ; rééd. « Folio Essais », 2002.

COLLIOT-THÉLÈNE C., *Max Weber et l'histoire*, Paris, P.U.F., 1990.

DASTUR F., *Chair et langage. Essai sur Merleau-Ponty*, La Versanne, Encre marine, 2001.

– « Merleau-Ponty entre chair et prose du monde », *L'Humanité*, 25 septembre 2002.

DAVIDSON A.I. et WORMS F. (dir.), *Pierre Hadot, l'enseignement des antiques, l'enseignement des modernes*, Paris, Éditions de l'ENS, 2010.

DELEUZE G., *Critique et clinique*, Paris, Éditions de Minuit, 1993.

DELEUZE G. et GUATTARI F., *Mille Plateaux*, Paris, Éditions de Minuit, 1980.

DERRIDA J., « Cogito et *Histoire de la folie* », dans *L'écriture et la différence*, Paris, Seuil, 1967.

DESCOMBES V., *Le même et l'autre. Quarante-cinq ans de philosophie française (1933-1978)*, Paris, Éditions de Minuit, 1980.

DREYFUS H. et RABINOW P., « Habermas et Foucault : qu'est-ce que l'âge d'homme ? », *Critique*, n° 471-472, 1986, p. 857-872.

ESPOSITO R., *Terza persona. Politica della vita e filosofia dell'impersonale*, Torino, Einaudi, 2007.

FOUCAULT M., *Maladie mentale et personnalité*, Paris, P.U.F., 1954 ; rééd. (modifiée) *Maladie mentale et psychologie*, Paris, P.U.F., 1962.

– *Folie et déraison. Histoire de la folie à l'âge classique*, Paris, Plon, 1961 ; rééd. (modifiée) Histoire de la folie à l'âge classique, Paris, Gallimard, 1972.

– *Raymond Roussel*, Paris, Gallimard, 1963.

– *Les mots et les choses. Une archéologie des sciences humaines*, Paris, Gallimard, 1966.

– *L'archéologie du savoir*, Paris, Gallimard, 1969.

– *L'ordre du discours*, Paris, Gallimard, 1971.

– *Surveiller et punir. Naissance de la prison*, Paris, Gallimard, 1975.

– «Qu'est-ce que la critique? (Critique et *Aufklärung*)», *Bulletin de la Société française de Philosophie*, 84ᵉ année, n° 2, avril-juin 1990, p. 35-63; repris dans M. Foucault, *Qu'est-ce que la critique?*, suivi de *La culture de soi*, éd. H.-P. Fruchaud et D. Lorenzini, Paris, Vrin, 2015.

– *Dits et écrits*, éd. D. Defert et F. Ewald, avec la collaboration de J. Lagrange, Paris, Gallimard, 1994.

– *« Il faut défendre la société». Cours au Collège de France. 1975-1976*, éd. M. Bertani et A. Fontana, Paris, Seuil-Gallimard, 1997.

– *L'herméneutique du sujet. Cours au Collège de France. 1981-1982*, éd. F. Gros, Paris, Seuil-Gallimard, 2001.

– *Sécurité, territoire, population. Cours au Collège de France. 1977-1978*, éd. M. Senellart, Paris, Seuil-Gallimard, 2004.

– *Naissance de la biopolitique. Cours au Collège de France. 1978-1979*, éd. M. Senellart, Paris, Seuil-Gallimard, 2004.

– *Le gouvernement de soi et des autres. Cours au Collège de France. 1982-1983*, éd. F. Gros, Paris, Seuil-Gallimard, 2008.

– *Le courage de la vérité. Le gouvernement de soi et des autres II. Cours au Collège de France. 1984*, éd. F. Gros, Paris, Seuil-Gallimard, 2009.

– *Leçons sur la volonté de savoir. Cours au Collège de France. 1970-1971*, éd. D. Defert, Paris, Seuil-Gallimard, 2011.

– *Du gouvernement des vivants. Cours au Collège de France. 1979-1980*, éd. M. Senellart, Paris, Seuil-Gallimard, 2012.

– *Subjectivité et vérité. Cours au Collège de France. 1980-1981*, éd. F. Gros, Paris, Seuil-Gallimard, 2014.

Michel Foucault philosophe. Rencontre internationale (Paris, 9, 10, 11 janvier 1988), Paris, Seuil, 1989.

Foucault, Paris, Éditions de l'Herne, 2011.

GIARD L. (dir.), *Michel Foucault. Lire l'œuvre*, Grenoble, Jérôme Millon, 1992.

GREIMAS A.-J., «Actualité du saussurisme», *Le français moderne*, n° 24, 1956.

GROS F. (dir.), *Foucault. Le courage de la vérité*, Paris, P.U.F., 2002.

HADOT P., *La philosophie comme manière de vivre. Entretiens avec Jeannie Carlier et Arnold I. Davidson*, Paris, Albin Michel, 2001.

– *Qu'est-ce que la philosophie antique?*, Paris, Gallimard, 2002.

– *Exercices spirituels et philosophie antique*, Paris, Albin Michel, 2002.

HARTOG F., *Régimes d'historicité : présentisme et expériences du temps*, Paris, Seuil, 2003.

HEGEL G.W.F., *La Phénoménologie de l'Esprit*, trad. fr. J. Hyppolite, Paris, Aubier, 1938.

IMBERT Cl., *Maurice Merleau-Ponty*, Paris, ADPF-Ministère des Affaires Étrangères, 2005.

JARCZYK G. et LABARRIÈRE P.-J., « Alexandre Kojève et Tran Duc Thao. Correspondance inédite », *Genèses*, vol. 2, n° 2, 1990.

KOSELLECK R., *Le futur passé. Contribution à la sémantique des temps historiques*, trad. fr. J. et M.-C. Hoock, Paris, Éditions de l'EHESS, 1990.

– *L'expérience de l'histoire*, éd. M. Werner, Paris, Gallimard-Seuil, 1997.

LAQUEUR Th., *La fabrique du sexe. Essai sur le corps et le genre en Occident*, trad. fr. M. Gautier, Paris, Gallimard, 1992.

LE BLANC G., *Canguilhem et la vie humaine*, Paris, P.U.F., 2002.

– « Les créations corporelles. Une lecture de Merleau-Ponty », *Methodos*, Lille, Presses universitaires de Lille, n° 4, 2004.

– *L'esprit des sciences humaines*, Paris, Vrin, 2005.

LEFORT Cl., « Le marxisme de Sartre », *Les Temps Modernes*, n° 89, avril 1953, p. 1541-1570 ; repris dans *Éléments d'une critique de la bureaucratie*, Genève, Droz, 1971, p. 59-79.

– « De la réponse à la question », *Les Temps Modernes*, n° 104, juillet 1954, p. 157-184 ; repris dans *Éléments d'une critique de la bureaucratie*, Genève, Droz, 1971, p. 80-108.

– *Sur une colonne absente. Écrits autour de Merleau-Ponty*, Paris, Gallimard, 1978.

– « Introduction », dans M. Merleau-Ponty, *Œuvres*, Paris, Gallimard, 2010.

LÖWY M., *Pour une sociologie des intellectuels hongrois. L'évolution politique de Lukács*, 1909-1929, Paris, P.U.F., 1976.

LUKÁCS G., *Existentialisme ou marxisme ?*, trad. fr. E. Kelemen, Paris, Nagel, 1948.

– *Histoire et conscience de classe*, trad. fr. K. Axelos et J. Bois, Paris, Éditions de Minuit, 1960.

– *La théorie du roman*, Paris, Denoël, 1968 ; rééd. Paris, Gallimard, 1989.

MACHEREY P., « Aux sources de l'*Histoire de la folie* », *Critique*, n° 471-472, 1986.

MANIGLIER P., *Le moment philosophique des années 1960*, Paris, P.U.F., 2011.

MERLEAU-PONTY M., *Phénoménologie de la perception*, Paris, Gallimard, 1945.

– *Humanisme et terreur. Essai sur le problème communiste*, Paris, Gallimard, 1947.

– *Sens et non-sens*, Paris, Nagel, 1948.

– *Éloge de la philosophie. Leçon inaugurale faite au Collège de France le jeudi 15 janvier 1953*, Paris, Gallimard, 1953.

– *Les aventures de la dialectique*, Paris, Gallimard, 1955.

– *Signes*, Paris, Gallimard, 1960.

– *Le visible et l'invisible*, éd. Cl. Lefort, Paris, Gallimard, 1964.

– *Résumés de cours (Collège de France, 1952-1960)*, Paris, Gallimard, 1968.

– *La prose du monde*, éd. Cl. Lefort, Paris, Gallimard, 1969.

– *La nature*, éd. D. Séglard, Paris, Seuil, 1995.

– *Notes de cours au Collège de France. 1958-1959 et 1960-1961*, éd. S. Ménasé, Paris, Gallimard, 1996.

– *Parcours deux, 1951-1961*, recueil établi par J. Prunair, Lagrasse, Verdier, 2001.

– *L'institution dans l'histoire personnelle et publique. Le problème de la passivité : le sommeil, l'inconscient, la mémoire*, éd. D. Darmaillacq, Cl. Lefort et S. Ménasé, Paris, Belin, 2003.

Merleau-Ponty à la Sorbonne, résumé des cours, 1949-1952, Paris, Éditions Cynara, 1988.

MESURE S., *Dilthey et la fondation des sciences historiques*, Paris, P.U.F., 1990.

NAVILLE P., « États-Unis et contradictions capitalistes », *Les Temps Modernes*, n° 86, décembre 1952, p. 899-914, et n° 90, mai 1953, p. 1714-1735.

NIETZSCHE F., *Considérations inactuelles*, trad. fr. P. Rusch, Paris, Gallimard, 2 vol. : I-II (1990) et III-IV (1986).

REVEL J., « Foucault et la littérature : histoire d'une disparition », *Le Débat*, n° 79, 1994, p. 65-73.

– « Deleuze lecteur de Wolfson : petites machines de guerre à l'usage des tribus à venir », *Futur Antérieur*, n° 25-26, Paris, L'Harmattan, 1995.

– « Identity, Nature, Life », *Theory, Culture & Society*, vol. 26, n° 6, 2009, p. 45-54.

– « Construire le commun : une ontologie », *Rue Descartes*, n° 67, P.U.F.-Collège international de philosophie, 2009, p. 68-75.

– *Michel Foucault. Une pensée du discontinu*, Paris, Mille et une nuits-Fayard, 2010.

– « Prose du monde ou ordre du discours ? La littérature, un enjeu politique », dans D. Lorenzini et A. Revel (dir.), *Le travail de la littérature. Usages du littéraire en philosophie*, Rennes, P.U.R., 2012.

ROCHLITZ R., « Esthétique de l'existence. Morale postconventionnelle et théorie du pouvoir chez Foucault », dans *Michel Foucault philosophe. Rencontre internationale (Paris, 9, 10, 11 janvier 1988)*, Paris, Seuil, 1989, p. 288-301.

ROUSSEL R., *Comment j'ai écrit certains de mes livres*, Paris, Alphonse Lemerre, 1935.

SABOT Ph., *Philosophie et littérature*, Paris, P.U.F., 2002.

– *Littérature et guerres. Sartre, Malraux, Simon*, Paris, P.U.F., 2010.

SARTRE J.-P., *L'Être et le néant*, Paris, Gallimard, 1943.

– « Qu'est-ce qu'un collaborateur ? », *La République française*, New York, août 1945 ; repris dans *Situations. III*, Paris, Gallimard, 1949.

– « La responsabilité de l'écrivain », première conférence générale de l'UNESCO prononcée à la Sorbonne, 1946 ; reprise dans *La responsabilité de l'écrivain*, Lagrasse, Verdier, 1998.

– *L'existentialisme est un humanisme*, Paris, Nagel, 1946.

– « Qu'est-ce que la littérature ? », dans *Situations. II*, Paris, Gallimard, 1948.

– *Critique de la raison dialectique*, Paris, Gallimard, 1960.

– « Merleau-Ponty vivant », *Les Temps Modernes*, n° 184-185, 1961.

– « Les communistes et la paix », dans *Situations. VI*, Paris, Gallimard, 1964.

– « Réponse à Claude Lefort », dans *Situations. VII*, Paris, Gallimard, 1965.

– « Jean-Paul Sartre répond », *L'Arc*, n° 30, 1966, p. 87-96 ; repris dans *Les mots et les choses. Regards croisés, 1966-1969*, Caen, P.U.C.-IMEC, 2009.

SAUSSURE F. de, *Cours de linguistique générale*, Paris, Payot, 1995.

– *Écrits de linguistique générale*, Paris, Gallimard, 2000.

SENELLART M., « Le cachalot et l'écrevisse. Réflexion sur la rédaction des Cours au Collège de France », dans *Cahier Foucault*, Paris, Éditions de l'Herne, 2011, p. 147-155.

VEYNE P., « Foucault révolutionne l'histoire », dans *Comment on écrit l'histoire. Essai d'épistémologie*, Paris, Seuil, 1978 ; rééd. « Points-histoire », 1979.

WOLFSON L., *Le Schizo et les langues*, Paris, Gallimard, 1970.

WORMS F., *La philosophie en France au XXᵉ siècle. Moments*, Paris, Gallimard, 2008.

INDEX DES NOMS

TABLE DES MATIÈRES

DEUXIÈME PARTIE
MERLEAU-PONTY POLITIQUE

Imprimé en France par CPI
en avril 2015

Dépôt légal : avril 2015
N° d'impression : 128355